XIANGXI ZHOU FUPIN SHIJIAN YU SISUO

# 湘西州扶贫实践与思索

周峻 著

中山大学出版社
·广州·

**版权所有　翻印必究**

### 图书在版编目（CIP）数据

湘西州扶贫实践与思索／周峻著．－－广州：中山大学出版社，2025.5．－－ISBN 978－7－306－08457－6

Ⅰ．F127.642

中国国家版本馆 CIP 数据核字第 20259PF612 号

出 版 人：王天琪
策划编辑：杨文泉
责任编辑：罗雪梅
封面设计：曾　斌
责任校对：王洪霞
责任技编：靳晓虹
出版发行：中山大学出版社
电　　话：编辑部 020－84110283，84113349，84111997，84110779，84110776
　　　　　发行部 020－84111998，84111981，84111160
地　　址：广州市新港西路 135 号
邮　　编：510275　传　　真：020－84036565
网　　址：http://www.zsup.com.cn　E-mail：zdcbs@mail.sysu.edu.cn
印 刷 者：广东虎彩云印刷有限公司
规　　格：787mm×1092mm　1/16　12.25 印张　230 千字
版次印次：2025 年 5 月第 1 版　2025 年 5 月第 1 次印刷
定　　价：48.00 元

如发现本书因印装质量影响阅读，请与出版社发行部联系调换本著作受到项目"2023年第三批国家级职业教育教师创新团队——湘西民族职业技术学院生态农业技术专业教师（教学）创新团队"的大力资助。

# 序　言
## 扶贫实践研究的一抹亮色

在人类经济发展史上，作为发展中大国的中国的减贫速度是全世界最快的。中国通过"精准脱贫战役"完成了西方国家用百年才能实现的减贫进程，对全球减贫贡献率超过70%，提前十年完成联合国《2030年可持续发展议程》中制定的减贫目标，创造了独具特色的经济奇迹。中国伟大而深刻的扶贫实践拓展了经济学的研究深度与广度，一项项脱贫扶贫的学术研究成果应运而生，接踵而来，为全球减贫提供了中国方案和中国智慧，创造了具有中国自主标识的经济学原创成果。湘西民族职业技术学院周峻副校长的《湘西州扶贫实践与思索》一书的出版也正为扶贫脱贫研究的学术丛林增彩添色。

看到《湘西州扶贫实践与思索》一书，我感到特别亲切。因为湘西是我的第二故乡，在我的人生轨迹中和灵魂深处有割不断的湘西情结。1970年8月我从中国人民大学贸易经济学系（本科）毕业，是全校第一个也是当时唯一一个被分配到湘西工作的人。我曾先后在州政府机关和湘西民族职业技术学院前身湘西州商业学校工作，并在湘西与苗家姑娘结婚成家育子，至20世纪80年代中期调出。在此期间，我在湘西工作与生活了16个年头，其中，1973年、1976年我先后两次下湘西土家苗寨农村蹲点调查。历史上，湘西被称为"中国的盲肠"。在洞庭湖滨长大的我亲身经历和见证了20世纪70年代湘西偏居一隅、山高路远、交通不便、经济落后、贫困交加的窘境，也深刻感受和体验到改革开放新时期湘西经济、社会、文化、生态发展的历史性变化。特别近几年高铁开通，我多次去往湘西，更感受到湘西农村摆脱绝对贫困的根本性变化。因此，我特别高兴地通览了周峻副校长的这部研究湘西脱贫的新作。

明代理学大师朱熹诗云："问渠那得清如许，为有源头活水来。"《湘西州扶贫实践与思索》是作者用十年躬身实践的"脚力"和持续反思的"脑力"熔铸而成的跨界之作，也是一场理论与实践的双向奔赴。作者身兼基层干部与高校学者双重身份，其特殊的职业轨迹——从湘西州扶贫开发办综合科科长,到分管扶贫的副县长,再到高校领导,赋予了这本书"上接天线、下接地气"的特质。在脱贫攻坚与乡村振兴衔接的历史节点上,这本书既是对中国精准扶贫奇迹的注脚,也为全球减贫事业提供了独特的地方解法。它告诉我们:消除贫困不仅需要数字达标,还需要人文关怀和贫困者的觉醒,更是一场复杂而深刻的社会系统工程,而由中国共产党领导的坚持共同富裕的社会主义制度则是这项工程最坚实的保障。通览此著作,我认为它的主要特色在于以下四个方面。

(1) 突出坚持习近平总书记精准扶贫思想的导向性。2013年11月,习近平总书记在湖南省湘西州十八洞村考察时首次提出"精准扶贫"概念,指出"扶贫要实事求是,因地制宜。要精准扶贫,切忌喊口号,也不要定好高骛远的目标"。全书突出以习近平精准扶贫思想为指导,全面反映在湘西扶贫活动的各个链条环节中。湘西扶贫自觉践行习近平总书记关于精准扶贫的一系列重要论述的具体做法,突出了坚持从实际出发,求真务实,注重效果和质量,不搞形式主义和"一刀切"。

(2) 突出理论和实践的融合性。作者基于十年的基层扶贫经历和大量的田野调查,将扶贫理论与扶贫实践相结合,将十八洞村、菖蒲塘村、潭溪镇等典型案例剖析与脱贫深度思考相融合,将脱贫攻坚活动与乡村振兴进程相衔接,提炼了精准扶贫的"湘西五性"特色:彰显政府部门主导性、激发贫困人口主体性、展现上级及社会各界帮扶性、实现脱贫和谐稳定性和东西部扶贫协作性;将脱贫实践升华为对乡村振兴"后半篇文章"的前瞻思考,譬如书中第五章"湘西州脱贫思考"中的"深度贫困县适时推进乡村振兴的思考"部分,对如何通过乡村振兴战略巩固拓展脱贫攻坚成果进行了深入探索。

(3) 突出研究视角的独特和宽广性。全书结构严谨,既对理论渊源进行了系统梳理,又对实践难题进行了深度剖析;既有国家宏观层面的扶贫政策解读,又有市州中观层面的扶贫实践分析,还有村及农户微观层面的案例呈现和剖析;既有对扶贫脱贫的理性思考,又有扶贫干部在脱贫过程中的感性认识。这是一部试图从多层次、多维度展现湘西州扶贫脱贫过程及成效的著作。

(4) 突出解决现实问题的针对性。如第三章提及的"划定两级、票决中间的快速识别法",户脱贫"十一清零"、村出列"六清零","精准脱贫十项工程"等原创工作法,是中国扶贫智慧的地方性样本;最后一章中的部分扶贫日记从扶贫基层干部日常工作的点滴,从"显微镜"的视角真实呈现了扶贫政策落地过程中的矛盾调适,可看作中国基层治理和扶贫脱贫个案的鲜活切片。书中那些带有炊烟气息的案例，如第四章中的"禾库的易地搬迁"等，更是剖析贫困村、贫困户如何脱贫致富的范本。第五章的"职业教育促进农村相对贫困群体就业创业路径探析"部分，对绝对贫困消除后的相对贫困群体进行了界定，试图从职业教育视角解决相对贫困群体就业创业的问题，也为解决扶贫"最后一公里"难题提供了选择答案。

需要指出的是，尽管书中涉及的有关扶贫实践与理论的问题还可在叙事的宏大格局与理论深度上进一步凝练和深化，但瑕不掩瑜，本书确是一部具有湘西民族区域特色的扶贫研究力作。作者以生动而严谨的笔触，力图揭示扶贫活动背后隐藏的逻辑和规律，其践行的"实践—反思—再实践"研究范式，对打破学界与实务界的壁垒具有示范意义。这种跨学科和接地气的研究方式，值得学界借鉴。这种带着问题意识回归田野的态度，正是社会科学研究的本源和活力所在，也是"把论文写在祖国大地上"的生动写照。当我们在书斋中讨论绝对贫困、相对贫困等概念时，不应忘记这些术语关联的是许多个真实家庭的命运。

本书作者用双脚丈量过的村寨巨变，用文字凝固成的思考结晶，值得每一位关心中国民族地区脱贫的人细读深思。相信读者在阅读本书的过程中，也会跟随作者的笔触，深入了解湘西州扶贫的艰辛历程与辉煌成就，从中获得关于扶贫成功及社会发展的深刻启示。"路漫漫其修远兮，吾将上下而求索。"期望作者在农业农村和职业教育领域里持续深耕，不断探索，贡献更有创新价值的成果。

柳思维<br>2025 年 5 月于长沙市公园里

柳思维（1946— ），湖南工商大学资深教授，中南大学博士生导师，湖南省文史研究馆馆员，湖南省社科联原兼职副主席，湖南省政府原参事，国家社科基金应用经济学科评委，中国商业经济学会专家委员会副理事长，1993 年起享受国务院政府特殊津贴专家。

# 目 录

**第一章 贫困与反贫困相关理论** ········································· 1
  一、有关贫困概念 ···················································· 1
    （一）贫困的概念 ················································ 1
    （二）贫困的分类 ················································ 2
  二、相关反贫困理论 ·················································· 4
    （一）马尔萨斯反贫困理论 ········································ 4
    （二）马克思主义反贫困理论 ······································ 4
    （三）人力资本反贫困理论 ········································ 5
    （四）习近平精准扶贫理论 ········································ 6

**第二章 湘西州贫困原因及反贫困历史** ································· 10
  一、贫困原因分析 ···················································· 10
    （一）独特的民族历史文化导致区域经济发展长期滞后 ············· 10
    （二）地理环境险恶，自然灾害频发，致贫返贫现象严重 ··········· 11
    （三）基础设施建设薄弱，农民生产生活条件艰苦 ················· 12
    （四）农村人力资源结构不优，发展后劲不足 ····················· 12
    （五）人均占有资源少，收入结构单一 ··························· 13
    （六）贫困人口"等、靠、要"思想严重，内生动力不足 ··· 14
  二、反贫困历史 ······················································ 14
    （一）各类型的救济式扶贫阶段（1984—1988年） ··············· 15
    （二）解决温饱式扶贫阶段（1988—1993年） ··················· 17
    （三）八七扶贫攻坚阶段（1994—2000年） ····················· 19
    （四）整村推进扶贫与集中连片扶贫开发时期（2001—
         2012年） ················································· 21

## 第三章　湘西州精准扶贫实践 …… 26
### 一、精准扶贫的湘西背景 …… 26
（一）习近平总书记在湘西州的扶贫考察 …… 26
（二）精准扶贫对湘西州的巨大影响 …… 29
### 二、精准扶贫的湘西特色 …… 32
（一）彰显政府部门主导性 …… 32
（二）激发贫困人口主体性 …… 36
（三）展现上级及社会各界帮扶性 …… 37
（四）实现脱贫和谐稳定性 …… 41
（五）展示东西部扶贫协作性 …… 42
### 三、湘西精准扶贫的阶段 …… 46
（一）贫困人口识别阶段（2014—2015 年） …… 46
（二）"十项工程"建设阶段（2016—2018 年） …… 47
（三）问题整改清零阶段（2019 年） …… 51
（四）脱贫质量巩固阶段（2020—2025 年） …… 53
### 四、湘西精准扶贫的考核与督查 …… 56
（一）湖南省对湘西州的脱贫攻坚考核和验收 …… 56
（二）国家对湘西州东西部协作工作的考核 …… 60
（三）国家和省对湘西州的第三方评估 …… 60
（四）湘西州的脱贫普查 …… 62
（五）湘西州精准脱贫督查及专项整治 …… 63

## 第四章　湘西州扶贫案例 …… 66
### 一、花垣十八洞：不负人民铸魂地 …… 66
（一）十八洞村在民族团结事业上为"不负人民"铸魂 …… 66
（二）十八洞村在乡村振兴过程中为"不负人民"铸魂 …… 68
（三）十八洞村在共同富裕道路上为"不负人民"铸魂 …… 70
### 二、凤凰菖蒲塘村：牢记殷殷嘱托，脱贫致富谱新曲 …… 72
（一）坚持党建引领、共治共享，共同脱贫致富 …… 73
（二）坚持发展产业，推进全产业链融合发展 …… 74
（三）坚持科技赋能，深化合作，培育科技人才 …… 75
（四）坚持环境优化，注重宜居宜业，实现生态富民 …… 76
### 三、泸溪潭溪：万亩科技生态示范园绿了青山富了民 …… 77
（一）创建标准园建设示范区 …… 78

（二）创建种养生态循环示范区 ································· 79
（三）创建精准帮扶实验区 ····································· 80
（四）创建休闲观光农业实验区 ································· 81
四、凤凰禾库：易地搬迁为贫困群众再建一个幸福的家园 ········· 82
（一）再建一个新镇，集中安置贫困苗民 ························· 83
（二）建筑群融入民族文化，安置区功能配套齐全 ················· 84
（三）强化后续帮扶，实施"六个一"帮扶计划 ··················· 84
（四）旅游资源丰富，发展前景广阔 ····························· 85
五、永顺小溪：生态保护可与脱贫致富同行 ····················· 86
（一）小溪的魅力世界唯一 ····································· 86
（二）小溪的贫困触目惊心 ····································· 89
（三）保护与生存的矛盾尖锐 ··································· 91
（四）构建保护与脱贫共赢的局面 ······························· 92
六、凤凰腊尔山贫困片区：十年扶贫破茧成蝶 ··················· 94
（一）腊尔山片区十年变化概况比较 ····························· 94
（二）腊尔山片区十年变化原因分析 ····························· 101
七、凤凰县政府领导特色产业发展，助贫困户圆脱贫致富梦 ······· 104
（一）模式兴起背景 ··········································· 104
（二）模式特征及内容 ········································· 105
（三）模式效应 ··············································· 107
（四）模式修正及建议 ········································· 108
八、湘西民族职业技术学院：为贫困群众打开一扇掌握脱贫
　　技能的门 ················································· 110
（一）定向培养模式 ··········································· 110
（二）在职技能培训模式 ······································· 111
（三）"派遣陪伴"模式 ········································· 112
（四）"讲习所"＋"乡村学徒制"培养模式 ······················· 113

第五章　湘西州脱贫思考 ··········································· 114
一、进村入户送温暖，驻村帮扶见真情 ························· 114
（一）精锐出战抓驻村，实现村村帮扶"全覆盖" ················· 114
（二）倾情倾力抓帮扶，实现户户扶持"全纳入" ················· 115
（三）夯实责任抓推进，明确工作队及帮扶人职责 ················· 116
（四）真督实查抓成效，确保驻村帮扶实效 ······················· 117

## 二、产业扶贫放飞脱贫梦想 …… 117
(一) 产业扶贫成效斐然 …… 117
(二) 定格产业扶贫之路 …… 119

## 三、特色农业促进农民增收的实践探索 …… 123
(一) 突出政府引领 …… 124
(二) 突出产业扶贫规划布局 …… 125
(三) 突出科技创新带动 …… 125
(四) 突出新型经营主体的培育和利益联结机制的构建 …… 126
(五) 突出第一、二、三产业融合发展 …… 127

## 四、完善基础设施建设,助力决胜脱贫攻坚 …… 128
(一) 精准脱贫前湘西州基础设施建设情况 …… 128
(二) 精准脱贫期间湘西州全力推进基础设施建设的举措 …… 130
(三) 精准脱贫期间湘西州基础设施建设成效显著 …… 132

## 五、新时代农村贫困残疾人保障问题浅析 …… 133
(一) 残疾人概况 …… 133
(二) 残疾人保障 SWOT 分析 …… 133
(三) 完善农村贫困残疾人保障对策建议 …… 138

## 六、深度贫困县适时推进乡村振兴的思考 …… 139
(一) 乡村振兴目标任务 …… 139
(二) 乡村振兴现实差距及成因 …… 140
(三) 乡村振兴实现途径 …… 143

## 七、职业教育促进农村相对贫困群体就业创业路径探析 …… 146
(一) 问题的提出 …… 146
(二) 乡村振兴战略下职业教育促进农村相对贫困群体就业创业的 SWOT 分析 …… 147
(三) 乡村振兴战略下职业教育促进农村相对贫困群体就业创业的实践路径 …… 149

# 第六章 湘西扶贫实践过程中的花絮 …… 154
一、贫困原是如此的沉重与无奈(2010 年 11 月 8 日晚) …… 154
二、托起新阶段扶贫的希望(2011 年 11 月 15 日晚) …… 156
三、当椪柑金果挂满枝头的那一天(2016 年 1 月 21 日) …… 158
四、大雪纷飞迎检的昼夜颠倒间(2019 年 1 月 12 日晚) …… 161

五、五次上门敲开单身汉危房改造的心门（2019年12月8日） …………………………………………………… 165
六、苏马河村的精准扶贫微故事（2020年12月18日） ……… 168
七、不忘初心，不负扶贫（2021年7月13日晚） …………… 172

**参考文献** ……………………………………………………… 177

**后　记** ………………………………………………………… 179

# 第一章 贫困与反贫困相关理论

## 一、有关贫困概念

### (一) 贫困的概念

自人类进入文明社会以来，贫困就如影相随，相伴而生。翻开史册，世界各国的历史就是一部世界各民族的反贫困史。相对贫困问题成为迄今为止各社会形态中一种常见的社会现象。早期"社会的普遍贫穷"现象并没有引起人们的刻意关注和研究。直至工业革命后，伴随着财富的日益集中、资本剥削现象日趋严重、人们收入差距日益增大以及社会矛盾日益严重，贫困问题才引起社会的广泛关注。专家、学者们尝试从不同的角度来解释和理解贫困的概念，从而形成了无产阶级贫困说、收入贫困说、能力贫困说、权力贫困说、人文贫困说，人们对贫困的认识日益丰富和完善。

早在19世纪末马克思就对无产阶级贫困化问题进行了深入的研究，他主要从生产力和生产关系的角度对贫困原因进行分析。马克思认为无产阶级贫困的根源在于其丧失了生产资料的所有权，缺乏再生产的能力，工人仅靠出卖劳动力换取维持生命的基本生活资料，资本家剥夺生产资料的所有权，最大限度地榨取无产阶级的剩余劳动。马克思还论证了贫困是资本原始积累规律的必然结果，最终会导致无产阶级革命和资本主义制度的灭亡。美国经济学家萨缪尔森从收入角度来解释贫困的概念，认为贫困是一种人们没有足够收入的状况。国内诸多学者如汪三贵、郭犹焕、蒋路安等也认为贫困表现为低收入和低生活水平。收入贫困因其指标易统计和易监测而被世界各国广泛应用。能力贫困理论用能力来定义贫困，这一概念最早出自世界银行。能力贫困理论的主要代表阿马蒂亚·森认为贫困的根源是能力不足。阿马蒂亚·森在20世纪90年代提出了著名的权利贫困概念，认为穷人贫困的根源在于其享有的基本权利被系统性地剥夺，为此他们深陷贫困的恶性循环。权利贫困说受到了国际组织和越来越多研究者的认同，如世界银行在《世界发展报告》中进一步指出："贫困不仅仅指收入低微和人力发展不足,还包括人对外部冲击的脆弱性,包括缺少发言权、能力剥夺和被社会排斥在外。"人文贫困说也称为人类贫困说,是联合国开发计划署在1997年出版的《人类发展报告》中提出的新概念。它由三个指标构成——寿命的剥夺、知识的剥夺和体面生活的剥夺,强调健康和教育对根治贫困的主导作用,从生活质量、基本权利和发展机会等有关人的发展的多方面内容来定义贫困,使贫困的内涵更丰富、更全面。

我国对贫困的内涵研究集中于20世纪90年代,学者倾向于基本需要型贫困研究,主要围绕温饱概念展开。1985年,国家统计局首次对贫困线进行测定,其所依据的贫困定义是物质生活困难,即一个人或一个家庭的生活水平达不到社会可以接受的最低标准,包括供应基本热量的食品需求和其他基本生活需要。周彬彬提出,绝对贫困的首要内涵是生存基本需要得不到满足,其中最重要的是食品消费无法满足维持健康生理和日常活动的需要。① 也有研究将绝对贫困界定为生存贫困,即"特困"或"极端贫困"。随后的研究基本将我国官方定义的贫困视为基于温饱的绝对贫困。

(二) 贫困的分类

按贫困程度,可将贫困分为绝对贫困和相对贫困。绝对贫困又称为生存贫困或温饱贫困,是指在一定的社会生产方式和生活方式下,个人或家庭依靠劳动所得和其他收入不能满足基本的生存需求。这样的个人和家庭称为贫困人口和贫困户。相对贫困也称为相对低收入型贫困,是指在特定的生产方式和生活方式下,依靠个人或家庭的劳动力所得或合法收入虽能维持其食物保障,但无法满足当地条件下被认为是最基本的其他生活需求。衡量的标准是家庭收入和人均支出。康晓光根据生活质量的决定因素把贫困分为制度性贫困、区域性贫困和阶层性贫困。由社会制度决定的生活资源在不同社区、不同区域、不同群体和不同个人之间的不平等分配造成的某些社区、区域、群体或个人处于贫困状态,这种贫困就是制度性贫困;在相同的制度背景下由自然条件和社会发展而引发的贫困称为区域性贫困;在相同的制度背景和区域条件下由于自身素质较差而处于贫困状态的,即为阶层性贫困。② 吴国宝则从贫困的成因出发把贫困归结为两种类型:资源或条件制约型贫困和能力约束型贫困。前者指由资金、土地和基础设施等方面的原因导致的贫困,它通常表现为区域性贫困;后者则指由

---

① 周彬彬:《人民公社时期的贫困问题》,载《经济研究参考》1992年第Z1期。
② 康晓光:《中国贫困与反贫困理论》,广西人民出版社1995年版,第7页。

贫困人口或贫困家庭的主要劳动力缺乏正常的体力、智力和必要的专业技能所引起的贫困，它表现为个体贫困。他还根据具体的制约因素和强度把贫困分成若干亚贫困类型。如资源制约型贫困可再分为边际土地型贫困和资源结构不合理贫困，前者指人类的生存条件绝对恶劣，后者指各生产要素搭配不合理；能力约束型贫困又可分为由丧失劳动能力导致的贫困和缺乏专业技能引发的贫困。① 此外，还有学者根据贫困持续的时间把贫困分为长期贫困和短期贫困，根据贫困定义涉及的范围把它分为广义贫困和狭义贫困。

国际上关于贫困的定义除基于基本需要视角外，还包括社会排斥、能力贫困、权利剥夺等视角。从发展脉络看，国内研究对贫困的理解呈现出从基本需要型贫困到能力约束型贫困和发展性贫困的演变。国内学者拓展的贫困定义为国际社会理解贫困提供了新的视角。

对于绝对贫困标准的测算及比较，我国先后制定了三个官方贫困标准，分别是"1984年标准""2008年标准"和"2010年标准"，2010年标准按照2010年不变价每人每年2300元。国内对绝对贫困标准的研究呈现从聚焦标准测算、标准评价到聚焦标准比较的变化轨迹，体现了对贫困的理解及其变化的影响。贫困标准测算的基本依据是最低营养摄入量和恩格尔系数，分别采取马丁法或恩格尔系数法测算，前者利用农户消费数据测算实际恩格尔系数，后者只测算农户食物消费需求并使用给定的恩格尔系数。我国在制定和调整官方贫困标准时，曾在1995年和1998年采用马丁法，在其他情况下均采用恩格尔系数法。我国贫困标准的最低营养摄入量一般为国际常用的每天2100大卡热量，代表"吃饱"。2010年贫困标准在2100大卡热量基础上增加了每天摄入60克蛋白质的条件，代表"适当吃好"。一些实证研究对我国贫困标准是否合宜进行了评价。汪三贵通过计算发现，20世纪80年代中后期，我国农村合理的绝对贫困线应比当时的150元官方标准高50元至110元。十余年后他又指出，延续使用了20多年的贫困标准过低，原因在于马丁法低估了贫困人口的非食物消费支出。《中国发展报告2007》测算了"发展贫困线"：2005年为1147元，高于2008年标准，但低于2010年标准。我国从2011年起采用国际贫困线标准，即以世界银行提出的1天1美元最低收入标准为基础，按购买力平价计算。2010年我国农民家庭人均纯收入最低标准为2300元，以后按2300元的不变价和当年物价变动指数计算。针对我国贫困标准偏低的质

---

① 吴国宝：《对中国扶贫战略的简评》，载《中国农村经济》1996年第8期。

疑,后来的研究将我国贫困标准与世界银行绝对贫困线进行了比较。研究显示,我国2010年贫困标准达到每人每天1.6美元,高于1.25美元国际贫困线。随后有研究显示,如果将人均收入加上"两不愁三保障"扶贫措施的福利含金量,那么2019年我国脱贫标准达到每人每天5.2美元,远高于每人每天1.9美元国际贫困线,接近中高收入国家每人每天5.5美元贫困线。

## 二、相关反贫困理论

### (一)马尔萨斯反贫困理论

英国经济学家马尔萨斯认为贫困是一种自然现象和自然规律,只有贫穷才能减少过剩人口的增长。他在《人口论》中谈道:"生活资料只是以算数比率增加,人口增长是以几何比率增长,人口的增殖力无限大于土地为人类提供生产生活资料的能力。由于存在人类生存必须依赖食物这一自然法则,在人口的增长超过了生活资料的增长,两者发生失衡产生大面积贫困的时候,自然规律必然使它恢复到平衡,以一种特有的法则限制人口增长,使人口增长与生活资料的增长相平衡。要抑制生命的种子这种可怕的繁殖,唯有贫困这一伟大的限制性法则。"基于此,马尔萨斯反对消除贫困,而认为应千方百计借用贫困手段去减少甚至消灭过剩人口。他借用诗人的诗句大肆宣扬:"穷人来赴大自然的宴会,但是找不到空着的餐具,于是大自然就命令他滚蛋。"[①]

### (二)马克思主义反贫困理论

马克思主义反贫困理论的产生有其特殊的时代背景。一是资本主义私有制的确立加剧了贫富差距。资本家享有生产资料,迫使无产阶级源源不断地为其生产剩余价值,逐渐聚集大量财富。创造财富的劳动者丧失生产资料的所有权,沦为资本的附庸,缺失人的自主性,导致物质与精神双重贫困。二是频频爆发的周期性危机加剧了社会贫困。经济危机不仅迫使大量无产阶级面临失业的危险,更是将他们推向生活的窘迫境地,让他们饱受疾病、饥荒和死亡的折磨,被迫从相对贫困转变为绝对贫困。马克思针对资本主义社会贫困现状,对无产阶级贫困的根源进行了深入研究,明确

---

① [英]马尔萨斯:《人口原理》,朱泱等译,商务印书馆1992年版。

贫困是资本主义私有制的必然产物，资本主义私有制是贫困产生的根本原因。同时，马克思论证了无产阶级是消除贫困的中坚力量，推翻资本主义剥削制度是反贫困的根本途径；破除资本主义私有制，推行生产资料公有制，让广大劳动者在劳动中体现自身价值，实现人的自由全面发展是反贫困的最终价值目标。马克思主义反贫困理论具有鲜明的特征。马克思对资本主义私有制剥削下的劳动者进行客观系统的分析，以资本主义制度下尖锐的社会矛盾为逻辑主线，从解放全人类的角度，对资本主义社会基本矛盾进行深刻分析，对无产阶级内部存在的贫困问题进行系统论述，最终形成了逻辑严密的反贫困理论，为解决贫困问题、推动人类反贫困事业发展提供了新思路。

### （三）人力资本反贫困理论

1979年，经济学家西奥多·舒尔茨在美国经济学年会上发表了题为"人力资本投资——一个经济学家的观点"的演讲，首次提出人力资本理论。他将资本分为物质资本和人力资本，人力资本就是劳动者的知识、技能和健康状况的总和，是寄寓在劳动者身上并能为其带来持久性收入来源的劳动能力。同时他认为，人的知识、能力、健康等人力资本的提高，对于经济增长的贡献远比物质、劳动力数量的增加重要得多。人力资本理论突破了单一的以收入来衡量贫困的理论视域，从人本身拥有的技能和知识来关注贫困问题。

以阿马蒂亚·森为代表的经济学家又提出了"能力贫困说"，认为贫困不仅仅是收入水平低下，更是人的基本能力的剥夺和丧失。因此，贫困人口要从根本上摆脱贫困，需要通过教育和职业培训不断提升个人内在的能力水平，进而提升个人的可行能力，以此增加就业率和提升经济收入。[1] 王宏锐利用柯布-道格拉斯生产函数，将劳动力按照受教育程度分层并利用模型开展量化分析，得出"劳动力受教育程度不同，对经济增长的贡献率不同"的结论。其中，物质资本对经济增长的贡献率约为45%，接受中等教育及高等教育的劳动力对经济增长的贡献率分别为17%和38%。[2] 王宏锐的研究进一步验证了人力资本反贫困理论关于"个人能力的高低，

---

[1] ［印度］阿马蒂亚·森：《贫困与饥荒 论权利与剥夺》，王宇、王文玉译，商务印书馆2024年版。
[2] 王宏锐：《不同受教育程度劳动力对经济增长的贡献》，北京信息科技大学硕士学位论文，2008年。

主要取决于他的人力资本存量,而人力资本存量主要用受教育的程度来衡量"的论断。

(四)习近平精准扶贫思想

习近平精准扶贫思想的形成是集体智慧的结晶,该理念来源于实践又指导实践,它的提出有深厚的社会背景,与习近平个人的经历与扶贫实践密切相关。

**1. 精准扶贫思想提出的个人背景**

习近平精准扶贫思想是他个人多年扶贫实践的感悟,是为民服务,心中有民、胸中有大爱的集中体现,更与他早年的扶贫经历息息相关。习近平总书记15岁就孤身一人从北京到陕北的一个小山村——延川县文安驿公社梁家河大队当插队知青。他是"老三届"中年龄最小、插队条件最艰苦、在农村待的时间最长的插队知青。他在梁家河大队一待就是七年。七年里,他不仅入了党,还当了大队党支部书记。七年艰苦生活的磨砺,不仅促使他从一个肩不能挑、手不能提的文弱青年成长为村里的壮劳力和种地的好把手,也使他真切了解了农村和农民的生活,树立和坚定了带领群众脱贫致富的大爱情怀。爱农民、爱农业和爱农村融入了他的血液和生命里,厚植了他赤诚为民爱民的情怀。如何解决所有老百姓的温饱问题,如何引导所有农民脱贫致富成了他的历史使命和职责。

翻阅习近平总书记早年的基层工作经历可知,1974年1月,他在梁家河大队当党支部书记。1982年3月至1985年5月,在河北正定县工作三年多。1985年6月任厦门市委常委、副市长,分管农业等工作。1988年6月至1990年4月,到"老、少、边、岛、穷"的闽东任宁德地委书记。从一个生产大队的党支部书记到地委书记,他始终坚持深入群众调查研究,了解群众的疾苦,结合实际解决群众的根本问题;始终将群众的冷暖放心上,坚持为农民脱贫致富谋出路、想办法,尤其是在担任中共福建宁德地委书记期间,他对扶贫开发进行了深层次的思考和谋划,提出了许多立足实际的新观点、新理念、新办法、新思维。譬如"贫困的闽东好似弱鸟,要使弱鸟先飞、飞得快、飞得高,必须探讨一条因地制宜发展经济的路子","宁德的发展,要立足实际,不要有超过现实的思想,更不能心急,要有'滴水穿石'的精神,更要拿出锲而不舍的干劲"。在农业上,提倡"靠山吃山唱山歌,靠海吃海念海经",念"山海经","经济大合唱","干部要四下基层,即信访接待到基层、现场办公到基层、调查研究到基层、宣传党的路线方针政策到基层",并且自己带头沉下身去。他强调"贫困县、贫困乡要把扶贫攻坚的目标任务落实到贫困村、贫困户","逐村逐户制定脱贫计划,一个村一个村、一个户一个户地落实下去,把有限的人力、物力、财力集中用到贫困村贫困户的脱贫致富上,真正做到'真扶贫、扶真贫'"。① 宁德地区这些脱贫"真经",既独具特色又具有普遍借鉴意义,被汇编成《摆脱贫困》一书,体现了习近平同志当时对扶贫脱贫的思考和探索。

这些富有创见的思想、观点和方法,包括"弱鸟先飞"理念、"滴水穿石"精神、"四下基层"做法、"桥与路"辩证思维,对党的十八大以来习近平总书记领导的全国性的脱贫攻坚,具有直接的启发和引导意义。福建成为他"精准扶贫、精准脱贫"思想的发源地。2002 年 10 月,习近平同志到浙江工作。他在浙江两会期间参加省人大温州代表团讨论时明确指出:"现在的贫困问题不是块状贫困,而是星星点点的点状贫困,这要求我们扶贫工作观念要明晰,定位要准确,要做到因地制宜'真扶贫,扶真贫'。"2003 年 2 月 25 日,《浙江日报》刊登了习近平同志的文章——《调研工作务求"深、实、细、准、效"》,该文章体现了习近平同志扶贫脱贫方略的"精准"要义。2012 年 11 月党的十八大召开,习近平同志当选为中央委员会总书记。同年 12 月,习近平总书记专程赴河北省阜平县调研指导扶贫开发工作。在阜平,他明确提出,扶贫开发、帮助困难群众,要有计划、有资金、有目标、有措施、有检查。可见,习近平总书记从梁家河大队的一个插队知青,梁家河大队党支部书记,正定县委书记,厦门市委常委、副市长,宁德地委书记……一直到中央委员会总书记,一步步都是从群众中走来,最终又服务到群众中去,他的心中始终有民忧民为民,这种一腔炽热的为民情怀是精准扶贫思想提出的最大情感之基。

**2. 精准扶贫思想提出的社会背景**

精准扶贫战略思想的提出与实施,既是中国经济社会发展的必然要求,也是解决新时期贫困问题的客观需要。

一是经济增长带来的减贫效应边际递减,迫切需要精准脱贫战略来解决贫困问题。我国经济从 20 世纪 80 年代开始起飞,持续 40 多年的高速增长使城镇化建设和劳动密集型制造业快速发展,农村大量剩余劳动力通过经商、务工等方式实现了脱贫;第一产业受第二、第三产业高速增长的外溢效应影响,也获得了快速发展,一大批农民作为农业产业的直接受益者因之而脱贫。同时,经济高速增长促进了中央和地方财政收入的快速积

---

① 习近平:《摆脱贫困》,福建人民出版社 1992 年版。

累,为政府实施扶贫战略提供了坚实的资金保障。1986 年以来,我国先后在全国范围内实施"大规模开发式扶贫"和"八七扶贫攻坚计划"等扶贫战略,扶贫成效显著。按世界银行 1 天 1 美元的贫困标准估计,1981—2008 年,全球贫困人口从 15 亿减少到 8.05 亿。其中,我国减少了近 7 亿贫困人口,占全球减贫人口的 90%。但自 2009 年之后,经济增长的减贫效应呈现明显的下降趋势。罗哲和易艳玲对毕节试验区经济增长的减贫效应所做的实证分析表明:1987—1994 年,毕节试验区的经济增长减贫系数为 -1.48,这表明毕节试验区实际人均 GDP 每增长 1%,贫困发生率下降 1.48%;1994—2000 年的减贫系数下降为 -1.95;2000—2007 年的减贫系数急剧上升,为 -0.58,其绝对值不到前一阶段的 1/3。[①]

减贫效应递减的原因在于:中国经济由制造型向创造型升级,对劳动者的技术技能要求日益提升,加上智能化的发展,部分岗位被机器人取代,就业岗位减少,经济增长的减贫效应减弱。加上几轮扶贫战役过后,尚未脱贫的地区绝大多数是自然条件恶劣、自然灾害频发、交通和信息闭塞、文化教育落后的山区或少数民族地区,贫困面积大、贫困程度深,"大水漫灌式"扶贫已经无法解决其贫困问题,原有的扶贫战略急需调整。

二是以地区和县为瞄准目标的扶贫模式无法啃下现存的贫困"硬骨头",必须采取"靶向治疗"的精准扶贫模式。一直以来,中国扶贫模式的一个主要特征是区域瞄准。从 20 世纪 80 年代中期开始,我国扶贫的主要对象是国家或省确定的贫困县。1988 年,中央确定的国家级贫困县有 328 个,各个省和自治区确定的省级贫困县有 370 个。1994 年,我国制订《国家八七扶贫攻坚计划(1994—2000 年)》,确定了 592 个国家级贫困县,覆盖了 72% 以上的贫困人口。许多国家级贫困县在几轮扶贫政策的大力支持下,达到了脱贫指标。但是,当时农村贫困村"天女散花式"大量存在,很多贫困村因孤立于国家级贫困县而不能享受相关扶贫政策的倾力支持。因此,国家级贫困县覆盖的贫困人口相对减少,到 2000 年时,覆盖率下降到 63%。基于此,从 2001 年开始,我国调整扶贫瞄准区域,把村纳入重点扶贫对象。同年,国家颁布《中国农村扶贫开发纲要(2001—2010 年)》,在保留 592 个国家级贫困县的同时,开始将扶持的重点转向 14.8 万个贫困村。瞄准区域的进一步缩小和精准,使扶贫政策的人口覆盖率提高到 83%。即便如此,仍有 17% 的贫困人口没被纳入政策之内。

---

① 罗哲、易艳玲:《西部欠发达地区经济增长减贫效应的实证分析》,载《西南民族大学学报》2011 年第 10 期。

2011年，新的《中国农村扶贫开发纲要（2011—2020年）》颁布，在保留592个扶贫工作重点县和12.8万个贫困村的基础上，国家又确定了14个连片特困地区。①

纵观整个扶贫轨迹，从扶贫背景和扶贫绩效来看，以县、村、连片区域为主要目标对象的扶贫战略契合了当时的经济和社会大环境需求，是扶贫阶段的产物和成果。随着扶贫战线的进一步收缩、扶贫对象的进一步精准和细化，以县和村为扶贫对象的做法也表现出一定的缺陷和局限性，譬如精英捕获现象的产生、扶贫资金利用率的下降、扶贫资金分配和使用中的漏损和寻租现象的产生等。

---

① 参见国务院扶贫开发领导小组办公室编：《中国农村扶贫开发概要》，中国财政经济出版社2003年版；又见中共中央、国务院印发的《中国农村扶贫开发纲要（2001—2010年）》《中国农村扶贫开发纲要（2011—2020年）》。

# 第二章　湘西州贫困原因及反贫困历史

湘西土家族苗族自治州（简称"湘西州"）地处湖南省西北部，与湖北、贵州、重庆三省市接壤，全州总面积 15486 平方千米，辖吉首、泸溪、凤凰、古丈、花垣、保靖、永顺、龙山 8 个县市，2010 年总人口为 268.65 万人，少数民族人口 201.07 万人，占总人口的 74.8%，属典型的"老、少、边、穷"地区，是国家新一轮扶贫开发重点地区，是湖南省唯一列入国家西部大开发范围的地区，也是湖南省扶贫开发的主战场。1983 年末，湘西州有 156 万人生活在划定的贫困线以下（年人均纯收入在 150 元以下），占全州农业总人数的 84%。1985 年末，湘西州粮食总量仅 66.12 万吨，人均粮食 315.37 千克；贫困乡镇 135 个，人均粮食仅 200 千克左右，农村普遍存在吃饭难的问题。①

## 一、贫困原因分析

### （一）独特的民族历史文化导致区域经济发展长期滞后

湘西州自古以来就是湘楚西南门户，地理位置险要，历代统治者都在此地设置兵砦、镇所，以提防、限制、镇压西南少数民族，苗疆边墙就是其长期历史的真实再现与见证。现今，吉首、凤凰、花垣、古丈、保靖仍然保留着许多带有"×镇""×营""×卫""×炮台"等军事特征的地名，它们是历史的痕迹与烙印。特别是近代以来的百年匪患，使广大民众深受其害。长期的军事封锁和百年匪患，导致当地食盐等日常生活必需品价格奇高，达到"斗米斤盐"的程度，人民普遍生活穷困、物资匮乏，社会的不安定加剧了财富的快速聚敛与贫富分化，这是湘西州呈现整体性集中连片深度贫困的历史原因。长期的天灾、战乱、匪患、兵燹，加上历代封建王朝和当地土司为加强政治经济统治，恣意对民众实施封锁愚民政

---

① 书中关于扶贫的数据，如无特别说明，基本来源于笔者在扶贫工作过程中的调研数据。

策，导致巫傩文化盛行。在这种长期闭关封锁和愚昧政策造成的独特历史文化背景下，湘西州形成了民众抱团取暖，小集体团结而大环境争斗，"族长""头人"至上而个体信仰迷茫，贫困群众普遍小富即安，接受新生事物普遍迟缓的社会状态。这种历史文化人文条件直接导致湘西州经济发展滞后，薄弱的经济基础加大了脱贫的难度，也是导致湘西州区域性整体脱贫进程缓慢的关键所在。

（二）地理环境险恶，自然灾害频发，致贫返贫现象严重

湘西州处于武陵山区中心腹地，属于典型的喀斯特式贫困地区与石漠化贫困地区。地表石灰岩分布面积占全州总面积的60.9%。常年裸露于地表的可溶性岩石，在年降雨量超过1000毫米的充沛雨水冲刷溶蚀下、亿万年间的水滴石穿中，呈现出峰丛、石林、峰林、溶洞、天坑等喀斯特地貌的显著特征。尽管全州境内有187条较大暗河和900多个大溶洞，但大大小小、千奇百怪的喀斯特孔洞就像是无底洞，"吸"走了诸多流水，导致地表锁不住水。与此同时，流水不断地冲刷，表层土壤大量流失，自然状态下恢复1厘米土层至少需要100年。地表缺水缺土现象严重，"土如珍珠、水贵如油、漫山遍野大石头"是其真实写照。湘西州境内1000米以上的山峰有200余座，25度以上陡坡占全州总面积的60%以上。山高谷深，山体破碎，山、岗、丘、平交错分布，恶劣的地理自然环境导致域内干旱、洪涝、冰雹、冰冻、泥石流、山体滑坡和土地塌陷等自然灾害连年发生。在古丈县的逶迤群山中，有座原本名不见经传的断龙山，因为半山腰上盘旋着一条百里长渠而声名大震。20世纪80年代以前，这里十年九旱，小旱连大旱。当时，全乡有1.16万人，1.06万亩稻田，常年旱涝保收的只有2000多亩，干旱导致全乡每年都要靠国家拨救济粮度日。2008年1月，湘西州164个乡镇、1976个行政村遭受不同程度的冰雪持续侵袭，1100个贫困村损失最为严重，农作物受灾面积达185万亩，40万吨柑橘无法外运，死亡牲畜30760头，倒塌房屋1139间，冻断供电线路800多处，冻坏变压器600多台，供水水表爆裂3万多块，水管爆裂3000多处，近40万人饮水困难，1000多条村级公路因灾受损，直接经济损失达22亿元，因灾返贫人口达16万人。[①]

---

① 数据来源于湘西自治州扶贫开发办公室2008年工作总结。

## (三) 基础设施建设薄弱，农民生产生活条件艰苦

脆弱的基础设施状况是长期严重制约湘西州农村社会经济发展的首要因素。在山高坡陡的湘西，要修建通到村里的路，付出的艰辛和代价是巨大的，仅造价就比平原地区要高出2倍，即湘西州每修1000米公路的造价，相当于平原地区修3000米公路的造价。这使湘西州公路建设比别的地方慢，里程也短。譬如，位于吉首市西南部的十八湾村，在海拔700多米高的大山褶皱里，村子原名天星寨，喻其山之高，离天之近，手可摘星，又因其路"大弯十八个，小弯九十九"而得名十八湾。"想上十八湾，好比上青天；阿妹下了山，不想转家乡；阿哥打光棍，两眼泪汪汪。"一首苗家山歌，唱出了吉首市十八湾村村人穷困艰难的实况。直到2004年1月18日，全长5.3千米的通村公路才修通。截至2005年，全州境内仅有高速公路40千米，等级公路总里程为4836米，仅为全省平均水平的30%，农村的公路等级、路网密度和通畅能力低，有123个行政村未通公路，涉及贫困人口11万人。路基4.5米、路面3.5米以下不通公路的村达529个；全州大部分农田水利设施严重老化、损毁，有效灌溉率不足40%，人均旱涝保收农田面积不足0.5亩，远远低于0.8亩的最低标准；全州农村电网改造仅完成40%，农村供电不稳、电价偏高问题比较突出；全州水土流失面积占全州土地总面积的26.5%，石漠化面积占10.4%，生态环境脆弱。全州尚有117.5万农村人口面临饮水安全问题；全州13%的农村小学房屋属于危房，84.5%的村没有标准的卫生室，90%的行政村没有图书室或文化活动场所，全州有线电视入户率仅34.5%，人口广播电视覆盖率仅63.2%，电话入户率只有15%。农村行路难、饮水难、用电难、就学难、就医难等问题仍然不同程度存在，贫困地区吃饭穿衣、就医上学问题还没有得到根本性解决。2010年，湘西州先后发生11次洪涝灾害，造成226万亩农作物受灾，经济损失近6亿元。①

## (四) 农村人力资源结构不优，发展后劲不足

2004年末，湘西州总人口266.63万人，农业人口221.11万人，占总人口的82.9%。但总体受教育程度较低，从事生产的专业技术人员严重不足，某些技术人员科技素质低，不愿承担风险和接受新生事物，接受现

---

① 数据来源于湘西自治州扶贫开发办公室2008年工作总结。

代科技的能力不强,农业新技术、新品种难以在农村大范围推广,导致整个人才队伍创造力不强。据2000年第五次人口普查资料,湘西州人口平均受教育年限为6.8年,分别比全省、全国低1.3年、1.4年。每万名职工中,科技人员仅570人。农村人口素质问题更为突出,每万名农村人口中,农业科技人员仅10人,小学文化程度占49.43%,文盲、半文盲占12.97%,分别高于全省18.12个百分点和8.26个百分点。2002年底,湘西州专业技术人员为47101人,占全州总人口的1.8%。其中,农林牧渔业类专业技术人员占11.5%。专业技术人员中,具有专科学历者24007人,占50.9%,具有研究生学历者仅有25人,占0.05%。专业技术人员中,具有正高级职称者12人,占专业技术人员总数的0.03%,具有副高职称者1124人,占2.4%。① 2002年底,湘西州小学入学率为98.2%,小学升学率为93.3%,普通初中的平均升学率为28%,小学辍学率为0.35%,初中辍学率为5.8%,凤凰县腊尔山等乡镇中学的初中辍学率高达8.79%。② 除此之外,医疗卫生人才不足,2006年,每万人口所拥有的卫生技术人员数量比全省少1.3人,每万人口所拥有的执业医师数量仅为长沙市的1/2。

(五)人均占有资源少,收入结构单一

2009年,湘西州扶贫开发办对全州310户贫困户人均占有资源的抽样调查表明,人均借款917元、人均存款仅为99元,贫困户可用于生产和再生产的资金严重不足。人均占有田土面积仅为0.99亩,解决温饱问题都有困难。比如,泸溪县上堡乡黑塘村人多地少,人均只有0.7亩田,可荒山却有5100亩。过去,在黑塘坡有这样一首歌谣——"黑塘坡,穷山窝,有女莫嫁黑塘坡"。在全州贫困户人口中,劳动力占41.9%,其中外出务工人员占12.6%,劳动力相对不足。对310户贫困户家庭收入结构的调查表明,种植收入占40.34%,养殖收入占14.25%,劳务收入占36.71%,商业收入占0.64%,其他收入占8.06%。贫困户收入主要依靠种养业和劳务输出,而这些收入有很大的不稳定性。

---

① 陈达云、段超、杨胜才:《民族地区专业技术人才现状与对策研究——湘鄂渝民族地区专业技术人才队伍调研报告》,载《民族研究》2004年第2期。

② 陈丽影:《湘西教育发展的难点与对策》,载《求索》2005年第2期。

### （六）贫困人口"等、靠、要"思想严重，内生动力不足

从贫困群众来看，一部分人还存在着"等、靠、要"思想和行为。具体表现为以下三点。一是习惯懒散的生活模式，习惯于"混日子"。习惯于种田糊口、养猪过年，缺乏市场经济、开放经济意识和求富意识，小富即安，甚至不富也安的思想比较严重，宁愿苦熬也不肯苦干。二是相互"攀比"，争当贫困户。许多村里存在部分村民为获得扶贫优惠政策而争当贫困户的现象。三是主观脱贫意识淡薄，过度依赖政府。部分贫困户拥有劳动能力却不愿发展产业，对村里开展的扶贫项目漠不关心，缺乏自主脱贫的意愿，将脱贫希望全部寄托在政府的物质与资金补助上。还有部分贫困群众的收入已远远超过了贫困线的标准，但拒绝在脱贫确认书上签字，他们担心脱贫后政府会取消曾经给予他们的各种优惠政策及扶持。

究其原因，主要在于以下两点。一是对贫困户的教育引导不够。在扶贫过程中，对贫困户的帮扶多是"填鸭式"的帮扶，在帮扶方式上，扶志和扶智不足，送钱送物的多，打开心灵、徐徐引导的少，导致部分贫困户对扶贫资助过度依赖，在扶贫项目中参与度不够，甚至产生了"等、靠、要"的想法。二是根深蒂固的贫困文化影响。长期以来，贫困户的生存环境恶劣，自然灾害频发，贫困户抵抗自然灾害和生产风险的能力薄弱，脱贫的道路艰难，进而使贫困群体产生了认命的价值观和行为逻辑，他们在逐渐适应贫困的同时，还在不断地固化这种价值观和逻辑思维，谨小慎微，安于现状。①

## 二、反贫困历史

新中国成立后，党和政府始终致力于农村扶贫问题的探索和创新，特别是改革开放以来，我国扶贫工作取得了举世瞩目的成就。湘西州历届州委、州政府紧紧把握国家扶贫大战略契机，团结一致地带领全州各族干部群众，自力更生，不懈奋斗，实现了从温饱不足向总体小康的历史性跨越。1984—2020年，湘西州扶贫经历了各类型的救济式扶贫、解决温饱式扶贫、"八七"扶贫攻坚、整村推进与集中连片开发和精准扶贫5个阶段。截至2013年底，湘西州贫困人口减少到61万人，贫困发生率下降到22.5%。2013年11月，习近平总书记视察湘西，提出了精准扶贫的理念。

---

① 王建宇：《精准扶贫中部分贫困户等靠要问题研究》，吉林大学硕士学位论文，2019年。

全州按照"六个精准""五个一批"等要求,实施精准扶贫"十项工程"。至 2019 年,全州实现 8 个县市和 1110 个贫困村整体脱贫,进入决胜小康社会建设阶段。

(一)各类型的救济式扶贫阶段(1984—1988 年)

20 世纪 80 年代中期,就全国而言,农村区域发展不平衡问题突出,贫困人口分布呈现出区域集中的鲜明特征,块状分布在"老、少、边、穷"地区。1984 年 9 月 30 日,中共中央、国务院下发《关于帮助贫困地区尽快改变面貌的通知》,将武陵山区定为全国九大贫困片区之一给予重点扶持。1986 年,国家成立专门的扶贫机构——国务院贫困地区经济开发领导小组(国务院扶贫开发领导小组的前身)。位于武陵山区腹部的湘西州紧跟国家扶贫战略的步伐。1985 年,湘西州委、州政府成立项目办,隶属州农委,由州农委副主任负责,从林业、农业、畜牧部门抽人临时办公,主要负责农业开发项目的立项、论证、评估等事宜。1987 年 3 月 30 日,湘西州委、州政府成立扶贫工作领导小组,下设办公室,归口州政府,同时要求各县市成立相应机构。同年 9 月 16 日,州委、州政府决定将州扶贫工作领导小组改为湘西土家族苗族自治州经济开发领导小组,原州扶贫工作领导小组办公室改为州经济开发领导小组办公室(简称"州经济开发办"),归口州农业委员会管理,经费由州财政列支。

1983 年底,湘西州有 156 万人生活在贫困线以下,占全州农业总人口的 84%。全州 8 县市均被列为贫困县市,其中,花垣、永顺、保靖 3 县为国家重点扶持的贫困县,古丈、龙山、泸溪、吉首、凤凰 5 县(市)为湖南省重点扶持的贫困县(市)。在国家大力帮助和相关优惠政策的扶持下,湘西州这一阶段的扶贫呈现出有组织、有计划、多形式的救济式扶贫特征。为解决全州贫困人口温饱问题,州委、州政府在鼓励贫困人口开展生产自救,并在春荒、冬寒等时节实行临时性救助救济的同时,实施一系列帮扶措施,主要包括以下几方面。

(1)实行棉衣棉被赊销(简称"两棉"赊销)政策,解决全州贫困人口缺衣少被困难。1984 年 4 月,州委、州政府按照商业部、中国人民银行等部门联合下发的《关于对边缘少数民族地区困难户赊销纯棉布、絮棉的通知》《关于对边缘少数民族地区困难户赊销纯棉布、絮棉的财务处理办法》和湖南省《关于对少数民族地区困难户赊销纯棉布、棉絮的通知》《转发〈关于对边远少数民族地区困难户赊销纯棉布、棉絮的财务处理办法〉》等文件精神,积极开展"两棉"赊销扶贫行动,对全州 29 万农村困难人口（包括原大庸市1.5万人、桑植县5万人）实施"两棉"赊销政策。"两棉"赊销即纯棉布、絮棉赊销，赊销欠款从赊销之日起计算，5年期内还清全部赊销款，困难户可一次还清或多次还清。至1985年2月，全州累计为121.9万农村困难人口赊销棉布1627.37万米（人均13米），赊销絮棉2229.05吨（人均1.8千克），赊销总额3365万元（人均28元）。① 通过赊销，基本解决了全州贫困群众长期缺衣少被的问题。1994年实施"八七"扶贫攻坚计划后，"两棉"赊销欠款全部豁免。

（2）实施粮棉布以工代赈，投入基础设施建设，改善农村基础设施条件。1985年，国家对湘西州贫困地区实施以工代赈扶贫工程。1985—1987年，国家投入以工代赈的主要是粮棉布，分配实物指标到地方后，由地方变成现金开展以工代赈工作。3年间，中央及省共安排粮棉布实物折价资金7426.44万元，其中，中央预算内5752.9万元、省财政预算内1673.54万元，用于乡村道路、农村小水电、基本农田和人畜饮水等建设项目。1986—1989年，湘西州共安排资金10648万元投向人畜饮水、小水电和公路建设方面，共建成人畜饮水工程1979处，解决了1732个村32.7万人和25万头大牲畜饮水困难问题，新增浇灌面积2.25万亩。建成小水电工程36处，装机1万千瓦，解决了35个无电乡的缺电问题，新增4.65万户、20.6万人的生活照明。新修公路63条839公里，解决了12个乡通车问题，21处火车站连接公路，连接2处"断头公路"，促进了城乡物资交流，为治穷脱贫创造了条件。②

（3）实施税收减免政策，减少贫困群众税收负担。1983年，根据湖南省财政厅恢复契税征收通知的文件精神，湘西州除城镇外，对村民之间发生的房屋买卖、典当、赠予、交换行为亦照章征税，农村人民公社、生产大队、生产队及其他集体所有制单位之间发生上述行为的免征契税。自1984年起，全州免征农业税5年。1987年4月1日起，全州清理非农业建设用地，依法开征耕地占用税。对部队、铁路、机场用地，炸药库用地，学校、社会福利单位用地，良种繁殖场用地，人畜饮水工程和农田水利设施用地，水库移民住宅用地，公路、桥梁用地，均免征耕地占用税；对农民和农场职工占用耕地建房的，减半征收耕地占用税；对革命烈士家

---

① 湖南省地方志编纂院、湖南省湘西土家族苗族自治州地方志编纂室：《湘西土家族苗族自治州扶贫志》，人民出版社2022年版。
② 湖南省地方志编纂院、湖南省湘西土家族苗族自治州地方志编纂室：《湘西土家族苗族自治州扶贫志》，人民出版社2022年版。

属,革命残废军人,鳏、寡、孤、独以及农村贫困户或纳税确有困难者,经所在乡镇人民政府审核,报经县市人民政府批准后,予以减税或免税。1987—1988年,全州减免耕地占用税86.5万元。

1988年,根据《湖南省征收农林特产农业税实施办法》,湘西州在全州开征农林特产税。州政府制定《关于全面开征农林特产税的具体规定》,对采摘野生植物,国家农林科研机关、大专院校科学试验生产农林特产产品,利用宅旁隙地种养农林特产品免征农林特产税;对新垦殖或新垦复农林特产产品从受益之年起,免征农林特产税3年;对交纳农林特产税确有困难的,经县市批准,减征或免征农林特产税。

(4)开展扶贫建房,解决住房困难群众的住房问题。1984年4月,州委、州政府贯彻落实胡耀邦总书记视察湘西州时作出的"尽快解决各族人民住房困难"指示精神,在全州范围内启动扶贫建房工作,成立了湘西州扶贫建房领导小组,由副州长任组长,在州民政局设办公室;制定了扶贫建房实施方案,确定从1984年起,分年度逐步解决少数民族群众住房困难问题。全州筹集扶贫建房资金345万元,其中,州级投资95万元,县级投资32万元,无房户自筹162万元,各行业捐赠和群众资助56万元。群众提供木料6000立方米,水泥、石灰500余吨,砂子1000余立方米,帮工80余万个。至1985年5月底,全州扶贫建房5360栋,5540户2.3万无房群众乔迁新居。至1987年底,全州扶贫建房1.29万栋,解决1.31万户5.63万村民的住房困难问题。

总之,这一阶段主要是体制改革推动扶贫阶段,也是湘西州扶贫开发工作起步阶段。在这一阶段,全州依靠农村经济体制改革焕发出蕴藏在农村中的生产力,以大幅提高农产品收购价格和改善农业交易条件为手段,利用制度变迁增加了农民的收入,改善了贫困状况。同时在全州范围内借助以工代赈、"两棉"赊销、税收减免、扶贫建房等优惠政策,解决了121.9万人缺衣少被的困难、1万多户无房户的住房困难、约33万人及25万头大牲畜安全饮水问题以及人民生产生活中一些急需解决的难题。

(二)解决温饱式扶贫阶段(1988—1993年)

从1988年起,湘西州委、州政府总结上一阶段关于救济式扶贫工作的经验教训,调整扶贫工作思路,突出湘西州自然禀赋优势,有了"绿水青山就是金山银山"的初步意识,坚持发展山地经济。扶贫方式实现了四个转变:一是实现由民政部门单家帮扶向各级各部门全社会共同帮扶的转变;二是实现由"输血型"的救济式扶贫向"造血型"的开发性扶贫转变；三是实现由单纯的资金帮扶向资金、物质及技术多方式帮扶的转变；四是实现由全面扶持向特困区倾斜扶持的转变。

湘西州在这一阶段大力实施和推进"一八四"开发工程，即抓好粮食生产这一基础，实施烟草、茶叶、林果业、苎麻、中药材、草食动物、旅游及旅游工艺品、矿产品八个系列开发产品工程，推进交通能源、农业基础设施、科技教育和服务体系四项基本建设。

一是推广良种革命，提高粮食综合生产能力。湘西州先后实施了"品种革命""白色革命"，突出科技兴粮。1986年以来，湘西州以花垣、保靖、永顺3县为主实施"温饱工程"，组织推广以杂交良种为主的"品种革命"和以地膜玉米为重点的"白色革命"。1989年，湘西州安排专项贴息贷款1.06亿元，扶持杂交水稻、杂交玉米种植等，良种普及率达到90%以上，使杂交良种深入人心。通过实施种苗工程、商品粮基地工程、粮食自给工程和农业科技效益工程四大工程建设，以及多季轮作和扩大种植面积等措施，湘西州农业生产复种指数由1985年的1.92提高到2007年的2.8。

二是因地制宜、因势开发，大力发展产业。在坡度大于26度的荒山造林绿化，实施生态保护。1989年11月，州委、州政府作出"五年消灭荒山，十年绿化全州"的决定，采取多种方式实施封山育林和封山护林，封山育林面积达400.5万亩。1990年，全州实施飞机播种造林，1992年完成飞播造林52.3万亩，平均每公顷林地有飞播幼苗6765株，符合林业部飞播造林种子出苗率规定标准。1990年，花垣、保靖、永顺3县正式启动长防林工程建设，辐射到龙山县、凤凰县、泸溪县。1988年，州委、州政府提出在全州实施山地开发和庭院经济发展战略，在坡度小于25度的荒山实施山地开发，发展以椪柑、茶叶、猕猴桃等为主的林果业，同时动员农民利用庭院空坪隙地发展以种养为主的庭院经济。1989年，全州各县市启动大规模的山地开发，涉及的产业主要有椪柑、茶叶、板栗、猕猴桃、桃李、烤烟等。1990年，全州在实施山地开发的同时，动员有条件的村民以自己住宅院落及其周围为基地，以家庭为生产和经营单位，鼓励在家的老弱病残等弱劳动力利用闲暇时间从事种植柑橘等果木生产，饲养禽畜，经营家庭农业，发展庭院经济。几年间，全州开发规模逐步集中连片，千亩村和万亩乡镇持续增长。到1993年，全州建成果药茶桑基地19.5万亩，种植烤烟34.5万亩，饲养牛40万头、羊98万只、肉兔80万只。

三是大力发展乡镇企业，提高农民纯收入。1984年湘西州开始全面发展乡镇企业。至1988年，全州乡镇企业达到5000余家，总产值占工业经济的30%。1990年，全州农村个体私营企业和股份合作企业快速发展，总产值占乡镇企业总产值的71%。1992年，全州乡镇企业新增技术改造项目85个，完成固定资产投入3251万元。竣工投产项目61个，年新增产值3000万元，新增利税400万元。1992年底，全州乡镇企业为农村人均提供纯收入82.1元。1993年底，全州个体私营企业发展到4.9万家，其中产值超过100万元的企业发展到27家，从业人员8.9万人，销售收入7.6亿元。

与1984年相比，1993年，全州地区生产总值达到29.4亿元，年均递增6.7%，农民人均纯收入由279元增加到581元。通过9年扶贫，全州解决了41万人的饮水困难、18万人的照明用电和1万户4.5万人的住房困难问题；未解决温饱的农村贫困人口已由156.9万人下降到60万人。

（三）八七扶贫攻坚阶段（1994—2000年）

经过多年艰苦卓绝的扶贫工作，我国基本解决了贫困人口的温饱问题。截至1994年，全国农村剩余8000万贫困人口相对集中在中西部少数自然地理条件恶劣地区，农村贫困从块状性、普遍性和绝对性贫困向点状性和相对贫困发生重大转变，我国农村扶贫开发进入全面攻坚阶段，必须采取更有针对性的攻坚战略。1994年4月15日，国务院发出《关于印发〈国家八七扶贫攻坚计划〉的通知》，计划到2000年，基本解决农村剩余8000万贫困人口的温饱问题，并计划对少数已稳定脱贫的县不再扶持，对未脱贫的县和未稳定脱贫的县继续扶持，将以前未纳入贫困县范围但经济发展水平较低的县重新纳入；重新确定了国家重点扶持的592个贫困县。

1994年9月27日，湖南省委、省政府出台《关于支持湘西土家族苗族自治州实施"八七扶贫攻坚计划"的意见》，把湘西州作为全省扶贫攻坚主战场，集中财力扶持湘西扶贫攻坚。12月6日，州委、州政府成立湘西州扶贫开发协调领导小组，州委书记任组长，协调领导小组下设办公室，州委秘书长兼办公室主任。12月30日，州委、州政府下发《湘西土家族苗族自治州扶贫攻坚计划》，计划在1997年建州40周年时，基本解决全州60万贫困人口的温饱问题。

一是实施口粮田建设工程，建设旱涝保收基本农田，稳定粮食生产。1998年初，州委、州政府决定实施口粮田建设工程，采用奖励、定权发证和免税等措施鼓励农民新开耕地，新开耕地经验收合格的，每亩一次性补助枯饼肥 10 千克、磷肥 50 千克，并根据立地条件和施工等级标准，每亩给予 100～300 元的"以奖代补"奖励。对完成 1000 亩以上的乡（镇）、200 亩以上的村和 5 亩以上的农户给予重奖。对新开耕地实行"谁开垦，谁使用，谁受益"政策，定权发证，规定耕地使用权 30 年不变，并可以转让和出租，减免各种费用，免征农业税 5 年。全州划定 18 处基本农田保护区，面积 183.4 万亩，占耕地总面积的 81.4%。与此同时，严格控制非农建设占用耕地。坚持依法审批，实行"先开地，再用地"的办法，严格查处非法占地案件。在农田水利配套建设方面，打破行政区划界线，实行片区水利工程配套建设，全州规划建设七大片区水利工程，项目完成后新增有效灌溉面积 14.37 万亩，新增旱涝保收面积 15.41 万亩，新开稻田 6.53 万亩，项目区农民人均旱涝保收农田可达 0.65 亩，年人均增收 200 余元。2000 年，州口粮田建设指挥部对各县市口粮田建设工作进行检查验收，全州 3 年累计完成口粮田建设面积 14.31 万亩，其中新开稻田 5.07 万亩，坡改梯 5.09 万亩，恢复水毁稻田 4.01 万亩，改造低产田 1385 亩，覆盖 201 个乡镇、1027 个村，其中特困村 631 个。

二是坚持发展山地经济，加速山地开发，培育支柱产业。1995 年，湘西州委、州政府作出《关于加速山地开发 建设支柱产业的决定》，印发《将山地开发适时转向规模开发的意见》。州扶贫开发办制定《四线两水流域扶贫产业开发规划》，确定以县为单位，以果药茶桑畜为主导产业，沿国道、省道、铁路、河流、水库连片规模开发建设果药茶桑基地，在高海拔山区建立药材基地。规划建设开发面积 5000 亩以上基地乡镇 100 个，1000 亩以上村 300 个，在全州范围内形成椪柑产业带、茶果产业带、橙柚产业带和桑果产业带四个产业带。从 1996 年起，全州以增加农民收入为重点，稳步发展三大支柱产业，即以烤烟为主的经济作物种植业，以椪柑为主的林果业，以山羊为主的养殖业。截至 2000 年，全州烤烟种植面积达 22.5 万亩，开发新品种橙柚 17.55 万亩，中高海拔地区发展猕猴桃种植 16.8 万亩，山羊饲养量 125 万只，出栏 48.25 万只。发展高山反季节蔬菜种植 3 万亩，种植百合 4.35 万亩，开发梨、板栗等干鲜果 3 万亩。同时，柑橘产业突出培管抓品质，完成低产园改造和高接换种 1.05 万亩。三大支柱产业总收入 4.5 亿元，农民人均增收 208 元。

三是开展单位包村、干部挂户的结对帮扶工作。1994 年，湘西州委、州政府印发《关于实施"六六温饱工程"的意见》，要求在州直副处级以上单位、县市机关副科级以上单位担任实职的领导干部每人挂钩 1 户特困户帮扶。1996 年，州委组织部制定《单位包村扶贫工作方案》，明确每个州直单位扶持1个贫困村,人数少的单位与其他单位联合对口扶助1个村,从扶助单位派3名工作队员驻村开展工作,扶助单位副处级以上干部每人在所扶村扶助1户特贫户,并确定1名负责人具体分管包村扶贫工作。从1997年起至2000年,包村扶贫工作4年不变,扶助村不脱贫扶助单位不脱钩。各县市及州直单位制定《包村扶贫四年总体规划》,实行扶贫定位到村,帮困结对到户。1998—1999年,州直和县市各单位扩大挂户扶贫范围,机关科室、党支部、团支部、科级和一般干部都挂1户贫困户。全州有7400名干部挂扶贫困户7456户,投入资金1843.56万元(含物资折价),为联系户确定扶贫项目9120个。为保证结对质量,州委组织部、州建整办实行结对帮扶跟踪督查制度,并将结对帮扶工作作为提拔使用干部和年终评比依据之一。截至2000年,全州基本完成八七扶贫攻坚计划。

到2000年底,《国家八七扶贫攻坚计划(1994—2000年)》所确定的目标基本实现,农村贫困人口的温饱问题基本解决。农村居民家庭年人均纯收入从1994年的1221元提高到2253.4元,年增长率在11%左右;中国农村绝对贫困人口由1994年的7000万人左右下降到2000年的3000万人,平均每年减少667万;农村贫困发生率由7.7%减少到3.4%。其中,国家重点扶持贫困县的贫困人口由1994年的5858万人下降到2000年的1710万人。湘西州农村居民家庭年人均纯收入从678元提高到1277元,贫困人口由1994年的60万人下降到2000年的23万人。

(四)整村推进扶贫与集中连片扶贫开发时期(2001—2012年)

2001年5月,国务院制定了《中国农村扶贫开发纲要(2001—2010年)》,明确提出到2010年,农村在基本解决贫困人口温饱的基础上进一步巩固扶贫成果,提高贫困人口的生活质量和综合素质,加强贫困乡村的基础设施建设,改善生态环境,逐步改变贫困地区经济、社会、文化的落后状况,为农村小康社会建设创造条件。按照新纲要的要求,国家又划定了扶贫工作重点村,实施整村推进扶贫战略。扶贫工作实际上形成了开发式扶贫与救济式扶贫两轮驱动的新格局,并主要由解决绝对贫困人口的温饱问题转向对农村没有解决温饱的贫困人口、低收入人口全面提供扶持和帮助。在这一阶段,我国的扶贫工作呈现以下鲜明特征:一是由解决大量贫困人口的脱贫问题转向解决少数绝对贫困人口的温饱问题;二是巩固脱贫成果,增加脱贫人口收入,实现稳定脱贫不返贫;三是坚持综合开发,全面发展;四是采用县、村两级目标瞄准机制,国家重新划定了592个国家扶贫工作重点县，认定了近14.8万个贫困村，扶贫资金主要用于扶贫开发工作重点县和重点村，强化扶贫资金的监管；五是注重群众参与扶贫项目的主动性。

在这一扶贫期间，永顺、保靖、花垣、泸溪、凤凰、古丈、龙山7个县被列为国家重点扶持贫困县，吉首市被列为省定贫困市。湘西州委、州政府围绕"大扶贫"战略提出了"新世纪扶贫开发分三个层次全面推进"的新阶段扶贫开发工作思路，州扶贫开发办在扶贫理念上不断创新，扶贫开发工作呈现出新特点、新特色。具体而言，包括以下四方面内容。

一是注重整村推进扶贫工作。湘西州委、州政府决定，从2005年起瞄准1200个贫困村，用6年时间分三轮（每2年为一轮）开展整村推进建整扶贫工作，共派驻3231名干部，以整村推进的模式进行扶贫攻坚。2005年，全州派出1071名干部进驻392个整村推进村，其中，省直15个单位30名工作队员进驻15个村，州直121个包村单位225名工作队员进驻68个村，县市574个单位816名工作队员进驻309个村。2006年，从整村推进村中选定100个特色产业空白村重点开发特色产业，州直单位工作队负责其中的54个村，县市单位负责其余的46个村。在整村推进过程中，湘西州注重扶贫产业培育、扶贫基础设施建设、劳务技能培训等扶贫项目的制定和落地。经过2005—2010年三轮整村推进，建整扶贫工作成效显著，6年中帮扶单位提供帮扶资金1.78亿元，协调部门资金3.6亿元。全州共调整农村党支部936个，新修建村部419所，发展林果业122.9万亩、经济作物产业32.5万亩，培养专业大户7633户；解决了35万人饮水困难问题，修筑村组公路5400千米，架设高低压电网9161.7千米，建设沼气池3.8万口。

二是实施中高海拔集中连片扶贫。湘西州中高海拔地区分布在8县（市）之内，涉及75个乡（镇）、933个建制村、1200多个自然寨，中高海拔地区的乡镇及村分别占全州乡镇的47.5%、占全州建制村的47%，总人口87万人（其中劳动力为46.8万人），占全州总人口30%。按照地理位置，全州划分为凤凰腊尔山片区、保靖吕洞山片区、吉古泸红土壤片区和永龙片区四大贫困片区。针对中高海拔地区人均收入低、经济社会发展缓慢等问题，2001—2010年，全州进入集中连片扶贫开发整村推进阶段。州委、州政府采取整合资源、科学规划、集中投入，分批实施、逐村验收的扶贫开发方式，推进四大片区扶贫。2012年，湘西州建立中高海拔地区扶贫长效机制，由州委、州人大常委会、州政府、州政协四个主要领导班子分别挂点联系四大片区扶贫工作，州委常委包县市指导，县市分管领导按区域包片负责，州县市直部门联点包村，把扶贫力量集中到中高海拔地区。延长扶贫周期，驻村扶贫周期安排3～5年，采取帮2年带1年的办法，坚持脱贫不脱钩。至2010年，湘西州形成以椪柑、猕猴桃为主的水果产业，以烤烟、蔬菜、花椒、茶叶为主的特色经济作物产业，中药材基地面积达21万亩。行政村通公路率达96.2%，行政村全部通电、通电话，并能接收广播电视信号。累计完成农田水利设施建设1万多处，农民人均旱涝保收面积达到0.4亩。在凤凰县廖家桥镇等中高海拔地区新建10多万亩猕猴桃、梨等落叶水果基地，在红土片区建成20万亩椪柑基地，建成2万亩茶叶基地。2011年，州委、州政府印发《关于加快湘西自治州少数民族高寒山区脱贫解困工作的实施意见》，提出以整村推进和建整扶贫为工作平台，以基础设施建设、改善民生和发展产业为内容，按照"整村推进、整体规划、整合资金、和谐发展"的工作思路，计划用5年时间，集中领导、集中力量，加快中高海拔贫困地区脱贫解困进程。

　　三是强化产业开发扶贫，提升产业扶贫的针对性和效益性。①注重产业开发扶贫，将产业发展重点向中高海拔贫困地区转移，以凤凰腊尔山、保靖吕洞山、龙山永顺的永龙界、羊峰山、八面山等中高海拔地区及100个产业空白村为产业发展的重点区域。②加大对扶贫龙头企业的培育力度。2004年，湘西州委、州政府制定《湘西州农业产业化州级龙头企业认定和运行监测管理暂行办法》，州、县市政府整合扶贫开发、以工代赈、农业发展等资金，用于龙头企业建设、品牌培育、科技推广和市场营销等，鼓励龙头企业参与扶贫工作，带动社会扶贫。认定产业化龙头企业473家，其中州级以上龙头企业32家，国家级扶贫龙头企业10家。老爹公司、亿事达公司、湘泉制药、金山实业等龙头企业在贴息扶贫和引导资金支持下得到发展，带动45万农户脱贫致富。2010年，全州安排扶贫资金100万元，启动能工巧匠扶贫创业园项目建设。至2012年，全州农产品加工企业超过600家，农业产业化龙头企业100家，带动全州22万户农户发展特色产业基地150万亩。③激发贫困户开发产业的热情，通过各种扶贫帮扶模式引导贫困户参与扶贫产业的开发，贫困户自身投入产业开发的比重不断攀升。

　　四是推进武陵山片区区域发展与扶贫攻坚试点。2011年11月15日，国务院扶贫开发领导小组在吉首市召开武陵山片区区域发展与扶贫攻坚试点启动会议，标志着《武陵山片区区域发展和扶贫攻坚规划》正式实施。2011年12月，州委、州政府开展武陵山片区区域发展与扶贫攻坚先行先试，实施区域发展与扶贫攻坚"1115工程"，即区域发展十大标志工程、扶贫攻坚十大民生工程、10个百亿产业、50个重点产业项目。工程总投资3926亿元，涉及子项目200个。其中，区域发展十大标志工程投资634亿元，扶贫攻坚十大民生工程投资362亿元，50个重点产业项目投资629亿元。2012年12月，省发改委联合省财政厅下发《关于下达湘西州武陵山片区区域发展与扶贫攻坚"1115工程"湘西地区开发财政补助资金计划的通知》，安排湘西地区开发产业发展专项资金计划500万元，专项用于推进湘西州武陵山片区区域发展与扶贫攻坚"1115工程"配套资金。

2012年起，湘西州实施了14项国家和省级扶贫试点工作，包括全国武陵山片区区域发展与扶贫攻坚试点、"两项制度"衔接试点、中央彩票公益金项目试点、贫困村互助金资金项目试点、农村信息化扶贫项目试点、连片开发试点、低碳扶贫试点、金融扶贫试点、科技扶贫试点、产业扶贫试点、雨露计划实施方式改革试点、全省少数民族高寒山区脱贫解困试点、贫困大学生扶贫助学试点、留守儿童扶持助学等。各项试点工作在湘西州轰轰烈烈地开展，并取得了显著的成效：生活保障制度和扶贫开发政策"两项制度"衔接试点工作由起初的保靖县一个试点县扩大到湘西州8县市，最终实现湘西州试点经验推广至全国各地。花垣县和龙山县作为中央彩票公益金项目试点县，利用彩票公益金项目资金重点扶持当地的支柱产业，改善基础设施和乡村环境，解决了村民急需解决的问题，增加了农民收入，反响很好。花垣县、凤凰县成为全国贫困地区干部培训中心首批低碳节能项目试点发放地，总投资1000万元，节能灯发放数量达100万只，实现了以节能灯替换白炽灯的目标。此外，还在各县市推行以小额信贷为重点的金融扶贫试点，争取省配套财政准备金每县市500万元。国家开发银行湖南省分行与湘西州开展合作，累计支持湘西州50个重点项目融资23亿元。建立贫困大学生扶贫助学机制，每年安排资金1000万元开展扶持贫困大学生助学活动。全州8县市被列入全省贫困留守儿童扶贫助学试点县市，每县市每年投入财政专项资金20万元，每年为每名贫困留守儿童提供扶贫补助1200元，解决贫困留守儿童生活困难问题，全年扶贫助学498名贫困留守儿童。2011年，根据全国扶贫开发信息系统监测数据，省委、省政府把凤凰县腊尔山区作为全省少数民族高寒山区脱贫解困试点，由省财政厅、省扶贫办、省民族事务委员会牵头，在腊尔山高寒地区5个乡（镇）65个村投入资金3314万元，按照"政府主导、规划引导、突出重点、整体推动"的思路，重点实施农村危房改造、农村村组道路和农村饮水等基础设施建设。

这些试点项目的成功实施,使湘西州扶贫开发财政专项资金分配总量增加。由于国家扶贫战略转变,湘西州先行先试"1115工程"中,除"两项制度"有效衔接、"雨露计划"、贫困大学生扶贫助学、贫困留守儿童扶贫助学4项试点继续运行外,其他试点后期中断实施。但通过前期先行先试项目的努力,政府争取到了一批能够带动区域经济发展的高速铁路、高速公路、机场建设等重大项目落户湘西州。[①]

---

　　① 湖南省地方志编纂院、湖南省湘西土家族苗族自治州地方志编纂室:《湘西土家族苗族自治州扶贫志》,人民出版社2022年版。

# 第三章 湘西州精准扶贫实践

## 一、精准扶贫的湘西背景

### （一）习近平总书记在湘西州的扶贫考察

#### 1. 菖蒲塘村的扶贫考察①

武陵山片区是我国 14 个集中连片特困地区之一。习近平总书记 2013 年 11 月 3 日上午来到地处武陵山区中心地带的湘西土家族苗族自治州考察。深秋时节，瓜果飘香，在土家族聚居的凤凰县廖家桥镇菖蒲塘村，他走进生态水果产业基地，了解村里扶贫开发和特色产业发展情况。

习近平总书记边走边向村干部了解村里葡萄、柚子、猕猴桃等引种和销售情况。看到路边一筐筐水果，他拿起一个红心猕猴桃剥皮品尝，夸赞说："味道很好，口感很好。"听说这种猕猴桃一斤 12 元到 15 元，一亩收入两万四千元，他说："那可是高附加值啊。"山道狭窄，看到背着满篓柚子的村民，习近平总书记问"重不重？"听说有五六十斤，他赶紧侧身说："你快走吧，背着很重。"枝头挂满柚子，村民们正在采摘，总书记看见一棵柚子树的柚子结得特别好，兴致很高，就走近这棵树。只见他一手拿着柚子，另一只手托着柚子底部，轻轻一拧，就摘了下来。总书记一连摘了两个柚子，然后风趣地笑着对身边的人员说，摘柚子是个技术活，大家要多吃柚子，可以降火。

习近平总书记来到果园深处，与前来收购的贵州客商聊了起来，询问收购价是多少、有无滞销……他问得很仔细。看到村民们脸上洋溢着丰收的喜悦，听到家家户户都种上了果树，习近平总书记说："大家高兴吧？丰收了，还能卖好价钱，祝大家的果园发展越来越好，每个家庭都勤劳致富奔小康。"

看到不远处村子里都是砖房，习近平总书记说："房子还不错。"他一

---

① 参见 2013 年 11 月 3 日新华社"新华视点"微博报道。

边走一边叮嘱乡亲们："发展水果一靠科技，二靠市场，要牢牢盯住市场，看远一点，做大做优水果产业，加快脱贫致富步伐。"临别时，乡亲们依依不舍，习近平总书记同他们话别，同时了解了土家族语言、服装等情况，叮嘱大家："好好干，有奔头。"

2020年9月17日，习近平总书记在长沙召开基层座谈会，菖蒲塘村党委书记作为全省唯一一名村干部代表参加座谈，他向总书记汇报了菖蒲塘村的喜人变化和乡村振兴发展蓝图，得到了总书记的充分肯定。

**2. 精准扶贫在十八洞村的提出**①

2013年11月3日下午4时，习近平总书记沿着狭窄山路辗转来到花垣县十八洞村（见图3-1）。他满面笑容，健步走上前与迎接他的乡亲们打招呼。人群中有人激动地喊道："习近平总书记来看望大家了！"大家这才反应过来，人群中顿时爆发热烈的掌声。大家簇拥着总书记和陪同考察的省领导走进寨子。

图3-1　湘西州花垣县十八洞村（花垣县政府提供）

60多岁的村民石爬专坐在屋门口，看见很多人朝着她家的方向走来，她不知道他们是谁，要到哪里去，只好站起来让路。习近平总书记面带微笑地问石爬专："这是不是你的屋？"石爬专回答说："是的。"习近平总书记问："可不可以进屋坐坐？"石爬专说："可以可以，稀客稀客！"她高兴地拉着总书记的手往屋里走，然后搬了一把椅子请总书记坐。习近平

---

① 湖南省地方志编纂院、湖南省湘西土家族苗族自治州地方志编纂室：《湘西土家族苗族自治州扶贫志》，人民出版社2022年版。

总书记一行围着火塘就座,并让石爬专坐在总书记旁边。因为石爬专家里只有一盏5瓦的节能灯,屋内显得很昏暗。她从未看过电视,也不认识习近平总书记,便问:"不晓得哪么喊您?(即不知道怎么称呼您)"总书记亲切地说:"我是人民的勤务员!"村干部告诉她,这是习近平总书记!石爬专激动得一句话也说不出来,没想到来到家里的竟然是总书记。总书记握着石爬专的手问她多大年纪。石爬专答道64岁。总书记说:"你是大姐!"石爬专感觉到总书记是那么和蔼可亲、平易近人。随后总书记详细询问了她家生产生活情况。

从石爬专家中出来,总书记来到贫困村民施齐文家。坐下来后,总书记与施齐文算了一笔收支账,询问他有什么困难、有什么打算。还察看了施齐文家的谷仓、床铺、灶房、猪圈。总书记勉励施齐文一家人增强信心,在党和政府的关心下用勤劳和智慧创造美好生活。

随后,在村民施成富家门前的空地上,总书记与村干部和村民代表围坐在一起拉家常、话发展。总书记说,"我这次到湘西来,主要是看望乡亲们,同大家一起商量脱贫致富奔小康之策,看到一些群众生活还很艰苦,感到责任重大。加快民族地区发展,核心是加快民族地区全面建成小康社会步伐。发展是甩掉贫困帽子的总办法,贫困地区要从实际出发,因地制宜,把种什么、养什么、从哪里增收想明白,帮助乡亲们寻找脱贫致富的好路子"。村民们纷纷谈变化、讲困难、道实情。总书记边听边问。了解了十八洞村水、电、路基础设施和教育医疗等情况后,他强调要办好农村义务教育,让农村下一代掌握更多的知识和技能。抓扶贫开发,既要整体联动,有共性要求和措施,又要突出重点,加强对特困村和特困户的帮扶。脱贫致富贵在立志,只要有志气、有信心,就没有迈不过去的坎。贫困地区基层干部长期风里来雨里去,对他们要给予更多的关爱和支持。总书记说,"扶贫要实事求是,因地制宜,分类指导,精准扶贫,切忌喊口号,也不要定好高骛远的目标","要坚持因人因地施策,因贫困原因施策,因贫困类型施策,区别不同情况,做到对症下药、精准滴灌、靶向治疗,不搞大水漫灌、走马观花、大而化之"。他还明确要求"不栽盆景,不搭风景","不能搞特殊化,但不能没有变化","不仅要自身实现脱贫,还要探索'可复制、可推广'脱贫经验"。由此,十八洞村成为"精准扶贫"首倡地,也是观察中国式现代化乡村发展的"窗口"。

2015年全国两会期间,习近平总书记在参加贵州省代表团审议时说:"我首次正式提出精准扶贫是在湖南省湘西自治州花垣县十八洞村。"2016年3月8日,习近平总书记参加十二届全国人大第四次会议湖南代表团的审议，时任州长郭建群汇报了湘西州尤其是十八洞村精准扶贫情况。习近平总书记询问十八洞村脱贫进展情况、人均收入、单身汉脱单等情况，体现了习近平总书记对十八洞村的牵挂。

2019年，习近平总书记在接见老挝革命党中央总书记、国家主席本扬·沃拉吉时说："你到我的十八洞村看看。"① 6月2日，本扬一行到十八洞村考察。在后来的书信来往中，本扬表示："十八洞村的成功实践给老挝提供了十分宝贵的经验。"② 2023年8月18日，湘西边城机场通航之际，十八洞村民自发给习近平总书记写信报喜，邀请他再来十八洞村看看。习近平总书记回了口信，为十八洞村的发展感到高兴，希望十八洞村能带动周边群众共同富裕，走好乡村振兴之路。

（二）精准扶贫对湘西州的巨大影响

党的十八大以来，新一届中央领导集体把扶贫开发工作摆在更加突出的位置，将其纳入"四个全面"战略布局，制定了一系列力度大、针对性强的重要举措，大力实施精准扶贫、精准脱贫，开启了扶贫开发工作的崭新局面。特别是习近平总书记在2013年11月3日在湘西州花垣县十八洞村首次正式提出精准扶贫，作出"实事求是、因地制宜、分类指导、精准扶贫"的重要指示。随后，总书记多次深入贫困地区视察指导，对扶贫开发工作作出了一系列重要论述，这些论述成为推进新阶段扶贫开发工作的科学指南和基本遵循。党的十八届五中全会从实现全面建成小康社会奋斗目标出发，把"扶贫攻坚"改成"脱贫攻坚"，明确到2020年，确保现行标准下农村贫困人口实现脱贫，确保贫困县全部脱贫摘帽。作为贯彻党的十八届五中全会精神的第一个中央会议，2015年11月召开的中央扶贫开发工作会议对当前及今后一段时期脱贫攻坚作出了全面部署，研究出台了《中共中央 国务院关于打赢脱贫攻坚战的决定》，下达了打赢脱贫攻坚战的总动员令。2015年11月，全国政协主席俞正声亲临湘西州调研扶贫开发工作。2016年1月，汪洋副总理专程到湘西州宣讲中央扶贫开发会议精神。

湘西州作为习近平总书记"精准扶贫"思想的首次提出地和全省扶贫

---

① 湖南省地方志编纂院、湖南省湘西土家族苗族自治州地方志编纂室：《湘西土家族苗族自治州扶贫志》，人民出版社2022年版。
② 湖南省地方志编纂院、湖南省湘西土家族苗族自治州地方志编纂室：《湘西土家族苗族自治州扶贫志》，人民出版社2022年版。

攻坚主战场，深入学习贯彻总书记"四个切实""六个精准""五个一批"等扶贫战略思想及系列精准扶贫重要论述，深入领悟总书记对湘西州脱贫攻坚的重要指示批示精神，始终不忘殷切嘱托，提高政治站位，把打赢脱贫攻坚战作为最重大的政治责任、最宏伟的民生工程、最紧要的工作任务。截至2020年，湘西州连续6年出台了打赢精准脱贫攻坚战的州委1号文件，仅2019年就召开了8次专题会议研究部署和调度推进脱贫攻坚工作。

一是明确了脱贫攻坚的总体目标。确保到2017年，全州农村贫困人口减少到25万人以下，农村贫困发生率控制在12%左右，省扶贫开发重点县摘帽；到2019年，稳定实现"两不愁三保障"，7个国家扶贫开发重点县摘帽，4个集中连片贫困地区区域性贫困全部消除，1200个贫困村全部退出，国家现行标准下的50万贫困人口全部脱贫；到2020年，实现农民人均可支配收入增长幅度高于全国平均水平，基本公共服务主要领域指标接近全国平均水平，与全国、全省基本同步全面建成小康社会。

二是明确了脱贫攻坚的重点任务。湘西州全力组织实施精准脱贫"十项工程"，即发展生产脱贫工程、乡村旅游脱贫工程、转移就业脱贫工程、易地搬迁脱贫工程、教育发展脱贫工程、医疗救助帮扶工程、生态补偿脱贫工程、社会保障兜底工程、基础设施配套工程和公共服务保障工程。

三是明确了各级领导干部的扶贫责任。州委成立了精准脱贫攻坚工作领导小组，设立精准脱贫攻坚办公室，主要负责精准扶贫决策部署、上下衔接、统筹协调、督查考核，成立了"十项工程"指挥部，负责精准脱贫工作的具体组织实施；县市党委、政府要承担精准脱贫攻坚主体责任，落实好国家、省、州精准脱贫部署要求，制定好实施细则，做好进度安排、项目落地、资金使用、人力调配、推进实施等各项工作；州、县市部门要把脱贫攻坚作为分内职责，做到扶贫项目优先安排、扶贫资金优先保障、扶贫工作优先落实；乡镇要把脱贫攻坚摆在中心位置来抓，做深做细宣传群众、组织群众、服务群众工作，把扶贫基础性工作抓实、抓到位；村基层党组织要充分发挥战斗堡垒的作用，带领群众脱贫致富。层层签订了责任书，层层立下了军令状，一级一级压实责任，一级一级传导压力。要发挥好党员干部特别是领导干部的带头作用。州、县市领导要认真落实联县包乡责任，部门主要负责人要高度重视驻村结对帮扶工作，对工作不力、效果不好的工作队（组）要及时调换人员，确保帮扶工作有力有效。驻村扶贫工作组长（队长）要常驻贫困村，认真履行好扶贫工作职责。各级干部要深入扶贫一线，了解真实情况，解决实际问题，搞好示范引路，激发贫困户自主脱贫致富的积极性和创造性。

四是强化考核问责和奖惩激励。对脱贫攻坚工作实行分级、分类、全过程考核管理，加强日常督促检查，强化考核结果运用，对脱贫成效显著的单位和个人予以表彰，对工作落实不力的部门和地方严厉追责，对整改不到位的党政主要负责人约谈问责，对乱作为等违规违法的行为严肃查处。强化脱贫攻坚工作"四防五干"，"四防"指防庸、防急、防散和防虚；"五干"指沿着正确方向干、细化强化责任干、吃透用好政策干、带领发动群众一起干和加强考核问责干。建立起比较完善的脱贫攻坚目标、责任、政策、投入、考核和监督体系，形成了州、县、乡、村四级书记带头抓、全州上下齐心干、社会各界同参与的脱贫攻坚大格局。①

2017年6月23日，习近平总书记在山西省太原市主持召开深度贫困地区脱贫攻坚座谈会。山西、云南、西藏、青海、新疆等省、自治区党委书记，10位市（州）党委书记，26位县（旗）党委书记参加会议。座谈会上，习近平总书记对湘西州实施精准扶贫脱贫"十项工程"和十八洞村脱贫成效给予了肯定，并作出了8个方面的重要指示：一是合理确定脱贫目标；二是加大投入支持力度；三是集中优势兵力打攻坚战；四是区域发展必须围绕精准扶贫发力；五是加大各方帮扶力度；六是加大内生动力培育力度；七是加大组织领导力度；八是加强检查督查。时任湘西州州委书记作为湖南省唯一一名参会和发言代表，他深深感受到习近平总书记对湘西州一如既往的特殊关爱。在该次座谈会上，习近平总书记多次询问湘西州精准脱贫攻坚的具体情况，大家充分感受到了习近平总书记对湘西革命老区、民族地区的特殊关怀。座谈会后，湘西州全面落实习近平总书记提出8个方面的重要指示，按照"帮扶要精准、增收要稳定、保障要兜底、脱贫要真实、群众要满意"五项工作要求，从以下6个方面持续发力、集中发力：一要突出四大"特困片区"集中攻坚；二要聚焦"三保障"目标精准发力；三要着力在发展可持续脱贫的当家产业上取得更大实效；四要切实强化资金投入的保障作用；五要以更严更硬的举措抓实精准帮扶；六要更加注重激发群众脱贫的内生动力。2018年3月30日，习近平总书记在中央政治局听取2017年省级党委和政府脱贫攻坚工作成效考核情况汇报会上，再次对十八洞村因地制宜发展特色林果业和乡村旅游、增加农民收入、实现真脱贫给予了肯定。

---

① 中共湘西自治州委办公室：《中共湘西自治州委湘西自治州人民政府关于打赢精准脱贫攻坚战的意见》，2016年1月13日。

2019年2月4日，习近平总书记对湖南省委上报的《湖南湘西州牢记习近平总书记殷切嘱托 以十八洞村为样板走出一条可复制可推广的精准扶贫好路子》作出了重要指示。杜家毫书记从担任湖南省省长到湖南省委书记，始终关注湘西州凤凰县的工作。湘西州各族人民牢记习近平总书记的殷殷嘱托，全州上下团结一心，各级领导干部以高度自觉的政治责任担当，以抓铁有痕、踏石留印的作风，攻坚克难、奋发作为，取得了精准脱贫攻坚战的巨大胜利，为湘西州千年绝对贫困画上了一个圆满的句号，成为湘西州发展史上最为浓重和精彩的一段扶贫史。湘西州的精准脱贫也成为中国乃至世界扶贫脱贫的重要组成部分，具有重大的历史意义。

2013年，湘西州农村综合贫困发生率为31.93%，有7个深度贫困县、268个深度贫困村，分别占全省的63.6%和48.8%。2014年，湘西州对贫困村、贫困户实施建档立卡管理，全州农村综合贫困发生率下降至24.72%。2017年底，湘西州吉首市率先实现脱贫摘帽，全州贫困发生率下降至10.55%。2018年底，农民人均可支配收入由2012年的4229元增加到2018年的9183元，贫困发生率由2013年的31.93%下降至2018年的4.39%。2019年底，泸溪、凤凰、古丈、花垣、保靖、永顺、龙山7县全部脱贫摘帽，全州1110个贫困村全部脱贫出列，已脱贫158309户、脱贫人口642067人，尚有6745户、15668人未脱贫，全州农村贫困发生率下降至0.65%，农民年人均可支配收入10046元。2020年底，贫困人口全部实现脱贫，农村居民年人均可支配收入达11242元。

## 二、精准扶贫的湘西特色

### （一）彰显政府部门主导性

**1. 强化组织领导**

在精准扶贫期间，湘西州委成立了由州委书记任组长的精准脱贫攻坚领导小组，下设精准脱贫攻坚办公室，州委秘书长兼任办公室主任，领导小组及办公室主要负责精准扶贫决策部署、上下衔接、统筹协调、督查考核，并成立由相关州领导牵头的"十项工程"指挥部，负责精准脱贫工作的具体实施。为进一步加强统筹协调，2017年，湘西州委进一步明确州、县市建立由党委专职副书记为召集人的精准扶贫精准脱贫联席会议制度，及时研究解决工作推进过程中的突出矛盾问题；明确了扶贫开发办、驻村扶贫办及精准脱贫攻坚办的具体职责，建立了分工合理、相互协作、运转高效的部门协调机制。8县市在湘西州委的统筹安排下，结合本地实际强化对扶贫工作的组织领导。譬如，2016年，凤凰县委、县政府建立了精准脱贫"1+4+10"组织领导体系，成立了县委书记、县长双组长制的脱贫攻坚领导小组，5名县委常委会组成人员包片、20名县级领导包乡镇奔赴一线指挥作战。脱贫攻坚办、精准脱贫"十项工程"办、驻村扶贫办、扶贫开发办"四办"合署办公，统一组织调度全县脱贫攻坚工作，确保全县精准脱贫工作指挥协调有序、督查督办有力。

### 2. 强化责任落实

压实州、县、乡、村、工作队及帮扶人六级责任。2018年初，湘西州委、州政府出台了《关于坚决打好打赢脱贫攻坚冲刺战的实施意见》《关于进一步落实脱贫攻坚工作责任制的通知》等文件，大力推行"州委常委联县市、州县级领导包乡、州县市直单位包村、党员干部包贫困户"制度，明确州、县市、乡镇（街道）、村（社区）四级党委（支部）书记为脱贫攻坚工作第一责任人，10名州委常委联系9个县市区，35名在职州级干部包湘西州35个偏远乡镇，12名州级干部负责分管领域扶贫工作，同时督导30个州直责任单位扶贫工作职责的落实。8县市脱贫攻坚工作实行党政一把手负总责，各县市党政主要负责人统揽本辖区脱贫攻坚工作，统筹整合各类资源要素，做好进度安排、项目落地、资金使用、人力调配和推进落实工作。县市委副书记、分管副县市长专抓，县市级干部分工负责包抓乡镇扶贫工作，确保每个乡镇（街道）都有县市级干部包扶，将工作重点放在村组和贫困户。乡镇（街道）党（工）委书记统筹抓好本乡镇（街道）的脱贫攻坚工作，对各级驻村扶贫工作队行使调度指挥权和考评建议权。实行乡镇干部包村全覆盖，重点做好深度贫困村、贫困人口占比较高的非贫困村、矛盾问题较多的后进村的帮扶工作。村（社区）主要负责人（含第一书记）负责本辖区脱贫攻坚工作的组织领导，抓好贫困人口的精准识别和精准退出、帮扶措施的制定落实、村（社区）党组织建设、脱贫巩固提升等工作。州、县市直单位包村负责扶贫工作，州、县市直后盾单位履行好行业扶贫和驻村扶贫责任，按要求派遣驻村扶贫工作队员并保障经费待遇，协助制定贫困村脱贫攻坚规划和年度脱贫计划，组织本单位干部职工经常性开展走访慰问，督促落实结对帮扶措施，每季度至少研究一次驻村扶贫工作。各级驻村扶贫工作队要严格按照驻村宿村工作要求，抓实驻村扶贫工作，制定和完善驻村帮扶计划、年度实施方案，为贫困对象提供政策、项目、资金、信息、技术等全方位服务，切实掌握本村项目实施、资金使用、政策落实到户到人等情况，帮助群众解决实际困难。结对帮扶干部负责制定贫困户脱贫计划、宣讲扶贫政策、衔接政策落实、积极解难帮困，全年入户走访必须达到 5 次以上，以进一步密切党群干群关系。①

**3. 强化全面督导考核**

湘西州从 2017 年开始采取整合力量、联合推动和明察暗访、交叉检查等方式，落实"一月一暗访、两月一调度、一季一明查、半年一小结、一年一考评"制度和"晚巡夜查"制度。"一月一暗访"即针对脱贫攻坚政策落实落细和结对帮扶措施到村到户等情况，聚焦贫困问题最突出的群体和环节，每月采取暗访的方式进行核查，核查情况以督办函的形式转交给相关责任单位，并进行"清单式"管理；"两月一调度"即针对精准脱贫"十项工程"实施进度和脱贫攻坚考核指标完成情况，每两月进行一次台账调度，并适时召开联席会议或协调例会推进工作；"一季一明查"即针对脱贫攻坚工作重点指标、重点内容和暗访中发现问题的整改落实情况，每个季度进行一次专项明查，督查情况以督查通报的形式下发至相关责任单位，督查结果作为过程管理的重要依据；"半年一小结"即针对精准脱贫"十项工程"实施进度和脱贫攻坚考核指标完成情况，每半年进行 1 次综合督查或预考核评估，督查情况以督查通报的形式下发至相关责任单位，按照督查结果对相关县市和州直单位进行排名或排类，并适时召开工作推进会议；"一年一考评"即针对年度脱贫攻坚目标任务，结合国家和省综合考核指标和贫困退出标准，参照国检或省检模式，全州在 11 月下旬前组织完成年度脱贫攻坚工作的考核评估，并及时查找和整改问题；"晚巡夜查"即针对驻村扶贫工作组、驻村扶贫工作队员的出勤及宿村情况，不定期在夜间采取巡查探访的方式进行督查，督查结果作为相关单位"倒扣分"的依据。

对在脱贫攻坚督查考核过程中发现的重点问题、领导交办的重要事项和核查属实的群众举报线索进行"挂牌督办"，即督查交办、跟踪督办、到期催办，并根据整改落实情况适时启动问责程序。对到期仍未完成整改落实任务的，责任单位负责人必须进行书面说明；除特殊情况或受不可抗力因素影响外，限期整改落实未完成或未达到相关要求的，提交相关部门启动问责程序。2018 年是脱贫攻坚关键时期，湘西州实行"一月一督查一排名一通报"，建立州督查考评到县市、排名到乡镇（街道）和县市督

---

① 中共湘西自治州委办公室：《中共湘西自治州委湘西自治州人民政府关于坚决打好打赢精准脱贫攻坚冲刺战的实施意见》，2018 年 3 月 18 日。

查考评到乡镇（街道）、排名到村（社区）的督查考评机制，坚持综合督查与专项督查、定期督查与随机抽查、问题核查与整改复查相结合，以"不发通知、不打招呼、直奔基层、直插现场"方式为主，推动政策举措落地，督促问题整改落实，增强群众脱贫的主动性。

**4. 严格追责问责**

2016年初，州委、州政府明确把精准扶贫工作纳入全州"五个文明建设"绩效考核重要内容，并将考核结果与效能考核、评优评先、干部任用"三挂钩"，把精准脱贫工作实绩作为选拔任用干部的重要依据。重点培养、使用在基层一线埋头苦干、成绩突出、受群众欢迎的干部。对于如期脱贫摘帽村的党组织书记、主任，在今后从优秀村（社区）干部中招录乡镇机关公务员和事业编制人员时，按相关程序予以优先录用。未完成年度脱贫减贫任务的，对其主要负责人进行约谈。因工作不得力、措施不到位，未能完成年度脱贫减贫任务且综合得分排在末位的县市（湘西经济开发区）、排在后3位的精准脱贫"十项工程"州直责任单位、排在后5位的州直驻村扶贫单位，对其主要负责人进行诫勉谈话。连续两年不能完成年度脱贫减贫任务的，对其主要负责人进行责任追究和岗位调整。不能如期全面完成脱贫减贫任务的，对其主要负责人原则上进行免职处理。

2018年，湘西州实施"最严最实最不讲情面"的督查考评机制，对作风扎实、措施过硬、成效突出、群众认可且圆满完成脱贫攻坚任务的单位和个人，按照有关规定给予通报表扬。对在督查考评中连续2次或累计3次排名倒数第一的县市给予通报批评，责令县市人民政府主要负责人在媒体做出公开说明，并报请州委同意后对县市主要负责人、分管负责人进行约谈；对在督查考评中累计2次被评为后进的乡镇（街道）给予通报批评，对问题整改不到位或连续2次或累计3次被评为后进的乡镇（街道），责成县市对乡镇（街道）党政主要负责人进行约谈；对作风不实、措施不严、成效不佳造成不能完成脱贫攻坚任务的，对涉贫信访问题处置不力造成重大负面影响的，对在国家和省里脱贫攻坚督查巡查及审计过程中出现重大问题等造成不良社会影响的，按照"三个一并问责"要求，视情况对县市和乡镇（街道）主要负责人、分管负责人、纪委书记一并问责，对精准脱贫"十项工程"责任单位主要负责人、分管负责人、纪检组组长一并问责，对驻村帮扶后盾单位主要负责人、分管负责人、纪检组组长、驻村工作队员和结对帮扶干部一并问责。

## （二）激发贫困人口主体性

致贫的因素有很多，贫困户脱贫的内在动力即内因至关重要。针对部分贫困户"等、靠、要"思想严重，怕苦怕累、拈轻怕重，不愿通过劳动致富，不想通过培训提升自身脱贫能力，脱贫路径完全依赖政府政策支持和帮扶人的帮扶，收入基本是转移性收入，脱贫难以持续的现象，湘西州及时调整扶贫方式，注重扶志与扶智相结合，坚持激发贫困人口的内生动力，促使其实现由"要我脱贫"向"我要脱贫"的转变。

### 1. 调整帮扶方式，提升贫困人口的参与度

改变"一发了之""一股了之"以及"一分了之"的帮扶方式，完善贫困户参与和受益机制，引导龙头企业、能人大户带动贫困户参与产业开发，组织技能培训，让贫困户"想干、敢干、能干、会干"，避免大包大揽。更多地采用以奖代补、以工代劳、以工代赈、开设公益性岗位等方式引导和刺激贫困户参与生产，探索一些和贫困群众参与度相挂钩的帮扶政策和补贴办法，拓宽和凿深贫困群众在扶贫各环节的覆盖面和纵深度，坚持多劳多得、不劳不得的原则，减少"等、靠、要"现象，杜绝养懒汉。

### 2. 强化思想教育和引导，树立扶贫典型

利用网络新闻、报纸杂志、LED显示屏等媒介载体，采用土家族、苗族歌舞、三句半等当地群众喜闻乐见的文艺表演形式大力宣传社会主义核心价值观和在扶贫领域通过勤劳脱贫致富的典型人物事迹，持续深化感恩奋进教育，开展"万名干部下基层""帮扶干部同贫困户同吃同住同劳动"活动，促使工作队和帮扶干部进村入户"一对一"做好贫困群众思想教育工作，帮助贫困群众树立"劳动光荣、懒惰可耻""靠人不如靠己""做人要懂得诚信和感恩"等正确的劳动观和价值观，引导群众饮水思源，促使他们从内心深处感悟到辛勤劳动和自力更生是个人生存的必备法器，是脱贫致富奔小康的重要途径和方式。通过一系列的政策引导、教育引导和典型引导，补齐贫困群众"精神短板"，激发贫困群众干事创业、自主脱贫的内生动力，激发群众脱贫的责任。

### 3. 规范村规民约，营造良好的舆论导向

引导、鼓励村里建立和规范包含"脱贫不能等靠要，大力发展生产"等内容的村规民约，丰富乡土文化，大力发挥村民自我管理、自我教育、自我服务和自我约束的重要作用，在村里形成"我脱贫、我光荣"的良好舆论导向，激励贫困户勤劳致富。

#### 4. 加强技能培训，强化能力提升

针对不同的贫困群体，开展全方位、靶向型、菜单式职业技能培训，因人施策、灵活教学、弹性学习，制定个性化的技能人才培养方案，确保每个有劳动能力的贫困户至少掌握一项劳动技能，提升贫困户农业生产或劳务的技能水平，增加单位劳动时间的价值金额，增强贫困户通过劳动或劳务脱贫的信心。

#### 5. 建立健全激励政策，突出"扶勤不扶懒"的政策导向

提高产业奖补标准，注重发挥群众的主体作用，激发群众的内生动力，按照"多做多补，不做不补"的原则，譬如，凤凰县2019年将产业扶持资金标准由原来的每人2000元提高至5000元，提升了贫困户发展产业、脱贫致富的积极性。

### （三）展现上级及社会各界帮扶性

湘西州精准扶贫的过程就是一个国家及省各部门、社会各界深度参与帮扶的过程，充分展现了"众人拾柴火焰高"的团结精神，充分体现了社会主义制度的优越性。

一是国家农业部（今农业农村部）、国家民委、中国石化集团、中国铁塔公司、中国五矿集团、中国光大集团等国家部门及企业积极投身于湘西州的扶贫事业，助推扶贫攻坚进程。国家农业部从1985年10月开始在湘西州定点扶贫，对口帮扶古丈、永顺和龙山3个县，35年来先后发放各类农业资金60余亿元，派出26批122名干部在州、县、乡、村等挂职任职，主抓定点扶贫工作。尤其在精准扶贫期间，国家农业部按照"编制一个好规划、选准一个好产业、打造一个好龙头、创新一个好机制、形成一个好体系"的扶贫工作思路，强化精准脱贫工作。2013—2015年，国家农业部投入资金7738万元，实施现代农业发展、现代良种工程等农业项目20个；在农业部湘西扶贫小组的协调下，各银行加大对湘西州的贷款支持力度。2014—2018年，邮政储蓄银行总行、州邮政储蓄银行等为湘西州新增贷款3.06亿元。2013—2020年，国家农业部（2018年更名为农业农村）在永顺县投入4亿元实施项目建设，建成油茶、优质稻、柑橘、猕猴桃、商品蔬菜、烤烟、中药材、茶叶、特色养殖九大产业基地120万亩，产业建设覆盖所有贫困村，年产值25.39亿元，带动3.14万户13.05万人增收。

国家民委从2012年2月起定点扶贫湘西州，先后派出46名干部在湘西州挂职。2012—2019年，国家民委向湘西州发放支援经济不发达地区发

展资金 48545 万元，用于扶持农村基础设施建设、种养业和民族文化特色产业、农村文教卫体事业和发展民贸民品企业。

中国石油化工集团公司（以下简称"中石化"）从 2002 年 3 月开始定点帮扶湘西州的凤凰县和泸溪县。2002—2020 年，中石化先后派出 31 名干部到县委、县政府挂职和担任驻点扶贫村党支部第一书记，投入定点帮扶资金 1.87 亿元（泸溪县定点帮扶资金 8657.08 万元、凤凰县定点帮扶资金 10089 万元），帮扶两县实施产业开发、扶贫建校、人畜饮水、危房改造、通村公路、劳务科技培训、贫困学生救助等项目 310 余个，帮助建档立卡贫困户 2.2 万人脱贫，受益群众 9 万余人。

中国铁塔股份有限公司 2016 年 3 月进驻保靖县清水坪镇中溪村，拉开了扶持保靖县和中溪村的扶贫序幕。中国铁塔股份有限公司在保靖县投资 4358 万元，新建铁塔基站 182 个，携华为、中兴等 11 家铁塔产业链大型合作单位在保靖县开展产业扶贫对接，与保靖县高科技企业湖南新中合光电科技股份有限公司签订金额超过 2 亿元的意向性合作或产品采购合同，探索创新"技术驱动＋市场带动"产业链帮扶模式。2016—2019 年，中国铁塔股份有限公司在中溪村投资近 1000 万元用于支持其发展特色产业，最终将中溪贫困村建设成为保靖县小康示范村。

中国五矿集团从 2016 年起定点扶贫花垣县，其所属的湖南有色集团、长沙矿冶研究院、湖南长远锂科、五矿经易期货等单位共同参与帮扶。截至 2020 年，中国五矿集团先后投入资金 2300 余万元，用于发展产业、建设美丽乡村、民生救助等，实现 3000 余贫困人口增收脱贫。

中国光大集团从 2016 年 3 月开始定点扶贫古丈县，集团下属的光大永明人寿、光大实业、光大国际、中青旅等单位也分批次到古丈县参与扶贫工作。中国光大集团在古丈县推进旅游帮扶、特色养殖帮扶、教育资助、基层培训，大力扶持古丈茶叶生产全产业链建设，设立光大工作站和光大电商平台，帮助古丈茶企先后参加大型的扶贫展和年货展，提升古丈茶叶的美誉度和知名度。2019 年，中国光大集团投入帮扶资金 4556 万元，实施扶贫项目 66 个，其中扶持产业发展资金 2936 万元。2020 年，集团投入 3400 万元资金，继续开展产业扶贫、教育扶贫、健康扶贫、环保扶贫工作，巩固脱贫成果。

二是省辖 7 市的对口帮扶和省直部门的驻村帮扶，倾力倾情投入湘西州的扶贫事业，是推动湘西州脱贫攻坚工作的重大助力。1994 年，湖南省委、省政府出台了《关于支持湘西土家族苗族自治州实施"八七扶贫攻坚计划"的意见》。按照文件精神，省辖 6 市即株洲市、衡阳市、岳阳市、常德市、湘潭市、长沙市分别对口帮扶泸溪县、花垣县、保靖县、古丈县、永顺县、龙山县。2014年，省委安排郴州市对口帮扶凤凰县，开展精准扶贫工作。自此，形成了省辖7市对口帮扶湘西州7县的帮扶格局。2014—2019年，郴州市对口援助凤凰县资金累计1300万元，援建沱江小学"郴州楼"及"郴凤友谊桥"等基建项目。1995—2019年，衡阳市向花垣县先后投入帮扶资金1.1亿元，实施援建项目83个，社会捐赠款物折合1042万元。2014年，衡阳市在全省率先建立县乡结对帮扶机制，7个县（市、区）结对帮扶花垣县7个乡（镇）。2019年，衡阳市12个县（市、区）与花垣县12个乡（镇）结成帮扶对子，实现结对帮扶模式全覆盖。1995—2020年，株洲市选派10名党政干部到泸溪县挂职，在项目援建、产业合作、劳务协作等方面，投入财政援助资金9611万元，实施重大项目26个。1995—2020年，湘潭市先后投入财政资金1.45亿元，援建永顺县湘潭文化广场等重大项目190个，带动近3万名贫困户脱贫。国务院发展研究中心以"创新扶贫协作方式，提升对口帮扶质量"为题推介湘潭市帮扶永顺县经验。通过长沙市25年对口帮扶，到2019年，龙山县地区生产总值、财政收入、农民人均可支配收入等主要经济指标由1995年的8.82亿元、1.56亿元、897元分别增加到83.72亿元、9.12亿元、9412元，社会事业全面进步，综合实力整体提升。长沙市对口帮扶龙山县的经验和成果在《人民日报》、中央电视台、新华网、《湖南日报》、湖南卫视等权威媒体和新浪、搜狐、腾讯等门户网站报道。2014—2019年，岳阳市援助资金近2000万元支持保靖县的精准扶贫工作，包括帮助贫困村实施基础设施建设，改善保靖县妇幼医疗保健条件，组建岳阳市（保靖）优质茶品种选育与加工工程技术研究中心，研究探索具有湘西地域特色的黄金茶新育苗方法和黄金茶病、虫、草标准化综合防控技术，将保靖特色农产品推销到岳阳市场，促进彼此中小学和医疗卫生院结成友好互助单位，畅通两地各领域人才交流渠道，帮助贫困户就近就业。2013—2020年，常德市投资近1亿元帮扶古丈县推进脱贫攻坚工作，包括打造常德街提质改造项目，建成一个集茶叶交易、茶文化研究、茶馆休闲于一体的古丈茶城，创造就业岗位1000个；援建德润体育文化活动中心、古丈茶文化博物馆，畅通两地人才流通机制，解决贫困群众就学难和就医难的问题。

2013—2020年，湖南省直107个单位组成141支工作队进驻105个村。其中，2013—2014年，省直9个单位组成8个工作队，进驻全州8个村；2015—2017年，省直37个单位派出72名工作队员进驻湘西州36个村；2018—2020年，省直61个单位派出61支工作队进驻湘西州61个村。2020年，省直工作队按照摘帽不摘责任、摘帽不摘政策、摘帽不摘帮扶、摘帽不摘监管"四个不摘"要求，开展脱贫攻坚质量"回头看"工作，在驻点村已脱贫的基础上，继续实施帮扶，对尚未脱贫人口，因户制策、因人施策，巩固驻点村脱贫成果。

三是各种社会组织、社会团体以及国际组织加入湘西州的精准脱贫战役，成为湘西州脱贫攻坚的有益补充，助推湘西州加快摆脱贫困。2014年，国务院办公厅印发《关于进一步动员社会各方面力量参与扶贫开发的意见》（国办发〔2014〕58号），湘西州落实国家文件精神，引导和争取各种社会组织、社会团体以及国际组织加入湘西州的精准脱贫战役。①开展扶贫日募捐。2014年起，湘西州在每个国家"扶贫日"期间，举办社会公众签名活动，动员和鼓励龙头企业、社会人士和社会组织关注和加入精准扶贫。2014—2019年，湘西州共筹集社会捐赠资金1327.5万元，帮助贫困农民发展生产。②州内外民营企业加入扶贫。2016年，湘西州工商联、州扶贫办签订《关于引导促进民营企业参与扶贫开发合作框架协议》，并联合制定《全州民营企业参与"千企联村"精准脱贫行动实施方案》，开启了湘西州"千企联村"行动。湘西州采取一系列帮扶措施，争取州内及州外有实力的民企参与扶贫。如引导162家济南民营企业与湘西州185个贫困村结成帮扶对子；开展"迎老乡回故乡建家乡"活动，2017—2020年，引进广东湘西商会、长沙湘西商会等300余家异地湘西商会到湘西州支持精准扶贫。通过系列举措鼓励和引导州内外有湘西扶贫情结的广大企业投身到湘西精准扶贫的战场，采用产业帮扶、就业帮扶、技能帮扶、驻村帮扶、消费帮扶和公益捐赠等多种帮扶形式，帮扶962个村发展农业或文旅特色产业，为2.05万名贫困户提供就业岗位，公益帮扶4.2万名贫困人口，为7374人提供职业技能培训。至2020年4月，全州动员近2000家州内外民营企业、商协会参与脱贫攻坚，886家进入"万企帮万村"台账系统，结对帮扶909个村12万贫困人口，投入资金7.59亿元。③实事助学基金会参与扶贫。2013年，实事助学基金会帮扶吉首市贫困乡镇建校，资助贫困学生。2013—2020年，该基金会投入430余万元，帮助吉首市5所学校（包括丹青中小学、河溪中小学）改善食堂设备，资助贫困学生，提供课间营养餐。④国际帮扶参与湘西扶贫。自20世纪80年代以来，帮扶湘西州的国际组织主要有国际农业发展基金（IFAD）、世界粮食计划署（WFP）、世界银行（IBRD），帮扶湘西州的国家有日本、德国等。其中，世界粮食计划署的湖南学龄前儿童营养改善试点项目和世界银行贷款支持的湖南省农田污染综合管理项目，参与了精准扶贫阶段的湘西扶贫。2017年6月，湘西州政府向世界粮食计划署申报湖南学龄前儿童营养改善试点项目，将永顺、龙山两县29所幼儿园的2045名儿童及76户贫困农户列为项目支持对象。世界粮食计划署免费为学龄前儿童提供营养校餐，宣传营养健康膳食和生活方式，改善食堂卫生环境，改造食堂设施，开展帮扶培训等。2019年10月，世界粮食计划署检查团检查了永顺、龙山两县项目实施情况，认为项目执行好，幼儿园营养知识、营养搭配水平得到提升，儿童营养得到改善。2014年2月，湘西州政府向省政府申报世界银行贷款湖南省农田污染综合管理项目，项目区覆盖花垣、永顺、吉首、保靖4县（市）13个乡镇（街道）35个村（社区），包括基于风险农田管理示范、农业环境监测与管理、能力建设、项目管理与评价等内容，项目执行期6年，项目区计划总投资1.54亿元，由世界银行贷款13531.5万元、国内配套1846.6万元构成。项目2023年完成后，预计将有45459人受益。①

### （四）实现脱贫和谐稳定性

湘西州作为精准扶贫的发源地，严格按照习近平总书记提出的"四个切实""五个一批""六个精准"的要求，全州上下团结一心、众志成城，形成了湘西精准扶贫脱贫的样板，充分体现了扶贫脱贫的精准性。和过去的扶贫方式相比，湘西州精准脱贫实现了三大转变。

**1. 实现脱贫战场由贫困村向贫困户转变**

以往的扶贫主战场是贫困村，精准脱贫战役把贫困村转移到贫困户，以户为单位、以人为单位，落实到户到人。第一，摸清贫困户家底。进村入户了解贫困户家庭成员、年收入基本构成、家庭实际困难及贫困原因等家庭基本情况，掌握第一手资料，做好基础工作。第二，严把进出口关口。严格把关贫困户进入的7道程序和退出的9道程序，做到精准识别、群众满意、资料齐全，杜绝弄虚作假、底子不清、数字脱贫。第三，把准贫困之脉。了解贫困户主要致贫原因和其他致贫原因，全面了解贫困户的实际困难和真正需求。第四，开出脱贫之方。紧密结合贫困户致贫原因，对症下药，制定帮扶计划和脱贫方案。既要解决好群众当前的实际困难，又要因人因户制定适合贫困户长远发展、脱贫致富的方案，从根本上消除

---

① 湖南省地方志编纂院、湖南省湘西土家族苗族自治州地方志编纂室：《湘西土家族苗族自治州扶贫志》，人民出版社2022年版。

贫困，杜绝返贫。第五，确保脱贫高效。引导、培训、指导和督促贫困户按照脱贫计划实施脱贫行动，综合施策、精准施策。在统筹规划和引导的同时，积极鼓励贫困户结合自身的技能特点，自力更生，确保高效脱贫。

### 2. 实现脱贫措施由基础建设向逐户脱贫转变

以往的扶贫重在解决贫困村、大面积贫困人口的交通、饮水等整体基础设施建设问题，精准脱贫不仅关注影响大多数人脱贫的整体基础建设，更注重逐户脱贫增收，严格落实"七个到人到户"，即生产计划到人到户、扶持资金到人到户、技术培训到人到户、易地搬迁到人到户、金融扶持到人到户、结对帮扶到人到户、学生补贴到人到户。确保各项政策落地，逐户脱贫。抓实结对帮扶工作，做到每个结对帮扶贫困户都有一项脱贫计划、一个增收项目、一本资料台账。同时，对接好精准脱贫"十项工程"项目，不仅要做好基础设施、公共服务等扶贫工程，更要抓实产业开发、教育、医疗、生态补偿、技能培训等入户脱贫项目，确保"十项工程"落地落实，落到农户。

### 3. 实现由单一目标向多元目标转变

新时期精准脱贫要实现三大目标：第一，经济实现增收。贫困群众家庭有可持久的增收致富主导产业，人均可支配收入的增幅高于全国农村人均可支配收入的平均增幅，收入水平超过同期国家扶贫标准，实现"两不愁三保障"；实现村集体收入每年5万元以上。第二，实现精神上的富足。提高困难群众的幸福指数，让困难群众实现精神上的富足。通过提高贫困人口的生活水平，提高群众对当前富民惠民政策的满意度，让群众对未来的生活充满希望。同时开展丰富多彩的民族民间文化活动，提高群众的参与度和社会荣誉感，让群众真正感受到精神上的富足和生活上的快乐。第三，实现社会和谐稳定。在推进精准脱贫的各个环节上，充分征求群众的意见和建议，保障群众的知情权、参与权、表决权和监督权，真正做到阳光透明，让群众真正感受到公平、公正、民主和博爱，同时引导群众自力更生、热爱劳动，村民互助，和谐共生，共同致富。

## （五）展示东西部扶贫协作性

2016年7月20日，习近平总书记在银川主持召开东西部扶贫协作座谈会并发表重要讲话，明确指出："东西部扶贫协作和对口支援是实现先富帮后富、最终实现共同富裕目标的大举措，必须长期坚持下去……这在世界上只有我们党和国家能够做到，充分彰显了我们的政治优势和制度优势。"2016年10月，中共中央印发《关于进一步加强东西部扶贫协作工作的指导意见》(中办发〔2016〕69号),对全国东西部扶贫协作结对关系进行适当调整,确定山东省济南市结对帮扶湖南省湘西土家族苗族自治州。11月,济南市和湘西州开始对接,双方确定济南市所辖天桥区、章丘区、高新区、槐荫区、历城区、历下区、市中区分别与湘西州所辖凤凰县、泸溪县、古丈县、花垣县、保靖县、永顺县、龙山县结对帮扶,两地农业局、人力资源和社会保障局等22个市州直部门也分别结成帮扶对子。2017年2月24日,济南市和湘西州正式签署东西部扶贫协作框架协议,自此拉开了济南市与湘西州两地扶贫协作的序幕。2017—2020年间,济南市和湘西州党委、政府围绕"组织领导、人才交流、资金使用、产业合作、劳务协作和携手奔小康""六大任务"精准对接、协同发力,共同谱写了东西部协同扶贫的美好诗篇。济南市为湘西州决战决胜脱贫攻坚做出了重大贡献,这份扶贫情义将载入史册,永驻湘西州人民群众的心中。

**1. 强化组织领导,确保东西部协作有坚强的组织保障**

湘西州成立了州县两级东西部扶贫协作领导小组和办公室。2017年1月,湘西州委、州政府成立东西部扶贫协作领导小组,由州委书记任组长。领导小组在州发改委下设办公室,具体抓日常联络、对接、协调、调度、推进等工作。2017年2月,湘西州7个县陆续成立由县委书记任组长、县长及县委副书记任副组长的东西部扶贫协作领导小组和办公室,明确专班专抓,专人负责。州县两级东西部协作领导班子十分注重顶层设计和统筹谋划,先后编制了《济南市湘西州东西协作2017—2020扶贫规划》《湘西州对接济南市开展东西部扶贫协作三年行动计划(2018—2020)》《湘西州东西部扶贫协作工作考核办法》等文件,建立"1+7+22"协作架构("1"指济南市与湘西州结对,"7"指下辖7个区县结对,"22"指22个州直结对部门)。2017年上半年,湘西州7个县分别与济南市结对帮扶的7个区签订2017—2020年的扶贫协作行动计划书,明确了结对帮扶的总体目标和每年的任务、帮扶的具体内容和方式。同时,两地还推动区与县、街道与乡镇、社区与村、社会力量与贫困村精准对接帮扶。截至2019年,济南市76个街道(乡镇)与湘西州98个乡(镇)、济南市81个村(社区)与湘西州109个贫困村、济南市扶贫协作产业联盟120家企业与湘西州132个贫困村、济南市8个社会组织与湘西州11个贫困村、济南市118个学校与湘西州120个学校、济南市31家医院与湘西州28家医院分别结成帮扶对子,开展系列帮扶行动。

**2. 强化资金精准投入,确保东西部协作有充足的资金保障**

2017年至2020年6月,济南市先后累计援助湘西州社会帮扶资金

（含物资）1.5亿元，财政资金达10.09亿元，援助项目349个，带动25.5万贫困人口脱贫。其中，实施产业项目207个，投入资金5.46亿元，占比59.3%；实施就业项目108个，投入资金3.8亿元，占比31%；实施其他民生事业项目34个，投入资金0.8亿元，占比9.7%。同时，为了确保资金的安全和高效使用，2018年，湘西州制定《湘西州东西部扶贫协作援助资金使用管理办法》，明确了资金投向的重点领域、重点人群和重点项目，要求资金使用精准聚焦贫困乡镇、贫困村和建档立卡贫困人口，重点支持与建档立卡贫困人口利益联系紧密的产业扶贫和就业扶贫项目。同时，为确保资金使用安全、公平公正，湘西州十分注重资金使用的透明性和监督检查。要求东西部协作资金使用情况在相应州、县、乡镇、村等层面进行公告公示。各县每年组织财政、扶贫、审计等部门对援助资金安排使用及项目实施情况，开展1次以上专项检查和专项审计。

**3. 强调产业帮扶，使产业发展成为农户脱贫致富的重要方式**

济南市和湘西州立足两地自然资源禀赋优势、产业基础，开展产业合作和产业帮扶，把产业发展作为贫困群众稳定增收的重要渠道。①助推农业特色产业，刺激消费扶贫。湘西州专门制定了《湘西州支持东西部扶贫协作产业合作的若干优惠政策》等文件，两地签署了农业合作"4331"工程框架协议，即在协作期间建设4个标准化现代农业产业园，每年开展3类农业实用技术培训，每年举办3次湘西特色农产品集中展销会，建设1个直销窗口。截至2020年6月，济南市实施了207个产业项目，大力扶持茶叶、油茶、猕猴桃、柑橘、中药材、蔬菜等湘西州特色农业产业，建成湘西特色农产品直供基地14个。譬如，济南天桥区投入资金1250万元帮助凤凰县在长潭岗库区建设3万亩茶叶产业园，带动5000多名贫困人口脱贫增收。济南章丘区投入资金310万元，对合水镇、潭溪镇小能溪村的7750亩老油茶林进行低改；投入345万元建设辣椒标准化育苗大棚，对兴隆场片区辣椒种植贫困户按250元/亩进行直接帮扶，并保底收购。济南历下区在永顺县投入3970万元，建设老爹千亩猕猴桃示范园、毛坝-万民万亩莓茶示范园等农业特色产业示范园，帮助发展高山延季蔬菜2000亩、莓茶和青钱柳3000亩。济南市中区在龙山县投入资金9527万元，发展中药材、羊肚菌、蓝莓等农业特色产业，建成800亩蔬菜种植基地。同时，为打开湘西特色农产品在济南市场的销路，山东省专门在济南开设湘西特色产品体验馆、"礼尚往来"东西扶贫协作概念店等16家线下特色产品展销馆，湘西农产品全面进入北方市场，消费扶贫销售额超过2亿元。通过消费扶贫，带动1.74万名贫困群众脱贫增收。②大力引进山东省实力企业落户湘西州,带动当地产业发展。帮扶双方都高度重视龙头企业对产业的帮扶带动作用,湘西州各县市制定了一系列优惠政策来营造良好的投资环境,吸引济南市实力企业落户本地。譬如,花垣县出台了《花垣县支持东西部扶贫协作产业合作若干优惠政策》《湖南湘西国家农业科技示范园区花垣核心区招商引资优惠政策》。济南市通过投资引导一批实力企业落户湘西州,带动湘西州的产业发展,返利贫困户。2017—2020年,济南市先后投资3亿余元,帮助湘西州引进湘西伟佳、湖南绿牧农业等26家山东企业到湘西州注册落地,建设产业园区8个,推进州内农业特色产业项目发展,带动贫困人口近1万人。③立足双方的自然禀赋优势,大力发展文旅产业。2017年2月24日,济南市与湘西州签署旅游扶贫协作协议,计划通过交通改善、旅游项目合作、特殊政策优惠等举措推进济南市和湘西州游客互动、资源共享和产业融合,促进文旅产业发展的同时带动湘西一批贫困村、贫困人口脱贫致富。2017年,济南市启动"济南万人游湘西"活动,拓展山东客源市场。2018年,济南市旅游发展委员会制定2018年度扶贫协作计划和三年(2018—2020年)行动方案,重点从继续推进"万人游湘西"活动、定向扶持贫困村发展乡村旅游、构建旅游联合执法机制、协助招商引资4个方面开展扶贫协作。同时,搭建便捷"空中走廊"和"旅游通道"。2018年1月18日,两地政府和山东航空公司联合开通济南至凤凰直飞航线,山东航空公司每年补贴1900万元,济南市政府和湘西州政府给予差额补贴,两地时空距离从5小时缩短至2小时。2019年,山东到湘西州的游客突破80万人次,带动2万多名贫困人口增收。截至2020年,湘西州累计接待山东游客134.4万人次,带来综合旅游收入12亿元。

**4. 坚持劳务协作和人才交流,畅通东西部协作双方岗位和人才互通的渠道**

2017年2月24日,济南市人力资源和社会保障局与湘西州人力资源和社会保障局签订《劳务协作扶贫战略框架协议(2017—2020)》《2017年劳务合作协议》。双方建立劳务输出精准对接机制,因人因需提供相应的就业技能培训和匹配的就业岗位,提高劳务输出的组织性、服务性和精准性。济南市对口扶持区人力资源和社会保障局与湘西州7个县人力资源和社会保障局均签订合作框架协议,明确实施"3223+N",即3年时间内,两地联合举办线上、线下招聘专场活动20场,济南技工院校面向湘西州培训200名贫困家庭"两后生",为湘西州贫困劳动力提供3000个就业岗位。同时,免除贫困家庭"两后生"的培训学费和发放助学金,并给予每人每年生活补助 2500 元、交通补助 800 元。在实施"3223+N"劳务协作对接项目期间，济南市投入劳务协作援助资金和公益性岗位补贴资金 1.5 亿元，举办技能培训班 74 期；湘西州先后输送 230 名学生到济南市相关技校就读，建立扶贫车间 119 个，举办招聘会 62 场次，向济南市劳务输出 1300 人，帮助贫困劳动力 3.94 万人实现就业。

2017 年，湘西州与济南市制定人才交流东西部扶贫协作规划，济南市市区两级选派党政干部 97 人次、专业技术人才 794 人次到湘西州挂职交流和支援扶贫。湘西州选派挂职干部 139 人次、专业技术人才 576 人次赴济南市市区两级挂职交流，学习东部地区先进工作理念和工作技术；同时，湘西州组织贫困村党组织书记、"两新"（新经济组织、新社会组织）党组织书记、医疗卫生教育农业人才等赴济南市进修，济南市为此开办中青干部培训班、农业技术骨干培训班、医疗卫生队伍培训班、金融干部培训班等各种专题培训班，帮助培训州内党政干部 900 余人次、专业技术人才 5000 余人次。

### 三、湘西精准扶贫的阶段

#### （一）贫困人口识别阶段（2014—2015 年）

2013 年，湘西州各县市的贫困识别采用国家贫困线标准。国家贫困标准线按照人均纯收入 2300 元（2010 年不变价），以物价变动指数分年度折算。建档立卡贫困户识别以户为单位，主要对象为家庭主要劳动力，即 60 岁以下，有劳动能力和有较强的脱贫愿望，处于贫困线下的农村家庭居民以及民政部门识别登记的农村低保户。2014 年国家贫困线标准为 2800 元，2015 年为 2855 元。2016 年后，湖南省物价变动指数略高于全国平均水平，导致计算标准略有差异，于是湘西州 8 县市贫困识别采用湖南省贫困线标准，2016 年为 3026 元，2017 年为 3200 元，2018 年为 3400 元，2019 年为 3700 元，2020 年为 4000 元。凡当年人均纯收入未达到最低标准且"两不愁三保障"存在问题的农户，可按照纳入程序申请成为建档立卡贫困户。

2014 年，湘西州 8 县市农村扶贫对象识别主要采取社区参与的"一评二审三公示"精准识别法，并探索"划定两极、票决中间"等快速识别法。贫困户的纳入严格按照"户主申请—村民小组评议提名—县级信息比对—村民代表评议和票决—村委会审查公示—乡（镇）政府审核公示—

县扶贫办复核—县人民政府审批公告"（即"两评议、两公示、一比对、一公告"）的程序，全部纳入扶贫开发信息系统，做到"应纳尽纳、应扶尽扶"。以县市为单位，在村民小组评议提名结束后，对拟纳入扶贫开发信息系统的新增贫困人口和返贫人口进行财政供养人员、工商登记、购买商品房、购买小汽车等有关信息比对，并及时将比对结果反馈到村，村民小组经过核实后，再次确定提名名单，并提交村民评议代表评议和票决。对识别工作实行全程民主评议和监督，确保公开、公平、公正。村干部、驻村干部、结对帮扶干部到村、到组、到户、到人上门核实情况，摸清贫困群众致贫原因，掌握所有农户信息数据变化，确保扶贫对象在识别环节不发生偏差。2014年，全州识别建档立卡贫困人口732379人，确定贫困村1200个。县市按照全省统一制定的表格，采集、汇总扶贫对象家庭情况，做到一户一册，并将数据上传至全国扶贫开发信息系统业务管理子系统，实施数据库电脑化管理。2015年，针对中央电视台曝光广西××县贫困对象识别工作中出现的问题和国务院扶贫办精准扶贫督查组在花垣县发现的不足，湘西州及时召开全州精准扶贫工作会议，对全州精准识贫、精准帮扶、精准脱贫等自查自纠工作进行安排部署，先后两次对全州精准扶贫重点领域进行了督查，核实出已脱贫或不符合贫困标准的有7.4万人，重新识别出贫困人口或返贫人口6.1万人。2014—2016年，湘西州先后开展了4次大规模建档立卡贫困人口的专项清理和动态调整工作，一是对拆户、分户、拼户，特别是对"一人户"开展专项清理；二是对有商品房、有汽车、有财政供养人员和个体工商经营户"四类对象"开展专项清理。同时，开展日常的扶贫对象动态管理和加大对"五类人员"的纳入力度，重点关注残疾人户、移民户、重灾户、低保户、大病重病户，将符合条件的及时纳入，并抓好城乡低保清理整顿工作，杜绝人情保、关系保、错保、漏保等问题。各县市统筹建立由扶贫开发办牵头，财政、发改、审计、卫计、教体、民政、工商、人社、农业、住建、公安、交通等部门共同参与的扶贫信息数据常态化比对机制，实行"一月一比对"，确保无错评、漏评和脱贫人口不实的情况发生，实现符合条件的应保尽保、应纳尽纳，真正让扶贫动态管理结果得到群众认可。2019年底，全州贫困人口调整为65.77万人，确定贫困村1110个。

（二）"十项工程"建设阶段（2016—2018年）

2016年1月13日发布的《中共湘西自治州委 湘西自治州人民政府关于打赢精准脱贫攻坚战的意见》（州发〔2016〕1号）明确提出，全力推进精准扶贫、精准脱贫是湘西州当前和今后一段时期最重大的责任、最艰巨的任务、最紧迫的工作。这一阶段的工作重点是落实"五个一批"和实施"十项工程"。湘西州成立由相关州领导牵头的"十项工程"指挥部，负责精准脱贫工作的具体实施。同时，《中共湘西自治州委办公室 湘西自治州人民政府办公室印发了〈湘西自治州精准脱贫"十项工程"实施方案（试行）〉的通知》（州办发〔2016〕3号），明确了发展生产脱贫工程、乡村旅游脱贫工程、转移就业脱贫工程、易地搬迁脱贫工程、教育发展脱贫工程、医疗救助帮扶工程、生态补偿脱贫工程、社会保障兜底工程、基础设施配套工程、公共服务保障工程十项工程到2020年的主要目标任务，牵头负责的州级领导和牵头单位。

一是发展生产脱贫工程。提出到2020年，全州重点扶持和培育100家州级以上扶贫龙头企业、1200个以上农民专业合作组织、5000个以上家庭农（牧）场，建成400万亩以上农业特色产业基地，其中柑橘100万亩、猕猴桃20万亩、茶叶40万亩、烟叶轮作50万亩、油茶100万亩、百合轮作20万亩、中药材20万亩、杜仲30万亩、商品蔬菜50万亩，年出栏湘西黄牛30万头、湘西黑猪100万头；建成200万亩特色产业标准园，每个县市建设5个左右万亩精品园，每个乡镇建设5个左右千亩标准园，每个贫困村建设5个左右百亩示范园，贫困户脱贫高效特色产业人均面积达到2亩以上；实现特色产业总产值200亿元以上，通过发展生产带动50万人脱贫；全州村级集体经济年收入实现每村20万元以上，平均达到50万元左右。

二是乡村旅游脱贫工程。提出重点建设60个乡村旅游精品村寨，协调整治300个特色村落，开发土家族苗族生态文化乡村游精品线路；建设全长600千米、面积10万亩的生态旅游长廊。计划到2020年，重点村寨乡村旅游年均经营收入达到1000万元左右，全州乡村游接待游客1500万人次，实现旅游收入60亿元，带动10万人脱贫。

三是转移就业脱贫工程。提出到2020年，全州实现劳动力转移就业70万人，实现劳务收入200亿元以上，帮助1000名返乡农民工创业，使10万名贫困劳动力通过转移就业实现脱贫，其中，2016年至2019年每年脱贫2.5万人。

四是易地搬迁脱贫工程。通过科学制定规划、科学选择安置方式、加强工程建设管理、落实配套扶持政策等举措，稳妥推进转移就业脱贫工程，确保"十三五"期间，全州完成建档立卡贫困人口93063人的易地扶贫搬迁任务，做到"搬得出、稳得住、能致富"。

五是医疗救助帮扶工程。通过巩固新型农村合作医疗制度，全面实施城乡居民大病保险制度，提高医疗救助水平和加强医疗卫生服务体系建设等，大力推进医疗救助帮扶工程，实现新农合全覆盖；从2016年起，全面实施城乡居民大病保险制度，贫困人口大病救助率达100%，努力防止因病致贫、因病返贫。

六是教育发展脱贫工程。提出到2020年，全州学前三年毛入园率达到80%以上；义务教育巩固率达到97%以上；高中阶段毛入学率达到93%；中等职业教育在校学生达到3.5万人以上，职业学校学生就业率达到95%以上；确保贫困家庭适龄青少年儿童全员接受学前至高中阶段15年免费教育；为贫困家庭大学生提供全覆盖资助，不让1个学生因贫失学；帮助每个贫困家庭至少免费培养1名有专业技能的青壮年劳动力。

七是生态补偿脱贫工程。通过生态补偿转岗脱贫、生态保护工程脱贫和生态休闲旅游脱贫等举措大力推进生态补偿脱贫工程。计划2016年至2020年实施国家新一轮退耕还林、天然林保护、石漠化治理、湿地保护与恢复等重大生态工程40万亩，提高贫困人口的参与度和受益水平，带动2万名贫困人口脱贫；落实现有700万亩生态公益林补偿政策，并争取大幅度提高补偿标准；利用生态补偿和生态保护工程资金使7000名有劳动能力的贫困人口转为护林员等生态保护人员，带动2万名贫困人口脱贫。

八是社会保障兜底工程。通过实施社会救助全覆盖、完善城乡居民养老保险制度、加快农村危房改造等举措，逐步实现对全州95330名需纳入低保兜底的贫困人员的应保尽保；完成5万户危房就地改造，计划2016年至2020年每年完成1万户。

九是基础设施配套工程。提出到2020年，基本建成"外通内联、通村畅乡、班车到村、安全便捷"的农村交通网络体系；全面完成农网改造任务，实现城乡用电同网同价；全面解决贫困人口饮水安全问题；实现全州所有行政村通宽带网络，村村通广播、户户通直播卫星。

十是公共服务保障工程。提出到2020年，实现乡镇（街道）、村（社区）文体活动中心全覆盖；加强农村环境治理，使农村环境明显改善；加强农村社会治理，实现农村网格化管理服务全覆盖；加快农村站场建设，完善基础设施。

为确保十项工作的扎实推进和落实落地，全州针对县、乡、村、户四级实施的精准脱贫"十项工程"制定了相应的督查考核细则。对"十项工程"开展"两月一调度""半年一小结""一年一考评"，对在脱贫攻坚工作中"十项工程"推进快的单位和个人予以奖补，对工作突出的人员在提拔使用、招考录用等方面优先考虑。2017年3月5日制定的《中共湘西自治州委 湘西自治州人民政府关于进一步加强精准扶贫精准脱贫工作的意见》（州发〔2017〕1号）进一步明确要抓实"十项工程"。2018年3月18日印发的《中共湘西自治州委 湘西自治州人民政府关于坚决打好打赢脱贫攻坚冲刺战的实施意见》（州发〔2018〕1号）明确2018年是州委经济工作会议确定的"脱贫攻坚冲刺年"，提出要积极开展"脱贫攻坚作风建设年"专项治理工作，深入推进精准脱贫"十项工程"，再次强调精准脱贫"十项工程"的重大意义：它是我州贯彻落实习近平总书记精准扶贫战略思想的重要抓手，是实现"脱真贫、真脱贫"的重要举措，是确保脱贫攻坚各项政策举措全面落实到村到户到人的重要载体，必须一以贯之、抓紧抓实。

在"十项工程"的推进下，截至2017年12月中旬，在发展生产脱贫工程方面，湘西州发放统筹整合生产发展脱贫工程资金11.82亿元，其中建档立卡贫困户产业资金5.20亿元，村级集体经济发展资金2.38亿元，农业园区建设资金4.24亿元。在转移就业脱贫工程方面，全州建档立卡贫困劳动力转移就业脱贫25558人，新增贫困劳动力转移就业12626人，贫困家庭"两后生"技能培训人数为1528人，分别完成年度目标任务的102.20%、105.22%和117.50%。在易地扶贫搬迁工程方面，全州实施安置项目29个，建设住房8607套，搬迁入住率已达94.19%。在教育发展脱贫工程方面，全州对建档立卡贫困家庭子女入学资助实现了全覆盖，发放学生资助资金38234.45万元，惠及168931人。在医疗救助帮扶工程方面，全州建档立卡贫困人口基本医保参保率、大病保险参保率、大病救助率均已达到100%，通过基本医保、大病保险、民政救助和财政兜底等综合补助，总报销比例达到84%以上，有效解决了群众因病致贫、因病返贫问题。在生态补偿脱贫工程方面，全州全年新增生态护林员2347人，带动10687人脱贫，完成年度目标任务的125.64%。在社会保障兜底工程方面，农村低保标准与国家扶贫标准实现了"两线合一"，全州兜底保障对象14702户37930人，月人均补助263.4元，实现了"应兜尽兜"。在基础设施配套工程方面，完成农村公路提质改造450.197千米，完成投资37356.4万元，占年度任务的112.5%；解决33.70万人农村安全饮水问题，其中包括9.83万贫困人口，完成投资17920.59万元，占年度任务的134.8%。在公共服务保障工程方面，全州整合资金30.69亿元，资金到位率100%；已完成支出26.41亿元，支出率为86.05%。吉首市"脱贫摘帽"已顺利通过省考核验收和省级第三方评估。截至2017年底，全州减贫504个村、49.7万人，并获得省考核验收组的充分肯定，圆满完成229个贫困村和15万人左右的年度减贫计划。

2018年底，产业扶贫方面，建成万亩产业园24个、千亩园316个、田园综合体9个和融合示范区16个，带动2/3以上贫困人口增收脱贫。就业扶贫方面，新增"扶贫车间"28家，打造农村专业合作示范社及民营示范企业789个，开发护林员、巡河员、保洁员等农村公益性岗位近2万个，新增贫困劳动力转移就业2.6万人。医疗保障方面，全面落实"三提高、两补贴、一减免、一兜底"健康扶贫综合保障措施，加强"先诊疗后付费"一站式结算服务，全州贫困人口基本医疗保险和大病保险参保率达到100%，"四类人群"住院医疗费用报销比例达90%左右。教育保障方面，认真落实九年义务教育"两免一补"政策、中职教育免学费政策和生活补助政策、大学新生一次性资助政策，确保贫困家庭适龄学生不因贫失学辍学。住房保障方面，全面完成26226户危房改造竣工任务和省定20421人易地搬迁任务，39个集中安置项目已基本完成。同时，加强了兜底保障，全州农村低保人均救助水平达到179.6元/月，农村低保制度与扶贫开发政策实现有效衔接。加快贫困村基础设施和公共服务事业建设，完成窄路加宽355千米、农村电网升级改造253个村，农村综合服务平台实现村卫生室、文化室、党建室等公共服务全覆盖。大力实施农村安全饮水巩固提升工程，切实提高贫困村集中供水率、自来水普及率、供水保证率和水质达标率，累计解决38.85万名贫困人口的安全饮水问题。2018年底，全州实现374个贫困村出列、14.54万人脱贫，贫困发生率由10.55%下降至4.39%，圆满完成了年度减贫任务。

（三）问题整改清零阶段（2019年）

2018年底，湘西州脱贫攻坚取得了决定性进展和显著成效，全州上下形成决战决胜脱贫攻坚之势，全面进入决战阶段。为全力抓好2019年"脱贫攻坚决胜年"各项工作，高质量夺取脱贫攻坚战全面胜利，2019年初，湘西州制定了《中共湘西自治州委 湘西自治州人民政府关于全力打好脱贫攻坚决胜战的实施意见》（州发〔2019〕1号），明确提出要加强问题整改清零，对各级巡视巡察、督查调研、考核评估、审计监督、媒体监督以及自查等渠道发现的扶贫领域问题，各有关部门要建立以问题清单、责任清单、整改清单、效果清单为主要内容的问题整改台账，按照"一类问题、一名领导、一套方案、一抓到底"的责任机制，实行拉条挂账、对单销号；要求党委脱贫攻坚办加强跟踪督办，确保所有问题全面整改清零。2019 年期间，湘西州委、州政府本着对脱贫效果及质量高度负责的态度，坚持目标导向、问题导向和效果导向，再次强调全州 8 县市精准对照脱贫攻坚考核指标和贫困退出验收标准，围绕"扶贫责任落不落实、工作作风深不深入、识别退出精不精准、扶贫政策兑没兑现、结对帮扶扎不扎实、项目资金管没管好、信息数据准不准确、问题整改到不到位、减贫任务完没完成、人民群众满不满意"十大问题，聚焦短板弱项，摸清任务底数，压紧压实责任，逐项清零销号。

为此，湘西州委精准脱贫攻坚领导小组办公室印发了《全州决胜脱贫攻坚"三大清零"集中行动工作方案》（州精准办〔2019〕17 号），推进全州脱贫攻坚工作以户清零、以村清零、以事清零"三大清零"集中行动。"以户清零"行动是要确保安全饮水、义务教育、基本医疗及住房安全有保障；"以村清零"行动是要完善基础设施、公共服务，强化对产业发展、基层组织和特困人员的保障；"以事清零"行动是抓紧考核指标达标推进、抓好涉贫信息数据比对、抓实扶贫领域问题整改、严防扶贫领域风险。

湘西州 8 县市在这一阶段也把脱贫问题的整改清零作为决战决胜脱贫攻坚最后堡垒的关键战役来打，坚决扛起脱贫攻坚责任，克服盲目乐观和厌倦情绪，细之又细、实之又实解决好每一个问题，实现事无巨细的问题清零。譬如，凤凰县 2019 年专门成立了"户问题清零"工作组、"事问题清零"工作组和"数据问题清零"工作组，三大工作组的组长分别由县委书记、县长和专职县委副书记担任，明确了各县级领导、各乡镇、村、后盾单位、工作队、结对帮扶干部的具体职责，并要求他们严格对照村退出、户脱贫的标准，确保户脱贫"十一清零"，村出列"六清零"。户脱贫"十一清零"即①漏评、错退率为零；②贫困户人均年纯收入不足 3700 元的户为零；③不满意的户为零；④愁吃、愁穿、赤贫户为零；⑤饮水安全不达标户为零；⑥住危房户为零；⑦基本医疗不达标户为零；⑧失学辍学户为零；⑨产业空白户为零；⑩各项扶贫政策不落实户为零；⑪问题数据户为零。村出列"六清零"即①公共服务不达标的贫困村为零；②基础设施不达标的贫困村为零；③产业发展不达标村为零；④扶贫资产不确权、扶贫项目不公示村为零；⑤档案资料不规范村为零；⑥驻村两个覆盖未达 100% 的村为零。同时，凤凰县为确保清零工作责任人的职责落实到位，严格执行并落实召回制、退回制和清退制三项制度。召回制就是对工作不力、作风漂浮的驻村工作队队员，乡镇党委可建议派出单位直接召回，被召回的工作队队员年度考核直接评为三类，同时扣除派出单位年度考评分；退回制就是对工作不力、作风漂浮的乡镇干部，由乡镇党委直接退回组织部或人社局，送进党校学习，被退回的干部年度考核直接评为三类；清退制就是对工作不力、作风漂浮的大学生村官，由乡镇党委直接清退。

在脱贫攻坚冲刺阶段，湘西州的干部群众团结一心，直面扶贫领域的问题，以"不消除问题不罢休"的担当和决心攻坚克难，最终取得了较好的成绩。2019年，在湖南省里组织的第三方评估中，湘西州7个申请摘帽县的错退率为零，漏评率为零，群众认可度平均达到98.94%，7个县都顺利实现了摘帽。2019年，在湖南省委对市县党委和政府脱贫攻坚成效考核中，湘西州连续两年综合评价为"好"。尤为可贵的是，在扶贫的细微之处，在干部和群众的亲密接触之中，在问题解决之间，干群关系日益深厚，广大群众高度认可和歌颂扶贫行动。

（四）脱贫质量巩固阶段（2020—2025年）

2021年2月25日，全国脱贫攻坚总结表彰大会在北京人民大会堂隆重举行，习近平总书记出席并发表重要讲话。在大会上，总书记庄严宣告，我国脱贫攻坚战取得全面胜利，完成了消除绝对贫困的艰巨任务，创造了又一个彪炳史册的人间奇迹。总书记还强调："脱贫摘帽不是终点，而是新生活、新奋斗的起点。解决发展不平衡不充分问题、缩小城乡区域发展差距、实现人的全面发展和全体人民共同富裕仍然任重道远。我们没有任何理由骄傲自满、松劲歇脚，必须乘势而上、再接再厉、接续奋斗。"2021年中央一号文件明确提出，脱贫攻坚目标任务完成后，对摆脱贫困的县，要实现巩固脱贫攻坚成果与乡村振兴有效衔接，过渡期为5年。作为湖南省扶贫的主战场，拥有7个深度贫困县和1个省级贫困市的湘西州虽已摘帽，但脱贫质量有待加强，脱贫成果巩固任务还很重。具体表现为：相当一部分脱贫户收入不稳定，产业不牢固，家庭医疗支出大，抗风险能力弱，致贫返贫风险点较多，防止返贫监测和帮扶的任务还非常艰巨。还需扶上马送一程，让脱贫户在现代化进程中不掉队、赶上来。为防止出现这边宣布全面脱贫，那边又规模性返贫致贫的现象，必须全面推进乡村振兴，持续巩固拓展脱贫攻坚成果，激发农村发展内生动力，实现农业农村现代化，实现农民可持续稳定增收致富。

为此，湘西州委将2020年确定为"脱贫攻坚巩固年"，亦是"全面建成小康社会决胜年"，制定了《中共湘西自治州委 湘西自治州人民政府关于巩固提升脱贫成效夺取脱贫攻坚战全面胜利的实施意见》（州发〔2020〕1号），明确提出推动脱贫攻坚与乡村振兴有机衔接，以更加有力的举措、更加精细的工作，全面提高脱贫质量，全面提升群众满意度，全面夯实基层基础，确保现行标准下1.57万未脱贫人口如期脱贫，巩固提升64.21万已脱贫人口的脱贫成效，奋力夺取脱贫攻坚战全面胜利，与全省、全国同步全面建成小康社会。要加强党对脱贫攻坚工作的全面领导，按照"摘帽不摘责任、摘帽不摘政策、摘帽不摘帮扶、摘帽不摘监管"要求，进一步落实《中共湘西自治州委关于进一步落实脱贫攻坚工作责任制的通知》（州发〔2018〕14号）的文件精神，压紧压实党委、政府统筹责任，行业部门推进责任，乡村两级落实责任，各级干部帮扶责任以及纪检监察、巡察、审计、财政等部门的监督责任，确保责任不松、政策不变、人员不散、力度不减。

为持续巩固脱贫攻坚成果，湘西州委、州政府专门制定了《关于巩固拓展脱贫攻坚成果全面推进乡村振兴加快农业农村现代化的意见》（州发〔2021〕1号），进一步强调要持续推进、巩固拓展脱贫攻坚成果同乡村振兴的有效衔接，加快农业农村现代化，促进农业高质高效、乡村宜居宜业、农民富裕富足，将湘西州打造成为全国脱贫地区乡村振兴的先行区；同时明确指出，要做好巩固拓展脱贫攻坚成果同乡村振兴的有效衔接，主要是要做好以下五个衔接。

一是做好政策衔接。用好5年过渡期的利好机遇，紧跟中央、省的步调，保持主要帮扶政策总体稳定，对现有帮扶政策逐项分类优化调整，逐步实现由集中资源支持脱贫攻坚向全面推进乡村振兴平稳过渡。州内自定的教育资助、医疗保障等主要帮扶政策在2021年保持稳定不变，做到扶上马再送一程；从2022年开始，分类别、分阶段延续、优化或调整政策，确保政策衔接不留空白。

二是做好工作衔接。健全防止返贫动态监测和帮扶机制，重点对脱贫不稳定户、边缘易致贫户、农村低保户、分散供养特困户、残疾人户及因病因灾因意外事故导致基本生活出现严重困难的农村低收入人口开展动态监测，持续跟踪其收入支出、"两不愁三保障"及饮水安全状况，采取产业就业帮扶、政策性帮扶和特殊困难专项救助相结合的方式实行精准帮扶、动态清零，确保稳定脱贫不返贫。强化易地搬迁后续扶持，重点从产业发展、就业需要、兜底保障、权益保护、文化建设、社区融入、管理服务等方面加大扶持力度，确保搬迁群众稳得住、有就业、逐步能致富。加强扶贫项目资产监管，分类摸清州内各类扶贫资产底数，建立健全扶贫资产长效管理运维机制,确保资产监管持续发挥作用。做好东西部扶贫协作的稳固工作和省对口扶持的衔接工作。

三是做好组织衔接。按照"驻村数量不减、驻村队伍不撤、党员干部结对联系不松、驻村点和驻村队员视情况调整"的原则,继续选派驻村第一书记和驻村工作队,对困难对象继续安排帮扶干部。

四是强化产业和就业扶持。因地制宜发展特色优势产业,多措并举稳定劳务输出,托底安置残疾人、零就业家庭等就业困难人员就业,确保脱贫人口有稳定的生产性和工资性收入。大力推进乡村创业就业车间建设,带动更多脱贫人口和低收入人口就地就近就业增收。优先选择区位条件便利、产业基础较好、劳动力富集的乡镇(街道)和易地扶贫搬迁集中安置点,通过巩固扶贫车间提升一批、新建标准厂房发展一批、利用闲置场所改造一批、分散居家设置一批等方式,通过新型合作经济组织领办、村级集体承办、务工返乡人员创办、能人大户带办、招引企业兴办、产业园区帮办等模式,加快建设乡村创业就业车间。力争到2025年全州乡村创业就业车间面积达100万平方米以上,实现所有乡镇全覆盖,吸纳就地就近就业10万人以上,其中脱贫人口和低收入人口5万人以上。加大对就业困难人员、退捕渔民等重点群体的就业帮扶力度,每年稳定农村公益性岗位2万个以上。

五是加强扶贫项目资产管理和监督。脱贫攻坚形成了庞大的扶贫资产,对这些资产进行精细管理,确保效益的充分发挥尤为重要。要求8县市扶贫办(县市原乡村振兴局)和县市农经站立即出台《扶贫项目资产管理若干规定》,指导各乡镇和村精准摸清扶贫资产底数,及时建档和更新,进一步完善扶贫资产确权登记台账,明确资产权属,健全扶贫资产后续管护制度,完善县、乡、村三级扶贫项目资产收益分配实施方案,规范和兑现利益联结机制合同。

脱贫摘帽后,湘西州委、州政府始终坚持把防止规模性返贫摆在头等位置,全力巩固脱贫攻坚成果,制定了《湘西州防返贫监测与帮扶平台规范管理制度》,要求每个县市设立不少于500万元的防返贫救助基金。截至2022年底,全州累计到位资金5000万元。全州脱贫户、监测户基本医疗保险参保率达100%,脱贫人口享受不低于50%的个人参保资助,有效防止了因病返贫致贫。深入实施乡村振兴"六大行动",加强巩固脱贫成果和乡村振兴项目库建设,规划项目10529个,资金投入总规模81.32亿元。

## 四、湘西精准扶贫的考核与督查

### (一) 湖南省对湘西州的脱贫攻坚考核和验收

**1. 脱贫攻坚考核**

湖南省为确保到 2020 年现行标准下的农村贫困人口全部脱贫、贫困村全部退出、贫困县全部摘帽，解决区域性整体贫困，根据《中共湖南省委办公厅、省政府办公厅关于印发〈湖南省市州、县市区党委和政府脱贫攻坚考核办法〉和〈省直和中央驻湘单位扶贫开发责任制考核办法〉的通知》（湘办〔2016〕30号）及《市州、县市区党委和政府脱贫攻坚考核办法实施细则》，从 2016 年开始，每年开展对市级、县级党委和政府脱贫攻坚工作的考核。从考核主体来看，考核工作由省扶贫开发领导小组组织实施，具体工作由省扶贫开发领导小组办公室牵头承办，省扶贫开发领导小组相关成员单位参与。从考核对象来看，包括全省 14 个市州和 123 个有扶贫开发任务的县市区。湘西州属于一类扶贫开发任务较重的市州；吉首、泸溪、凤凰、花垣、保靖、古丈、永顺、龙山 8 县市属于一类扶贫开发工作重点县市。从考核内容来看，市州级党委、政府的考核内容主要包括减贫成效、精准识别、精准帮扶、扶贫资金、工作责任及日常管理五大指标；对县级党委、政府的考核由减贫成效、精准识别、精准帮扶、脱贫攻坚重点工作、扶贫资金、工作责任及日常管理六大指标构成。从考核程序来看，考核工作严格按照"县级自评—市级自评—第三方评估—省级抽查—省直部门考评—数据汇总—沟通反馈"的程序进行。每年考核根据扶贫工作开展情况、重点难点及上级新安排的扶贫工作任务进行相应的调整。

从 2018 年起，采取年终市际交叉考核和行业主管部门评分相结合、定量和定性相结合、年终考核与平时掌握情况相结合的方式开展综合评价考核，避免"一考定终身"。定量考核 6 项内容 21 个定量指标：①减贫成效（贫困村年度退出计划完成情况或已摘帽贫困县巩固提升情况、农村居民人均可支配收入增速、群众满意度）；②精准识别和精准退出（考核贫困人口漏评、贫困人口错退、脱贫人口返贫）；③精准帮扶，考核驻村帮扶和结对帮扶工作情况；④"两不愁三保障"政策措施落实情况（产业扶贫、就业扶贫、易地扶贫搬迁、农村危房改造、教育扶贫、健康扶贫、兜底保障、贫困人口安全饮水巩固提升情况、完善农村公路基础设施情况、农村电网升级改造情况、生态补偿脱贫情况）；⑤扶贫资金，考核扶贫资金管理情况；⑥"扶贫领域作风建设年"开展情况（脱贫攻坚责任落实情况和脱贫攻坚日常工作落实情况）。定性考核方面，将中央部委及省纪委监委、省委督查室、省审计厅、省信访局、省委网信办、省扶贫办、常态化联点督查组等提供的有关情况，受到表彰奖励情况，开展社会扶贫工作情况，受国家和省常态化约谈情况，脱贫攻坚民主监督、舆情等方面反映的问题及扶贫资金使用管理、光伏扶贫等项目建设中出现的突出问题，纳入综合评价范围。考核完成后，由省扶贫开发领导小组通报表扬先进单位，并将考核结果与干部考核、选拔任用、工作问责以及县级财政专项扶贫资金分配挂钩。2020年，考核坚持目标导向、结果导向和问题导向，结合脱贫攻坚收官之年工作实际和克服疫情灾情影响的政策安排，聚焦目标任务完成、克服疫情灾情影响、脱贫退出质量、脱贫成果巩固、问题整改落实、扶贫资金管理使用以及日常工作7个方面的重点，采取实地考核和普查情况相结合、年终考核与平时掌握情况相结合、横向比较与纵向比较相结合、年度目标任务完成情况与脱贫攻坚5年来全面工作成效相结合、实地考核和市州对县市区评价相结合的方式开展综合评价。

2016年底，在省扶贫开发领导小组的统一部署下，省扶贫办牵头、会同省直有关单位采取实地考核、相关省直部门打分和第三方评估相结合的方式，对2016年市州、县市区党委和政府脱贫攻坚工作进行考核。2017年2月17日，《中共湖南省委办公厅 湖南省人民政府办公厅关于2016年度市州、县市区党委和政府脱贫攻坚工作考核结果的通报》（湘办〔2017〕12号）评定湘西州为2016年度脱贫攻坚先进市州（一类市州），泸溪、花垣、凤凰3个县为2016年度脱贫攻坚先进县市区（一类县市区）。笔者当时担任分管凤凰县扶贫工作的副县长，代表凤凰县在2016年度湖南省脱贫攻坚表彰大会上做了典型发言。龙山县作为约谈县接受省扶贫开发领导小组约谈，并限期整改。

2017年底，省扶贫开发领导小组组织对市州、县市区党委和政府脱贫攻坚工作以及省直和中央驻湘单位扶贫开发工作进行了考核。2018年4月22日，《中共湖南省委办公厅 湖南省人民政府办公厅关于2017年度脱贫攻坚工作考核结果的通报》（湘办〔2018〕14号）认定湘西州是综合评价为一般的州，吉首市是综合评价为好的市，泸溪、凤凰、花垣、永顺4个县是综合评价为较好的县，古丈县是综合评价为一般的县，保靖、龙山2个县是综合评价为较差的县。

2018年底，省扶贫开发领导小组组织对市州、县市区党委和政府脱贫攻坚工作以及省直和中央驻湘单位扶贫开发工作进行了考核。考核坚持定性分析与定量分析相结合、纵向比较与横向比较相结合、实地考核与日常考核相结合，并结合国家组织的交叉考核、第三方评估、扶贫综合督查等反映的问题以及省领导"四不两直"督查调研、常态化联点督查、扶贫审计、涉贫舆情、涉贫信访等平时掌握的情况，进行综合评价。2019年4月26日，《中共湖南省委办公厅 湖南省人民政府办公厅关于2018年度脱贫攻坚工作考核结果的通报》（湘办发电〔2019〕40号）认定湘西州是综合评价为好的州，吉首市是综合评价为好的市（已摘帽贫困县市），泸溪、凤凰、古丈、花垣、保靖、永顺、龙山7个县被评为综合评价为好的县（未摘帽贫困县）。

2019年底，省扶贫开发领导小组按照定性分析与定量分析相结合、实地考核与日常考核相结合、纵向比较与横向比较相结合的要求，组织对市州、县市区党委和政府脱贫攻坚工作以及省直和中央驻湘单位扶贫开发工作进行了综合性考核评价。2020年4月7日，《中共湖南省委办公厅 湖南省人民政府办公厅关于2019年度脱贫攻坚工作考核结果的通报》（湘办发电〔2020〕21号）认定湘西州是综合评价为好的州（一类市州），吉首市是综合评价为好的市（2018年前已摘帽贫困市），泸溪、凤凰、古丈、花垣4县是综合评价为好的县（2019年度摘帽贫困县），保靖、永顺、龙山3个县是综合评价为较好的县（2019年度摘帽贫困县）。

2020年底，省扶贫开发领导小组按照相关考核文件组织开展了2020年脱贫攻坚成效考核。2021年4月29日，《中共湖南省委办公厅 湖南省人民政府办公厅关于2020年度脱贫攻坚工作考核结果的通报》（湘办发电〔2021〕31号）认定湘西州是综合评价为好的州（一类市州），吉首、泸溪、凤凰、古丈、花垣、保靖、永顺、龙山8县市是综合评价为好的县市（已摘帽贫困县市）。

**2. 贫困退出验收**

湖南省贫困退出验收采用统一标准，省、市州、县市区分级组织实施。贫困人口脱贫、贫困村退出验收由县市区人民政府统一组织实施，报省扶贫办评估核查，由县人民政府批准。省扶贫开发工作重点县和比照县摘帽由省扶贫开发领导小组负责组织验收，由省人民政府批准；国家扶贫开发工作重点县和集中连片特困地区县摘帽由省扶贫开发领导小组组织验收，报国务院扶贫开发领导小组评估核查，由省人民政府批准。根据《湖南省扶贫开发领导小组关于印发〈湖南省贫困退出验收细则（试行）〉的通知》（湘扶发〔2016〕8号），贫困人口脱贫验收以户为单位，按照

"一超过、两不愁、三保障"标准执行。"一超过"即家庭当年农民人均纯收入稳定超过国家扶贫标准（按 2010 年农民人均纯收入 2300 元的不变价）。"两不愁"即不愁吃，不愁穿。"三保障"即基本医疗保障、义务教育保障、住房安全保障。贫困人口脱贫验收按照村民主评议、乡镇入户核实、农户确认、乡镇公示、县抽查复核、备案管理、省市评估核查、县级批准公告的流程进行。贫困村退出验收按照"两个确保、两个完善"标准执行。"两个确保"为"否决指标"，有一项不达标不能通过验收。"两个确保"即确保贫困发生率降至 2% 以下，确保村集体经济收入（不包括转移支付收入）在退出当年达到 4 万元以上。"两个完善"即基础设施基本完善和公共服务基本完善。"两个完善"评分指标有 8 个，总分 100 分，得分≥80 分为达标。贫困村退出验收按照村自主申请、乡镇监测上报、县审核审批、备案管理、省市核查、退出销号的流程进行。贫困县摘帽验收按照"一降低、一高出、一达标"标准执行。"一降低、一高出"为"否决指标"，有一项不达标不能通过验收。"一降低"指摘帽当年贫困发生率降至 2% 以下；"一高出"指摘帽县农民人均可支配收入达到省委十届十三次全会确定的目标（按照农民人均可支配收入 2017 年实现 8000 元、2020 年突破 10000 元的要求，测算到年份作为验收标准）；"一达标"为达标指标，指贫困县摘帽时易地扶贫搬迁任务完成率、贫困村退出率达 95% 以上为合格。贫困县摘帽按照县申请、市初审、省级评估验收、公示报批、摘帽退出的流程进行。

2018 年后，湖南省对贫困人口脱贫程序、贫困村出列验收标准及程序、贫困县摘帽标准及程序进行了微调。根据《关于印发〈2018 年湖南省贫困退出实施方案〉的通知》（湘扶领办发〔2018〕15 号），贫困人口脱贫程序，按照村民主评议、贫困户确认、村级公示、乡镇入户核实、乡镇公示上报、县比对抽查、市州核查、县市区批准公告的程序进行。贫困村出列验收按照"一个确保、两个完善"标准执行，将 2016 年的"两个确保"调改为"一个确保"，即确保贫困村综合贫困发生率降至 2% 以下，"一个确保"为"否决指标"。贫困村出列程序按照村自主申请、乡镇监测上报、县市区审核、市州核查、退出销号的程序进行。同时，明确了 2018 年向省扶贫开发领导小组申请摘帽县的摘帽标准是综合贫困发生率，参考脱贫人口错退率、贫困人口漏评率和群众认可度三项指标，检查脱贫攻坚部署、重大政策措施落实、后续帮扶计划及巩固提升工作安排等情况。摘帽程序按照县市区申请、市州初审、省评估检查、审定公示、备案抽查、公告退出的程序进行。

湘西州 2016 年脱贫 13.1 万人，出列 275 个贫困村，贫困发生率下降至 16%；2017 年脱贫 49.03 万人，出列 504 个贫困村，贫困发生率下降至 10.5%，吉首市率先实现脱贫摘帽；2018 年脱贫 14.54 万人，出列 374 个贫困村，贫困发生率下降至 4.4%；2019 年脱贫 9.03 万人，出列 236 个贫困村，贫困发生率降至 0.65%，泸溪、凤凰、古丈、花垣、保靖、永顺、龙山 7 县全部脱贫摘帽。

### （二）国家对湘西州东西部协作工作的考核

东西部扶贫成效的考核是依据考核总体方案，实地核查被考核东西部帮扶双方的责任落实和工作落实情况。根据《2017 年东西部扶贫协作考核工作方案》对被帮扶地区主要考核组织领导、人才交流、资金使用、产业合作、劳务协作和携手奔小康行动，共 6 项内容 14 个指标。考核主要采取座谈交流、到县核查、查阅资料、进村入户走访核实等方式。2018 年 1 月上旬，福建省和宁夏回族自治区共抽调 10 名干部组成考核组，由福建省扶贫办副主任任组长，宁夏财政厅副厅长任副组长，带队对湖南省湘西州和山东省济南市 2017 年东西部扶贫协作工作成效开展考核，考核效果很好，湘西州与济南市扶贫协作工作做法及经验在全国推介。2019 年，湖南省扶贫开发领导小组将东西部协作扶贫考核纳入湘西州党委和政府脱贫攻坚工作考核，权重占 5%。按照省东西部扶贫协作工作领导小组安排部署，省扶贫办（协作办）牵头，组织专项考核组对湘西州东西部扶贫协作、省内对口帮扶和"携手奔小康"行动开展年度考核。11 月 25—28 日，考核组分两个小组，分别检查、考核湘西州的龙山、永顺、保靖、花垣、古丈、泸溪、凤凰 7 个县的扶贫工作。11 月底，国家东西部扶贫协作考核组到湘西州 7 县实地考核 2018 年湘西州东西部扶贫协作工作，考核结果为合格，反响很好。

### （三）国家和省对湘西州的第三方评估

2016 年 5 月 30 日—6 月 8 日，国务院扶贫办委托湖南师范大学对凤凰县和永顺县开展精准扶贫工作成效第三方评估，主要检查 2015 年贫困人口识别准确率、贫困人口退出准确率、因村因户帮扶工作群众满意度三项内容。通过召开座谈会、入户问卷调查和回访核查等方式，并采取全程录像、录音、照相、GPS 定位和查阅资料等措施，对 2 个县 15 个乡镇 14 个扶贫村 497 户贫困户进行了全面的、封闭式的调查了解。此次第三方评估调研，认为凤凰县和永顺县精准扶贫工作基础较为扎实，没有出现违反政策的重大问题，总体效果较好，但也反映出当家产业效果不够理想和部分贫困户"等、靠、要"思想严重等问题。

2018年1月上旬，国务院扶贫开发领导小组委托中国科学院地理科学与资源研究所组织评估专家团队，对中西部22个省（区、市）2017年扶贫开发工作成效进行第三方评估，湘西州抽到了泸溪县，总体评估较好。第三方评估的主要内容是贫困人口识别准确率、贫困人口退出准确率、因村因户帮扶工作群众满意度、"两不愁三保障"实现情况、脱贫攻坚重大政策措施落实到户情况以及脱贫人口返贫情况。评估组以泸溪县达岚镇麻坪村，洗溪镇宋家寨村、三角潭村，小章乡梓木坪村，浦市镇麻溪口村5个村为样本，采取不听汇报、不现场反馈意见、直奔目的地的独立工作方式，深入样本村实地最基层，面对面与基层群众开展走访座谈，了解样本单位精准扶贫工作实施以来"两率一度"和"两不愁三保障"执行情况、脱贫攻坚重大政策措施落实到户情况以及脱贫人口返贫监测等工作开展情况。评估结束后，从侧面反馈信息得知，评估组对5个村、以5个村为样本的泸溪县、湘西州、湖南省贯彻执行国务院扶贫开发精准扶贫重要方略基本满意，精准扶贫工作成效得到国务院扶贫办认可，群众满意度较高。

2019年12月10—29日，湖南省扶贫开发领导小组委托包括湖南大学、湖南农业大学在内的7所高校，专项评估湖南省2019年度拟脱贫的贫困县。其中，湖南大学评估检查保靖县，吉首大学评估检查凤凰县、花垣县，贵州师范学院评估检查龙山县、永顺县，湖南农业大学评估检查泸溪县、古丈县。2020年1月18日，省扶贫开发办下发《关于全省2019年度贫困县退出专项评估检查发现问题整改的通知》，指出在湘西州7个贫困县退出专项评估检查中发现的问题有五大类、24个小类、2979个。其中贫困户收入问题115条，饮水安全保障问题24条，住房保障问题397条，医疗保障问题395条，教育扶贫及残疾人保障方面问题88条，村支"两委"及帮扶责任方面问题56条，小额信贷方面问题1029条，产业、就业方面问题875条，同时存在慢性病签约服务项目质量有待提高、扶贫产业规模较小、产业帮扶措施持续性弱等问题。以2019年贫困县退出第三方评估反馈问题为契机，州委、州政府高度重视，对照2019年省第三方评估交办问题清单，及时安排部署整改方案，明确整改措施和责任。坚持问题导向，找准存在问题的症结，深入查摆问题，逐项核实整改，并对问题实行预案销号机制；加强对问题整改工作的后续跟踪，举一反三，对标扎实开展问题整改工作"回头看"，不断加强对问题整改质量的督查督办。截至2020年8月30日，省扶贫开发办反馈湘西州2019年度贫困县退出专项评估问题线索,所列问题全部整改,湘西州精准脱贫成效得到全面巩固和提升。

(四) 湘西州的脱贫普查

在国家和省脱贫普查办统筹指导及部署推动下,2020年7月20日,湘西州精准脱贫攻坚办、国家统计局湘西调查队等单位牵头,在全州7县开展脱贫攻坚普查工作,全面检验脱贫攻坚成效。普查重点围绕脱贫结果的真实性和准确性,全面了解湘西州贫困人口脱贫实现情况,为分析判断脱贫攻坚成效、总结发布脱贫攻坚成果提供真实准确的统计信息。普查对象为泸溪县、凤凰县、古丈县、花垣县、保靖县、永顺县、龙山县7个国家级贫困县及其所辖1603个有建档立卡贫困户的行政村和所有建档立卡贫困户。按照"本地回避、互不交叉"原则,由泸溪县普查花垣县、花垣县普查保靖县、保靖县普查古丈县、古丈县普查泸溪县、永顺县普查凤凰县、凤凰县普查龙山县、龙山县普查永顺县。普查内容包括建档立卡户基本情况、"两不愁三保障"实现情况、主要收入来源、获得帮扶和参与脱贫攻坚项目情况,以及县和建制村基本公共服务情况等。

一是坚持党委牵头抓总、高位推动。湘西州成立了以州委副书记为组长、分管副州长和州委秘书长为副组长的州脱贫攻坚普查领导小组,并由州委秘书长兼任州脱贫普查办主任。州脱贫普查办统筹搭建了州、县两级普查指挥调度平台和州、县、乡三级普查工作推进平台,打通了普查工作指挥系统和作战系统的"任督二脉",每天统筹调度县脱贫普查办工作进度,督促各县严格按照节奏节点,同频共振,抓紧抓实相关工作,对各项流程全面压实责任,对各种问题及时答疑释惑,对各类数据严格审核把关,确保脱贫攻坚普查工作运转制度化。

二是精选人员,强化培训。从7个县驻村工作队、行业扶贫单位、乡镇等择优选调2328名业务骨干组成1026个普查小组,并配备了5%的预备人员,且每个派驻普查工作组增加1名相关县级领导任常务副组长,纪委监委和组织部门各派1名领导任作风监督员。州、县两级累计组织全州普查员、普查指导员、审核验收员等普查工作人员开展人员分级全覆盖、业务分类全方位培训达40余次,并及时开展培训专项考试和虚拟数据模拟实战演练,确保普查人员充分了解扶贫政策,准确理解指标内涵,全面掌握调查技能,熟悉数据处理程序。截至2020年8月31日,湘西州在普查对象总量占全省14.6%的情况下,省返问题数据1296条(全省共计40012条),仅占全省比重的3.23%,申请改数据631条(全省共计35347

条，计入省脱贫普查数据质量差错率），仅占全省比重的1.78%，脱贫普查数据质量位居全省前列，并"零差错"完成国省数据质量事后实地抽查和国家数据平台审核验收任务，为全州打好打赢脱贫普查验收战和脱贫攻坚收官战奠定了坚实的基础。

（五）湘西州精准脱贫督查及专项整治

**1. 湘西州精准脱贫督查**

精准脱贫期间，为了推进脱贫攻坚工作高效开展，湘西州成立了州脱贫攻坚办，由州委督查室主任任常务副主任，11名工作人员脱产参与集中办公。工作职责主要是督查考评精准脱贫各阶段的重点工作，坚持"最严最实最不讲情面"的督查原则。2016年，湘西州以精准识别实不实、驻村扶贫实不实、结对帮扶实不实、政策落实实不实、脱贫成效实不实、问题整改实不实"六个实不实"为重点，做好问题核查、整改复查、随机抽查、按月巡查、按季督查和年度检查"六查"工作。将考评对象分为8县市、"十项工程"州直牵头单位、"十项工程"州直责任单位和驻村扶贫工作组4类对象，再根据具体承担的工作任务分别确定考核办法。办好数据月报、信息简报、督查通报和要情专报"四报"。对工作推动不力或结对帮扶不到位的干部进行通报批评，对发现的具体问题列出清单，细化责任，责令相关县市和州直单位限期整改到位，倒逼责任落实。

2018年以来湘西州进一步强化督查考评，按照中央"脱贫攻坚作风建设年"要求，实行最严最实的督导评估机制，坚持以"四不两直"方式，以"三个落实""三个聚焦"及问题清零为抓手，以预脱贫村和预脱贫人口为重点对象，以"两完善""三保障"及扶贫资金使用管理等为重点内容，全年共开展全州性脱贫攻坚督导评估10次，覆盖8县市115个乡镇（街道）1751个有贫困人口的村（社区），实地入户走访贫困户11281户、非贫困户4320户，查阅贫困户档案7609份。每月对县市和乡镇（街道）进行督导评估排名，8县市分一、二、三类，115个乡镇（街道）按"前10后10"进行排名，结果在《团结报》和湘西电视台进行公布。2018年湘西州共约谈了28个排名靠后的乡镇（街道）的主要负责人、分管负责人和纪委书记；完成《脱贫攻坚专报》220期、《湘西精准脱贫攻坚通报》10期、《月督导评估方案》10期、《解剖式督查方案》2期、《州精准办问题反馈函》80期次、《扶贫基本业务知识测试卷》2期。

2019年，湘西州着力抓好督导问效。发扬"亮剑精神"，敢于较真碰硬，聚焦"三保障""三落实"工作任务和"三个一"（驻村帮扶一月一走访、问题一月一清零、情况一月一上报)"三清零""六看六查"("六看"即看住房安全、饮水安全、用电保障、厨房、卧室、环境卫生;"六查"即查基本信息、存折流水、家庭收入、教育保障、医疗保障、残疾对象)工作要求,组织开展脱贫攻坚综合督导10次,调度参与扶贫领域专项审计和专项巡察2次,实地走访农户近10万户,查阅规范档册资料1万余份,共通报批评4个县、20个州县直单位、5位州县市直单位及乡镇(街道)干部,提醒谈话州县市直单位及乡镇(街道)干部35人,报请州纪委、监委约谈88个排名靠后的乡镇(街道)主要负责人、分管负责人、纪委书记和较差村后盾单位主要负责人,有力推动工作,确保善作善成。坚持问题导向和结果导向,对在各级巡视巡察、督查调研、考核评估、审计监督、媒体暗访等中发现的扶贫领域问题,按照"交办核查、整改复查、随机抽查、跟踪管理"原则,点对点下发问题整改督办函110份,面对面开展问题清零核查和"扫雷行动"5次,逐条逐项抽查复核问题整改结果4.3万余条,有效推动问题整改清零或备案管理到位,确保了脱贫攻坚各项问题立行立改、成效长期巩固。

### 2. 湘西州扶贫专项整治工作

为深入开展扶贫领域作风突出问题治理,加强扶贫项目和扶贫资金使用监管,严查群众身边的腐败问题,从2018年起,湘西州纪委、监察委按照"查办一批案件、整治一个领域、规范一个行业"要求,从群众反映强烈的水、电、路、住房安全、医疗卫生等问题着手,实施扶贫领域假身份、假产业、假程序、假资料"四假"问题专项治理和"九个一"专项整治腐败行为,重点围绕"一盏灯、一栋房、一张床、一条路、一口井、一棵树、一块地、一张卡、一封信",开展太阳能路灯专项治理、易地扶贫搬迁和农村危房改造专项治理、农村医保专项治理、农村户间道专项治理、农村安全饮水专项治理、生态扶贫专项治理、农业产业专项治理、惠民补贴专项治理和涉贫信访专项治理,严肃查处群众身边的腐败案件。在专项整治中,还注重运用互联网技术:一是积极探索开展湘西为民村级微信群工作,推行"指尖上的政民对话",有力推动组织监督与群众监督同向发力、执行纪律和转变作风同步实施;二是运用大数据分析为监督执纪安上"探照灯",如在开展"一栋房""一张床"专项整治中,通过对住建、发改、人社、卫计、医保等相关部门数据进行分析,发现一大批问题线索。2018年,湘西州扶贫领域共立案764件,办结614件,组织处理2284人,党纪政务处分598人,移送司法41人,追缴违纪资金3.1亿元,退还群众资金576万元,公开通报曝光扶贫领域腐败和作风问题典型案例

156 批 423 件 678 人。"五个一"（一盏灯、一栋房、一张床、一条路、一口井）专项治理工作经验相继被《人民日报》《中国纪检监察报》等媒体宣传报道。2019 年，继"五个一"专项治理整治行动后，湘西州又相继开展生态扶贫"一棵树"、农业产业"一块地"、惠民补贴"一张卡"、涉贫信访"一封信""四个一"专项治理，并把"一季一专题"集中治理、"不忘初心、牢记使命"主题教育专项整治、"五个一"专项治理"回头看"紧密结合起来，全力推进专项治理。全年扶贫领域共立案 687 件，办结 514 件，其中，组织处理 1672 人，党纪政务处分 478 人，移送司法 48 人，追缴违纪资金 9699.4 万元，退还群众资金 1036.32 万元，公开通报曝光典型案例 114 批 273 件 405 人。

为更有效地解决扶贫领域存在的责任落实不到位、工作措施不精准、工作作风不扎实、资金管理使用不规范，以及形式主义、官僚主义和腐败等突出问题，湘西州强化扶贫领域审计监督管理，自 2018 年 3 月到 6 月对全州 8 县市开展扶贫专项审计交叉检查，检查内容"三聚焦"，即聚焦扶贫精准管理落实、扶贫资金落实、扶贫项目和措施落实。2020 年 3 月，湘西州扶贫工作领导小组开展扶贫暨民生资金的审计检查行动，对全州 8 县市 2019 年扶贫暨民生资金进行审计检查。资金覆盖涉农统筹整合资金、扶贫专项资金、东西部扶贫协作资金、省内对口援助资金等 27 类扶贫资金，检查内容一是聚焦"精准"，审计检查脱贫攻坚政策措施落实情况；二是突出"安全"，检查资金统筹整合及管理使用情况；三是强化"绩效"，检查脱贫攻坚相关资金和项目绩效；四是关注之前年度审计、检查、考核、评估中，被审计检查单位对发现问题的整改落实情况，及时全面揭示未整改落实到位的问题。持续抓好扶贫领域形式主义、官僚主义整治，纪委、监委加强明察暗访，对责任不落实、工作不到位、疲于应付、弄虚作假等问题该问责就问责，对扶贫领域的"微腐败"不手软，坚持发现一起严查一起。以问题为导向，各项专项整治结合各种问题进行系统整改。截至 2020 年 8 月 31 日，对国家审计署 2019 年第四季度政策跟踪审计交办的 7 个问题、中央脱贫攻坚成效考核交办的 34 个问题、省脱贫攻坚年度考核交办的 30 个问题、省第三方评估交办的 2979 个问题、省联点督查交办的 394 个问题、省扶贫审计交办的 16 个问题和全州脱贫质量"回头看"发现的 3259 个问题、州督导评估交办的 306 个问题、州扶贫审计交办的 474 个问题、州扶贫巡察交办的 165 个问题已全部完成整改。

# 第四章 湘西州扶贫案例

## 一、花垣十八洞：不负人民铸魂地

十八洞村位于湘西州花垣县双龙镇，平均海拔700米，有梨子、竹子、飞虫、当戎4个自然寨6个村民小组，2012年底共有239户946人，耕地面积817亩。2013年11月3日，习近平总书记在湘西州十八洞村的视察工作点亮了精准扶贫的星星之火，全国性的脱贫攻坚战在这里打响了第一枪。自此以后，精准扶贫的熊熊烈火席卷了整个中国大地，脱贫攻坚战的阵阵"枪声"在中国大地上响彻云霄。

"不负人民"既是伟大建党精神和脱贫攻坚精神的重要内容，也是中国共产党对人民的庄严承诺和历史使命。中国共产党推动的精准扶贫是实现"不负人民"执政目标的重要实践方略，发起的脱贫攻坚战是实现"不负人民"执政理想的重要实践方式。作为精准扶贫首倡地，十八洞村在民族团结事业上，通过不断铸牢中华民族共同体意识，为"不负人民"铸魂；在共同富裕道路上，通过慢慢拧开城乡要素流动的阀门，为"不负人民"铸魂；在乡村振兴过程中，通过逐渐构筑脱贫地区乡村振兴的精神灯塔，为"不负人民"铸魂。

### （一）十八洞村在民族团结事业上为"不负人民"铸魂

中华民族是一个命运共同体，一荣俱荣、一损俱损。2019年，在民族团结进步表彰大会上，习近平总书记指出："实现中华民族伟大复兴的中国梦，就要以铸牢中华民族共同体意识为主线，把民族团结进步事业作为基础性事业抓紧抓好。"精准扶贫事业是民族团结进步事业的重要内容。它通过精准帮扶方式，全面解决全国各族人民的"两不愁三保障"问题，彻底消除农村绝对贫困，促进各民族人民像石榴籽一样紧紧拥抱在一起。在民族团结事业上，十八洞村紧抓精准扶贫的时代契机，通过铸牢中华民族共同体意识，为"不负人民"铸魂。湘西州是以土家族、苗族为主的少数民族地区，十八洞村是以苗寨人民为主的典型"老、少、边、穷"村落。2013年之前，十八洞村贫困发生率很高，需要解决的民族发展问题很多，面临的阻力很大。2014年，湘西州抽调优秀党员干部组成十八洞村精准扶贫工作队，选派第一书记驻村，任命讲政治、品德优、能力强、威望高的人为村主干，配强村支"两委"班子。突出党建引领，探索推广"党建引领、互助五兴"农村基层治理模式，从党员、致富带头人、退伍军人、大学生、返乡经商者等人员中培养互助小组长，全村共组建互助小组41个，实现党员、群众建组全覆盖，构建了"村党支部—互助小组—农户"的党建引领基层治理工作体系。以村支"两委"和驻村工作队长为代表的中国共产党人率先垂范，把全村人民团结起来，带领全村人民为实现"脱贫梦"而共同奋斗，使村子2017年成功脱贫。

基于在脱贫实践和民族团结事业中的突出业绩，十八洞村获得全国脱贫攻坚楷模、全国脱贫攻坚考察点、全国先进基层党组织、全国文明村、全国乡村治理示范村、全国民族团结进步示范单位、全国青少年教育基地等殊荣。这些荣誉称号既是对村支"两委"和扶贫工作队开展民族团结工作的充分肯定，也是对十八洞村人民自力更生信念的生动诠释，更是中国共产党不负人民实践的真实写照，充分体现了中国共产党人想村民之所想，急村民之所急，忧村民之所忧。

2021年，习近平总书记在庆祝中国共产党成立100周年大会上的讲话中指出："江山就是人民、人民就是江山。打江山、守江山，守的是人民的心。"在精准扶贫实施过程中和脱贫攻坚战取得胜利后，为了能更好地推动民族团结事业，更好地守望十八洞村人民的心，从而更好地践行共产党人"不负人民"的庄严承诺，扶贫工作队和后续帮扶工作队坚持每月至少到十八洞村住宿二十多天。同时，为建好全国民族团结进步示范基地和铸牢中华民族共同体意识教育基地，十八洞村先后与湖南省湘潭市韶山村、福建省福鼎市赤溪村、新疆阿亚格曼干村、吐鲁番新城西门村开展结对共建，团结互助共进。2022年11月3日，十八洞村以"党的光辉照苗寨、苗寨人民心向党"为主题，举办首届"吉客节"活动（吉客：苗语意为感恩），习近平总书记考察（或回信）过的24个村党组织书记（含原书记）、驻村第一书记齐聚十八洞村，一起重温习近平总书记的殷殷嘱托，一起感悟精准扶贫重要理念的实践伟力，一起共话乡村振兴的美好未来。

十八洞村扶贫工作队和村支"两委"是中国共产党人无私守望人民

心灵的典范，十八洞村是努力践行"铸牢中华民族共同体意识"的缩影。习近平总书记在2019年民族团结进步表彰大会上指出："中华民族是一个大家庭，一家人都要过上好日子。"在迈入小康社会的道路上，一个民族也不能少，一个人也不能掉队。在新时代，十八洞村的精准扶贫为铸牢中华民族共同体意识提供了鲜活教材，生动地诠释了"中华民族是一个大家庭"的时代内涵。扶贫工作队在十八洞村的孜孜守望为中国共产党人"不负人民"的建党精神铸造了鲜活的灵魂。"不负人民"的灵魂在十八洞村每位村民的心中荡漾，在中华民族全体人民的心中永存。

### （二）十八洞村在乡村振兴过程中为"不负人民"铸魂

乡村振兴战略的目标设计、推动过程和实现程度都必须充分尊重人民，紧紧依靠人民，永远不负人民。乡村振兴的目标是实现"农业强、农村美和农民富"。目标的设计必须充分尊重农民的首创精神。乡村振兴的推动过程必须依靠人民，充分发挥农民的聪明才智。乡村振兴的实现程度体现在"农业是不是变强了""农村是不是变美了"和"农民是不是变富了"。中国共产党人交出的乡村振兴答卷需要人民来批阅，而这份答卷的标准答案是乡村振兴给农民带来了获得感、幸福感和安全感。只有不辜负人民"农业真的变强了、农村真的变美了和农民真的变富了"的"乡村振兴梦"，中国共产党人才有资格继续在历史舞台上答题。

十八洞村在脱贫攻坚与乡村振兴有效衔接的道路上已经迈开了步伐，在产业兴旺、生态宜居、乡风文明、治理有效、生活富裕等方面实现了良好的开局。2021年6月，湘西自治州矮寨·十八洞·德夯大峡谷景区被确定为国家5A级旅游景区，这标志着十八洞村在产业发展上迈出了重要的一步。十八洞村遵照总书记"不栽盆景，不搭风景""不能搞特殊化，但不能没有变化"的重要指示，锚定建设"中国最美乡村"目标，全力打造看得见山、望得见水、留得住乡愁的宜居宜业和美乡村；在全省率先建立驻村规划师制度，引进规划设计团队，对全村自然资源、历史人文、基础设施状况开展"地毯式"摸排，精心编制《十八洞村村庄规划》，因地、因村、因户科学合理地规划国土空间布局和产业布局，获得了第一届湖南省国土空间规划优秀案例展评活动特别奖；实施水、电、路、房、网、环境治理"六到户"和改厨、改厕、改浴、改圈、危房改造"五改"工程，建设村组道路16.58千米，建成一座日处理20吨污水的处理池、两个70平方米的垃圾分类房，完成225栋房屋苗族风貌改造和"厕所革命",房前屋后铺上青石板,家家通上自来水,户户用上放心电,无线网实现全覆盖;坚持原生态、乡土味、民族性特点,开展微景观、微菜园、微庭院、微森林、微墙绘和创建美丽农家"五微一创"行动,将本村的"人、文、地、产、景"等元素融合在一起,保持古色古香的民族传统村落景观,充分展现了十八洞村的"生活美、生态美、环境美、精神美、人文美"。

同时,十八洞村十分注重保持文明淳朴乡风。遵照习近平总书记在全国宣传思想工作会议上关于"要弘扬新风正气,推进移风易俗,培育文明乡风、良好家风、淳朴民风,焕发乡村文明新气象"的重要指示,加强社会主义核心价值观教育,传承发展优秀传统文化,文明乡风吹遍了十八洞村。一是加强思想道德建设。充分发挥新时代文明实践站的阵地作用,常态化开展"道德讲堂"活动,创新开展"村民思想道德星级化管理",大力整治高价彩礼、厚葬薄养、大操大办、打牌赌博、封建迷信等突出问题,为18名优秀村民颁发荣誉证书,激发了群众的内生动力。二是弘扬优秀传统文化。十八洞村艺术团和苗绣合作社发挥了重要作用,他们经常组织村民开展苗歌、苗鼓、苗族非遗文化学习,定期开展赶秋、歌咏、舞蹈、小品、苗鼓、过苗年、"十八洞相亲会""11·3晚会"等丰富多彩的文化活动,传播弘扬了民族特色文化。三是深化"三治"融合。成立德治规范劝导小组,教育引导村民向上向善、孝老爱亲、重义守信、勤俭持家。积极发展基层民主,建立健全村民委员会、村民议事会、村民理事会、村民监事会等自治组织,完善十八洞村自治章程、村规民约,让村民充分参与村内事务管理。加强普法教育,增强村民法治观念,推动形成知法守法的浓厚氛围。十八洞村先后被国家民委(2016年)和农业农村部(2018年)评为"中国少数民族特色村寨"和"中国美丽休闲乡村"。2020年以来,湘西州坚持把弘扬伟大脱贫攻坚精神,发挥十八洞村的示范引领作用,努力打造脱贫地区乡村振兴先行示范区作为重大工作全力推进。

在脱贫攻坚和乡村振兴有效衔接过程中,十八洞村为脱贫地区进行乡村振兴构筑了一座精神灯塔,为"不负人民"铸造了鲜活的时代灵魂。十八洞村是精准扶贫的首倡地,是脱贫攻坚和乡村振兴有效衔接的样本村,是脱贫地区乡村振兴的先行者,理应成为脱贫地区乡村振兴的精神灯塔,为"不负人民"铸造出鲜活的时代灵魂。作为精神灯塔,十八洞村在乡村振兴道路上所付出的艰辛为脱贫地区乡村振兴赋予了奋斗的精神力量,它将所取得的经验分享给脱贫地区进行乡村振兴实践,体现了其在新时代的担当。十八洞村困所取得的成就让脱贫地区看到了乡村振兴的希望。作为脱贫地区乡村振兴的精神灯塔,十八洞村所给予的力量、所承载的使命和所激发的希望而成为"不负人民"的精神支柱。

(三)十八洞村在共同富裕道路上为"不负人民"铸魂

共同富裕是中国特色社会主义的本质要求,是人民群众的共同期盼,是中国式现代化的重要特征。党的十八大以来,习近平总书记在多个重要场合就扎实推动共同富裕作出一系列重要论述,对共同富裕理论作出新阐释,对共同富裕战略作出新部署。2012年12月29日至30日,习近平总书记在河北省阜平县考察扶贫开发工作时就提出:"消除贫困、改善民生、实现共同富裕,是社会主义的本质要求。"

中国共产党领导十八洞村在共同富裕的道路上阔步前行。在脱贫之前,十八洞村是全国典型的贫困村,交通阻塞,产业凋敝,就业困难,收入水平尤其低下。2013年,十八洞村人均收入水平仅为1668元,在全县、全州、全省和全国人均收入的占比分别为41%、32%、20%和19%。精准脱贫期间,村支"两委"和工作队带领全村人遵照习近平总书记关于"要因地制宜发展产业,该发展什么、种什么、养什么都要结合实际地抓"的重要指示,大力发展产业,打造了十八洞黄金茶、十八洞红酒、十八洞猕猴桃、十八洞山泉水等特色产业品牌;通过"飞地"模式,异地流转土地1000亩发展猕猴桃产业。2017年,十八洞村进入产果期,每年给脱贫户人均分红近800元,同时引进步步高集团投资建设十八洞村山泉水厂,累计给村集体分红近300万元,在长沙建立十八洞产业园。十八洞苗绣与中车株机、湖南工业大学等签订合作协议,带动了54名留守妇女就业。此外,十八洞村大力发展乡村旅游,引进社会投资建设田园综合体、高品质民宿群落等,建成地球仓悬崖酒店,开发名山溶洞,丰富了旅游发展新业态,近400人在家门口吃上了"旅游饭"。2021年,十八洞村获评国家5A级旅游景区,被评为"全国乡村旅游示范村"。同时,十八洞村制定了《十八洞村村级集体经济收益分配管理暂行办法》,成立十八洞村集体经济联合社,实行"多社合一、多元发展",推动村集体经济从无到有、从有到强。十八洞村的蜕变之路是中国共产党带领人民群众发财致富的鲜明写照。脱贫之后,十八洞村经过几年的发展,种植、乡村旅游等集体经济呈现出欣欣向荣的态势。2016年,十八洞村村民人均纯收入从2013年的1668元增至8313元,成为全省第一批退出贫困村行列的村。2022年,十八洞村人均纯收入跃升至23505元,村集体经济收入总量达380万元。村容村貌发生了历史性改变,群众精神风貌焕然一新。十八洞村在中国共产党的领导下,开启了共同富裕的新征程。

虽然十八洞村的共同富裕梦想尚未实现,问题依旧严峻,困扰依然复杂,但十八洞村已经拧开了脱贫地区走向共同富裕的阀门,为中国共产党"不负人民"的历史使命铸造了鲜活的灵魂。脱贫攻坚战顺利完成后,我国进入全面小康社会,正走在共同富裕的大道上。精准扶贫战略实施之前,城乡之间的差距相当大(见图4-1、图4-2),发展不平衡不充分问题十分突出,城乡之间要素自由流动的阀门并未拧开,阻滞了要素的自由流动,剥夺了农村和农民的众多市场,从而阻碍了农村和农民走向共同富裕的道路。精准扶贫的星星之火在十八洞村点亮之后,资源自由流动的阀门被拧开。这个阀门既是要素在城乡间流动的"自由之门",也是脱贫地区走向共同富裕的"富裕之门"。在十八洞村拧开的"自由之门""富裕之门"让中国共产党"不负人民"的初心更加矢志不移,让中国共产党带领人民"共同富裕"的步伐更加踌躇满志。十八洞村让我们看到了中国共产党带领全体中国人民走向共同富裕的决心和气魄!十八洞村一定不负人民!中国共产党也一定不负人民![①]

图4-1 湘西州花垣县十八洞村精准扶贫前(花垣县政府提供)

---

① 吴雄州、李洪雄、周峻:《十八洞:"不负人民"铸魂地》,2022年8月。该文获得湖南省委宣传部"大历史观 大时代观视角下的十八洞村"理论征文三等奖,未公开发表。

图 4-2　湘西州花垣县十八洞村精准扶贫后（花垣县政府提供）

## 二、凤凰菖蒲塘村：牢记殷殷嘱托，脱贫致富谱新曲

凤凰县原菖蒲塘村，有菖蒲塘、喇叭口、古塘3个自然村寨。因村前有塘，塘里长菖蒲，故而得名。全村土家族占70%、苗族占19%、汉族占11%，是一个以土家族为主的少数民族聚居村，位于凤凰县城西10千米，廖家桥镇政府东1.5千米。2016年，菖蒲塘村与原樱桃坳、马王塘和长坳3村合并，组建成新的菖蒲塘村（见图4-3）。2021年，全村辖23个村民小组、15个自然寨、710户3035人。2013年11月3日，习近平总书记亲临菖蒲塘村考察，作出"依靠科技，开拓市场，做大做优水果产业，加快脱贫致富步伐"的重要指示，勉励村民"好好干，有奔头"。十年来，菖蒲塘村始终牢记习近平总书记殷殷嘱托，瞄准建设全国乡村振兴示范村的总体目标，守正创新，奋力前行，脱贫攻坚与乡村振兴走在全国前列，成效显著，展现出一幅美好画卷："地不荒，荒山寸缕披绿装，风吹橘花香，飞地他乡种桃忙，四季水果线下线上销售流水把歌唱；人不闲，育苗、嫁接苗木奔走本村他乡小路间，夫妻工业园区就业车间常相见，农旅融合景区参与有现钱，村支两委、大户能人带领村民把致富梦圆！"

图 4-3　湘西州凤凰县菖蒲塘村（凤凰县政府提供）

## （一）坚持党建引领、共治共享，共同脱贫致富

20世纪八九十年代，菖蒲塘村是一个典型的干旱贫困村，山多耕地少，道路泥泞不堪，严重缺水，村民靠种植水稻、玉米生活，全村90%的房屋为土砖房或石头房，10%为茅草房，"有女莫嫁菖蒲塘，家里只有烂箩筐"曾是菖蒲塘村贫穷境况的真实写照。为改变村里贫穷面貌，菖蒲塘村原党支部书记王安全等党员、村主干带头走出村子，到浙江、河南、福建、安徽等地学习技术，寻找发展门路，率先在全县引进水果种植。为预防失败造成群众损失，王安全把自家田地变成试种场，成功后免费教群众技术，越来越多的村民在他的带领下，种下了水果，也种下了希望。菖蒲塘村种植水果从无到有、从零星试种到成规模种植，村民靠种水果过上幸福生活。2020年村支"两委"换届时，把产业发展能人、致富带头人吸纳进村支"两委"新班子，7名班子成员中，4名为大专学历，5名为产业发展能人或致富带头人，设立全县唯一村党委，省级龙头企业周生堂生物科技有限公司董事长周祖辉接任村党委书记。村支"两委"以片区为单位下设4个党支部，并成立了水果产业、旅游产业、女子嫁接队、周生堂公司4个功能型党小组，成立了旅游服务、产业技术服务、柚子产业、猕猴桃产业4个产业党小组，实现了党组织对各个产业发展领域的全覆盖；

充分发挥先进党员、能人大户等代表人物作用，成立学习互助、产业互助、乡风互助、邻里互助、绿色互助五大类互助小组 102 个，党员组长 57 人、产业大户组长 28 人、致富能人组长 17 人，直接帮扶、带动 612 户 2754 人共同脱贫致富，做到"党员联系到户、民情走访到户、政策落实到户、产业对接到户、精准服务到户"，形成支部跟着党委走、小组跟着支部走、群众跟着党员走的良好局面。

菖蒲塘村强化依法依规治理和精细人性化治理，大力推进网格化管理，全村配齐配强了 23 个网格长、30 个中心户长，实现网格化治理和网络监控全覆盖；建立村巡防队伍、村级调解委员会等基层组织；成立菖蒲塘村人民调解委员会，创建"为村平台"，聘请了 10 名乡贤为村级治理顾问，并聘请了 1 名村法律顾问，做到了小事不出网格、大事不出组、难事不出村，村庄治理成效显著。同时，为了带动村民积极参与乡村的共同治理，菖蒲塘村大力推行党组织积分制和互助五兴积分制管理，将党员、群众带头作用，参与公益事业，支持配合村支"两委"工作等行为按标准打分，纳入积分制管理，党员、群众可根据积分到村里的爱心超市免费兑换生活用品，极大地提高了全村党员干部群众参与村庄建设、村子治理的积极性、主动性，全村形成共治共享的浓厚氛围。

## （二）坚持发展产业，推进全产业链融合发展

### 1. 水果产业的不断扩面提质

菖蒲塘村秉持"人无我有、人有我优、人优我转"理念，对接市场，不断引进新水果品种，加大品改力度，推动水果更新换代。截至 2020 年 4 月，菖蒲塘村水果种植面积近 8000 亩，人均产业面积 2.6 亩，其中猕猴桃 5844 亩、柚子 510 亩、柑橘 764 亩、葡萄 180 亩，年产水果 2657.4 万斤，产值 4600 多万元，带动 90% 的果农人均年纯收入超过 3 万元。

### 2. 苗木产业的不断做大做强

大力发展猕猴桃、黄金茶、蜜柚等育苗产业，全村建有湘西州农业优质种苗科技繁育中心，建立育苗基地 200 多亩，共繁育猕猴桃、黄金茶、蜜柚等各类苗木 800 亩，通过线下线上销售到全国各地，年产值 4700 余万元，苗木产业逐渐成为菖蒲塘村又一农业特色支柱产业。

### 3. 推进第一、二、三产业融合发展

菖蒲塘村结合猕猴桃、柚子、柑橘等特色水果产业发展，引进周生堂有限责任公司，建立蜂蜜柚子膏、猕猴桃果脯生产加工线；引进凤凰县井泉食品有限公司，合作组建菖蒲塘洁华农业发展有限公司，加工生产菖蒲

塘矿泉水、菖蒲塘猕猴桃汁、菖蒲塘橘子汁等，充分发挥旅游资源优势和区位优势，全面提升飞水谷景区品质，积极开发深坨苗寨，建设党员培训、产业观光、文化长廊等红色教育基地，菖蒲塘村成为新时代红色地标。2023年，菖蒲塘村共接待游客42万人次，实现旅游收入超过亿元。

（三）坚持科技赋能，深化合作，培育科技人才

**1. 加大与高校、科研院所合作的力度**

菖蒲塘村一直坚持与湖南农大、省农科院、省科协、湘西职院等院校及科研院所深度合作，与13名省级农业专家定点合作，相继成立柏连阳院士专家工作站、文旅专家工作站，推动产业规模化、生态化、绿色化、有机化发展。2022年，中国科协年会"乡村振兴"科技惠农连潇湘行动、中国猕猴桃年会等会议在菖蒲塘村举办，中国科协、中农技协、省科协和湖南农大各级专家进行座谈和经验交流。菖蒲塘村成立湖南首批湘西州第一家"湖南凤凰猕猴桃科技小院"，打造集科技创新、示范推广、人才培养为一体的基层科技服务平台，2022年，科技小院获评"全国最美科技小院"。

**2. 加大本土科研人才的培育，培育一批"土专家"**

菖蒲塘村投入科技扶贫资金300余万元，培育一批科技示范户、种植大户和营销能手等"土专家"。全村现有省级科技示范户2户、州县级科技示范户268户；中级农技师21人、初级农技师48人。比如，被称为"土博士"的丁清清，为凤凰县乡土科技特派员，一生扎根乡土，专门从事猕猴桃、苗木种植和选育培育，拥有两项国家专利。早在1992年，他引种猕猴桃，成为村里种植猕猴桃"第一人"。通过种植猕猴桃，他成为村里首批"万元户"。为攻克猕猴桃溃疡病难题，他不断进行"土实验"，成功选育猕猴桃砧木嫁接抗溃疡病栽种方式，有效降低了猕猴桃溃疡病发病率，极大地提高了抗病性，还带动全村育苗产业发展。2018年，丁清清通过芽变，成功选育了"翡翠香果无籽猕猴桃"，这种品种不需要人工授粉，口感更好，市场价更高，卖到了8元一斤，供不应求。2023年，丁清清已和湘西州农科院合作申请国家专利，获得国家植物品种权保护，在全州推广种植3000亩。无籽猕猴桃不仅果子贵，繁育苗木这一块的收入也相当可观。无籽猕猴桃苗木一株可以卖到20元，每亩收入20多万元。村里还有一支特殊的科技队伍——女子嫁接队，由菖蒲塘村妇女组成，成员覆盖土家族、苗族、汉族等民族。她们在一起相互学习，相互传授种植技术、嫁接技艺，互帮互助，带动发展，从最初的16人发展到现在的247

人。她们凭借高超的苗木嫁接技艺，常年奔波于贵州、重庆、四川、陕西等地，提供苗木嫁接技术、传递供求信息、交流致富经验、引进优良品种等服务，年创收入 900 万元，成为菖蒲塘村脱贫致富路上的"金剪刀"，撑起了乡村振兴"半边天"，获得了中央电视台《焦点访谈》栏目专题宣传推介。同时，菖蒲塘村还开办电子商务培训班，引导外出村民回乡创业，培养专业电商从业者 50 余人，带动全村手机变"农具"、农民变"网红"、农产品变"网络爆款"。2023 年，菖蒲塘村通过线上销售猕猴桃、蜂蜜柚子茶等创收 800 余万元。

### （四）坚持环境优化，注重宜居宜业，实现生态富民

菖蒲塘村始终坚持践行"绿水青山就是金山银山"的理念，全力打造宜居宜业和美乡村。

**1. 基础设施日益完善**

在精准脱贫期间，菖蒲塘村的路、水、电、房及通信得到了全面改善和提升。2013 年，县里投资 80 余万元，修建了菖蒲塘村产业大道，全长 5.4 千米，路面宽 5 米。2014 年，村内原来的砂石路改建成水泥路，路面扩宽至 4.5 米。至 2018 年，村内 23 个村民小组、15 个自然寨，村民户与户之间的道路全部实现水泥混凝土硬化。2018 年，县里实施水网改造工程，廖家桥镇 22 个村自来水管网与长潭岗水库接通，马王塘片区通自来水，菖蒲塘村自来水实现全覆盖。2018 年，菖蒲塘村启动产业灌溉工程，覆盖菖蒲塘村 4 个片区，15 个自然寨。至 2021 年，菖蒲塘村建成 2 个大型蓄水池，灌溉渠道 10 千米，受益产业面积 5000 亩。2018 年农网改造再次升级，菖蒲塘村用电得到保障。2016 年菖蒲塘村家家都有了网络电视。2014 年启动村内贫困户危房改造，2015 年改造了 106 户村民的住房屋顶，统一搭建树脂瓦，统一式样，统一颜色，村庄风貌美观整洁。2016 年，108 户 423 村民入住改造后的新居。2021 年，全村砖混结构房屋达到村内房屋总量的 95% 以上，剩下的土坯房屋基本被打造成旅游观光用房。2021 年，全村智能手机使用率达 98% 以上。电信、移动、联通 3 家通信公司均建有信号塔，通信信号全覆盖，网络接通率超过 95%。新建了涵盖乡村影院、农家书屋、乡村振兴展览馆、农产品展示中心、便民大厅、多媒体会议室等功能完善的新村部。完成 2 个果品展销亭及果品中转站建设，并完成 900 平方米群众文化活动广场建设。1 万吨镇级污水处理厂建成投用，安装太阳能路灯 560 盏。

**2. 人居环境持续优化**

菖蒲塘村大力推进人居环境整治，扎实开展"四治三种一创""防四害"等活动，加大"农村自建房整治""厕所革命""楼顶革命"等治理力度，拆除各类违建房、杂物间、钢架棚等不协调建筑100余栋，改厕实现全覆盖，打造最美庭院、最美农家，乡村村貌大幅提升，菖蒲塘村绿水青山、人居和谐。

**3. 生态产业迅猛发展**

菖蒲塘村依托本村独特生态资源、农业、人文优势，大力推进"生态+"模式，引导乡村生态旅游规范发展，加大"观光农庄""生态采摘园"等实践创新基地建设，鼓励发掘生态涵养、休闲观光、文化体验、健康养老等生态功能，促进生态资源与文化旅游、农产品加工等产业融合发展，探索乡村"两山"转化路径。

2016年，菖蒲塘村实现整村出列。2020年，全村人均可支配收入达25481元，成为全国脱贫攻坚交流考察点，代表国家对外展示各民族共同发展、推动脱贫攻坚的成效经验。菖蒲塘村接待了塞拉利昂、埃塞俄比亚、智利、印度尼西亚等10多个国家驻华使节考察交流，得到了国际友人的肯定。菖蒲塘村是湖南省新农村建设示范村、湖南省美丽乡村建设示范村，还被中共中央评为全国先进基层党组织。2023年，村民人均可支配收入32826元，村集体经济收入315万元，分别是2013年的5.4倍和101倍。菖蒲塘村脱贫攻坚和乡村振兴工作已成为湘西州的一个样本，多次被人民日报、新华社、央视等媒体报道和推介。

## 三、泸溪潭溪：万亩科技生态示范园绿了青山富了民

为了贯彻落实习近平总书记在2013年视察湘西州扶贫工作时提出的要实事求是、因地制宜发展农村特色产业，做好精准扶贫等一系列的重要指示与精神，泸溪县委、县政府调整了椪柑产业发展的思路：由注重数量向注重质量转变、由注重规模向注重效益转变、由粗放式培管向精细化培管转变，并计划在峒河和沅江两岸，自然条件好、果农积极性高的地方进行标准园建设，打造10万亩左右的标准园，积极探索精准扶贫新模式。

基于此，2014年3月初，泸溪县在省、州扶贫部门和财政部门的支持下，启动了潭溪万亩科技示范园建设工程，以期通过潭溪万亩椪柑标准化示范基地项目建设，为全州椪柑生态标准园建设和精准扶贫工作起到示范引领作用，带动果农进行种养生态循环标准化生产，提升产业综合生产能

力和竞争力,增加经济和社会效益,实现椪柑产业可持续发展。整个示范园覆盖4个乡镇18个村(有9个贫困村),包括潭溪镇的下都村(见图4-4)、潭溪社区、大陂流村、小陂流村、且已村、朱雀洞村、小能溪村、松柏潭村,洗溪镇的能滩村、甘溪桥村、洞底坪村、洗溪社区,白羊溪乡的马入田村、毛坪村和武溪镇的上堡社区、黑塘村、朱食洞村、红土溪村;涉及贫困农户1190户,贫困人口6165人。泸溪县计划利用三年时间实现1190户贫困户脱贫致富。

图4-4 湘西州泸溪县潭溪乡下都村(潭溪乡政府提供)

(一)创建标准园建设示范区

(1)完善标准园基础设施。泸溪县规划建设3万米的桔园工作道、500口集雨窖、喷滴灌用的400立方米蓄水池、深水井和10个椪柑中转码头、桔园进场道等。

(2)实施高标准果园技改。泸溪县制定了《潭溪万亩椪柑无公害、标准化果园建设技术规范》,要求标准园中的经营主体完全按照技术规范进行建设。①进行高改低和密改稀。通过大枝修剪降低树冠的高度,疏伐或间伐改变株行间距。将椪柑树改造成树高2.5～3米,树冠开心的树形,将郁闭度控制为0.7～0.8,1亩种植60～70株。②测土配方施肥。按照原国家农业部《测土配方施肥技术规范》要求,椪柑标准园建设围绕"测土、配方、配肥、供肥、施肥指导"五个环节,开展测土配肥和数据库建设等重要工作。③病虫害综合防控。坚持"预防为主，综合防治"的植保方针。以农业和物理防治为基础，生物防治为核心，按病虫害发生规律科学使用化学防治技术，高效控制病虫害。主要采取"三挂一种"即挂频振式太阳能杀虫灯、挂黄板、挂捕食螨，种植保肥、保水、防旱和猪喜食的草。加强椪柑的生产管理，培育健壮树势，增强树体抗病虫害的能力，施行果园冬春两季清园消毒及修剪技术，最大限度地降低病虫基数，降低农药使用量。④桔园补植。对桔园周围荒地和树龄老化、树体衰老、病虫危害严重、无高接换种利用价值的椪柑园进行补植，补植和椪柑错季、市场潜力大的优良品种。

（3）制定和完善确保农产品质量安全的措施。制定农药化肥投入管理、生产档案记录制度，建立基地病虫害监测点，制定和完善产品检测与准出、质量追溯等综合制度，推行先进的科学生产技术，使生产、销售各个环节符合标准要求。

（4）明确经营主体是农民专业合作组织或龙头企业，且拥有自己的品牌。

（二）创建种养生态循环示范区

在示范园内试行"草—猪—沼—果"生态循环种养模式（见图4-5）。泸溪县原种浦市铁骨猪养殖专业合作社在示范园腹地兴建了浦市铁骨猪生态养殖场，并转入养殖场周围的椪柑地的使用权，在转入的椪柑地里套种牧草为养殖场提供饲料来源，养殖场产生的粪污经沼气池厌氧发酵产生沼气和沼肥。其中沼气用于生活用气、照明和提供养殖热能；沼肥为椪柑园和牧草种植提供安全高效的有机肥料和生物农药，可提高椪柑的果质。养殖场每年可产沼肥3100吨，施肥面积达5000亩，其中，扩繁场沼肥经沼液输送管道和沼罐车往上运输给附近椪柑园施肥，育肥分场生产的沼肥从上往下给椪柑园施肥。另外，少部分沼液用于果园套种牧草施肥，既保水改土，又解决了养殖青饲料，整个示范园就形成了"草—猪—沼—果"四位一体的生态循环系统，资源利用率由原来的"零"利用达到90%以上。具体循环模式见图4-5。

项目规划到2015年底建成现代化标准猪舍3500平方米（含1个扩繁场和3个育肥分场），沼气池270立方米，沼肥储藏窖300立方米，疫病防控设施300平方米，配置专业化养殖设备300余套，套种牧草600亩，年预计生产能力达5000头。该养殖场正式运营后，将成为种养生态循环示范区、浦市铁骨猪开发试验基地。

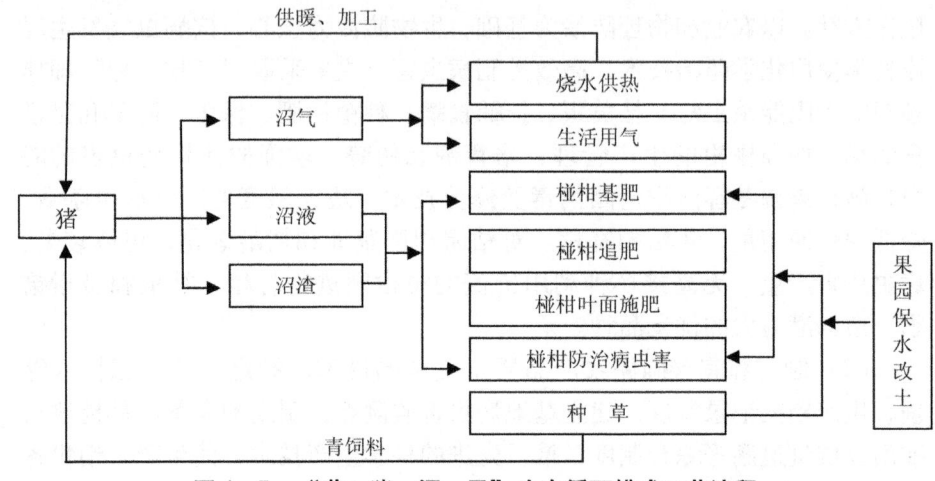

图4-5 "草—猪—沼—果"生态循环模式工艺流程

### (三) 创建精准帮扶实验区

示范园探索委托龙头企业和专业合作社帮扶的产业扶贫新机制,结合精细化扶贫,帮扶精准识别出来的贫困户,通过产业帮扶培育贫困户的"造血"功能。在示范园建设中充分践行和验证"资金跟着穷人走,穷人跟着能人走,穷人、能人跟着项目走,项目跟着市场走"的扶贫资金投入理念。

#### 1. 采取"专业合作社+基地+社员"的经营模式

在政府的精心引导下,果农成立了燕子呦农民专业合作社,实行"七统一分"管理,即统一规划、统一品种、统一采购、统一技术、统一标准、统一品牌、统一销售、按股分红。社员收益由三大块构成:一是享受专业合作社提供的各种服务;二是每年保护价的稳定收益;三是享受年底的第二次股权收益分红。农户入股的方式有两种。一是合作社所有社员均可以椪柑地折价入股。其中,挂果树系数为1,以100%的折价入股;幼树系数为0.6,以60%的折价入股;抛荒树系数为0.2,以20%的折价入股。二是社员中的贫困对象除以椪柑地折价入股外,额外还以财政扶贫资金(2000元/人)入股。年底按照社员所占股份比例分红。

泸溪县原种浦市铁骨猪养殖专业合作社拥有浦市铁骨猪核心场(位于武溪镇)、浦市铁骨猪生态养殖场(位于示范园内)、浦市铁骨猪腊制品加工厂(引进生产加工流水线一条,年加工量可达500吨),实现产品包装上市和网络销售。按照"统一养殖品种、统一养殖模式、统一疫病防控、统一加工销售"的原则,实行"政府扶持、免费供种、分户养殖、统一指导、生态育肥、统一回收、统一加工、统一营销"的运作方式,即合作社负责社员的猪仔生产和供应,并免费给社员中的贫困户发放猪仔。社员按照规定的养殖规程分户饲养。合作社全程提供技术服务,定价回收并组织加工营销,实现合作社和农户双赢。该社2015年给潭溪、武溪两个乡镇投放仔猪600头,支持贫困农户300户1500人发展浦市铁骨猪传统生态养殖。贫困户户均出栏浦市铁骨猪商品肥猪2头,可获纯收入3000元,人均增收600元。

### 2. 采取"龙头企业+种植大户+果农"的经营模式

泸溪县红山椪柑有限责任公司流转贫困户的抛荒地,带动当地的椪柑种植大户,按生态科技园建设标准、要求进行桔园生产管理,年底对果农实行盈利返还。贫困果农的收益主要由三大块构成。一是桔园土地流转费。二是每年年底的第二次分红,即公司从品改园第三年或低改园第二年起,每年年底按每亩椪柑地拿出柑橘产品100公斤的标准(万亩潭溪科技示范园涉及贫困人口6000人,人均2亩椪柑地,据测算,示范园2亩椪柑地的生产成本为7092元,贫困人口以2000元/人的财政扶贫资金入股可占28%的股份,以示范园亩产3500斤椪柑计算,28%的股份即980斤,加上红山公司流转的都是多年抛荒地,考虑到0.2的系数,每亩即100公斤)以当年市场价格折算现金,对贫困户实行二次分红。三是劳务收入。果农一年可在果园里务工90天,按市场价100元/天,每个果农每年可获得劳务收入9000元。算下来,每户贫困果农仅柑橘生产每年可得3万~5万元。

### 3. 在精准扶贫过程中做到公开透明

红山椪柑有限责任公司与委托帮扶的贫困户签订了《产业扶贫委托帮扶协议》,浦市铁骨猪生态养殖场与委托帮扶的贫困户签订了《饲养收购协议》,协议中明确了帮扶主体帮扶的具体内容。将燕子坳柑桔农民专业合作社贫困户所持股份数登记在册,每个贫困户明白自己所持有的股份数。成立了潭溪万亩科技生态示范园监督委员会,全程监督新型经营主体对贫困户的利益分成,确保承诺贫困户的帮扶措施完全落实到位,做到帮扶主体和帮扶对象心中有数、监督到位。

## (四)创建休闲观光农业实验区

潭溪万亩科技示范园位于319国道沿线、峒河两岸,距吉首市和白沙县城仅40分钟的路程，交通十分便利，风景如画。政府对示范园的几百亩荒地进行了整治开发，计划2015年春季根据荒地的山区坡度、坡向特点种植市场潜力较大、遍布四季的时令蔬菜、小水果等新品种，在桔园进场道两边栽种桃花，实现"春有花、夏有果、秋有橘、冬有菜"，加上距此不远的葡萄庄园及农家餐馆的兴起，示范园集采购、休闲、游览和饮食为一体，成为周边县市居民周末休闲度假的好去处，让游客尽情享受摘果、摘菜、赏花、品鱼等田园乐趣，拉动泸溪乡村旅游经济的发展。

同时，潭溪万亩科技示范园覆盖的贫困户通过培训和学习，转变了陈旧的观念，逐步有了勤劳致富、合作互助的思想意识，提升了脱贫致富的内生动力。与此同时，通过精准扶贫实现共同富裕观念深入人心。合作社和一些大户也逐步树立"一个人富不算富，大家共同富才是富"的思想观念。潭溪万亩椪柑科技生态示范园探索的精准扶贫新模式还得到了汪洋副总理的充分认可。2016年，汪洋副总理到泸溪县调研，称赞潭溪万亩椪柑科技生态示范园积极创新的精准扶贫模式，既帮助了企业发展壮大，又带动了贫困群众快速脱贫。下都村、大陂流村、毛坪村、红土溪村、甘溪桥村、且已村、马入田村、小能溪村、松柏潭村9个贫困村在2016—2019年都顺利出列，2023年潭溪镇农民人均纯收入达到13250元，比2014年人均纯收入6520元翻了一倍多。

### 四、凤凰禾库：易地搬迁为贫困群众再建一个幸福的家园

"禾库"，苗语为"天坑""地洞"之意。相传当地有一条遍身金鳞、口衔红宝的五爪长龙，经常兴风作浪，冲毁庄稼，苗民为降伏长龙，不让龙带走宝贝，在附近山上砌一石塔，从此长龙隐身地下，洪水消退，留下一个大洞，禾库因此得名。禾库镇位于凤凰县西北部，距县城49千米，共辖25个村、1个社区，其中深度贫困村有18个，2015年全镇有6572户34700人，其中，苗族33582人、土家族688人、汉族430人。2015年，贫困人口2723户11949人，低保贫困户841户2754人，贫困程度较深。禾库地处腊尔山高寒山区腹心地带，平均海拔在650～830米，最高海拔1083米，最低海拔615米，年平均气温18.1℃，最低气温-10℃左右，最高气温32℃。境内岩溶性地质地形复杂，多高山峡谷、天坑，大多数村寨交通等基础条件落后，社会公共服务发展滞后，村民出行、就医、就学困难。石漠化扩展趋势严峻，干旱半干旱气候突出，土地贫瘠，属于典型的深度贫困山区，是凤凰县精准扶贫攻坚的深水区、硬骨头，禾库地

区群众的搬迁意愿十分强烈。

在国家、省及地方政府的领导下，为解决禾库镇贫困地区人口脱贫和生态环境保护问题，解决居住在偏远地区且分散的贫困人口缺水、缺电、通路和就医、教育等难题，解决贫困人口生存与发展最基本的条件限制问题，使脱贫致富成为可能，凤凰县禾库镇易地扶贫搬迁工程被提出。禾库镇安置区于2017年4月开工。2018年11月，942户4778人全部分得新房。2019年上半年，搬迁户全部欢天喜地入住新房，实现了"农民变工人、村民变居民"的巨大转变。中央电视台、湖南卫视、《湖南日报》多次报道禾库镇安置区的相关工作。2019年，湖南省易地扶贫搬迁现场会在禾库镇召开。禾库镇安置区于2020年11月19日入选全国易地扶贫搬迁典型案例榜单，并获评"美丽搬迁安置区"（见图4-6）。

图4-6 湘西州凤凰县禾库镇安置区苗民群众搬新家（凤凰县政府提供）

（一）再建一个新镇，集中安置贫困苗民

禾库镇安置区位于凤凰县西北部禾库镇老镇区西南，距县城49千米，安置区总投资5.9亿元，住房建筑面积达12.7万平方米，配套建筑面积2万平方米，用地面积599亩，用地红线长为1470.5米。建成"一户一宅"独栋安置住房746栋（见图4-7），小高楼六层楼房安置住房10栋，相当于新建一个禾库小镇。共安置建档立卡贫困户942户4778人，涉及禾库镇、两林乡、腊尔山镇3个乡镇。其中，安置户的585户2997人来自叭仁村、芭科村、帮增村、茶寨村、德榜村、夯来村、禾苗村、禾排村、吉乐村、科甲村、龙角村、米良村、米坨村、排门村、盘干村、天星寨、早齐村、追屯村18个深度贫困村。安置人口全部为苗族群众，禾库易地搬迁项目是全省安置贫困苗族群众最多的易地搬迁项目，对带动湘西州最贫困高寒山区——腊尔山片区的发展，促进民族团结，带领苗族贫困同胞与全国人民同步实现小康意义重大。

图4-7　湘西州凤凰县禾库镇安置区（凤凰县政府提供）

（二）建筑群融入民族文化，安置区功能配套齐全

整个安置区依山而建，群山围绕。建筑群统一规划，统一设计，统一施工。规划设计充分融合湘西苗族文化、苗族建筑等独特而古朴的民族元素。房屋建造采用原木、青石块等传统建筑材料，构图原始而质朴，轮廓分明细腻，黄墙青瓦、飞檐斗拱，房屋错落有致，随地形高低起伏，同时融入"城、街、院、楼、景"等元素，自然形成"一房一街一景"，再现了一个民族风情浓郁、清新脱俗的苗族建筑群——"千户苗寨"。同时，整个安置区功能配套完善：一是配套建设供水、排洪、排污等给排水管网，强弱电、路网等基础设施；二是配套建设幼儿园、卫生院、社区服务中心、文化广场、停车场等公共服务设施；三是配套建设市场、菜地、超市等生产生活设施。

（三）强化后续帮扶，实施"六个一"帮扶计划

为了实现"搬得出、稳得住、能致富"的目标要求，凤凰县首先摸清禾库镇安置区搬迁户的基本情况。按照"一户一档、一人一策"的原则，对禾库镇安置区搬迁户的家庭人口、土地资源、家畜家禽、入学教育、产业发展等23项情况进行全面调查摸底。并实施以"六个一"为主要内容的后续帮扶计划。"六个一"即"一户一人就业、一块菜地、一亩漆树、一亩油桐、一亩青皮豆、一头黄牛"。通过引进劳动力密集型企业——凤凰同康民族服饰有限公司，签约湖南泰美现代农业集团股份有限公司（简称"泰美公司"），发展禾库豆腐豆芽厂、苗绣厂、生活超市等一批镇办

企业，设置护林、助残、安保、保洁公益性岗位等多种途径为搬迁户就近提供就业岗位1010个，实现了"一户一人就业"。同时，还引导有条件的搬迁户外出务工、就地创业，每年组织各类技能培训6个班近1000人次，常年外出务工人员700名左右，开办早餐店、夜宵摊、日用品、米酒、电器等小卖部11家。为了解决搬迁户吃菜问题，凤凰县在禾库镇安置区北侧500米处流转200亩土地作为搬迁户保障性菜地，配套生产、道路、灌溉等设施。搬迁户可选择以原有承包土地等面积置换或者低价租用（20元/年/分）方式获得菜地，菜地荒废1年以上的，无条件收回，实现了"一户一块菜地"。通过扶持当地企业包括湖南泰美公司、湖南青禾畜牧业有限公司（简称"青禾公司"）、禾库传统豆制品加工厂，积极探索"公司+合作社+搬迁户"的帮扶模式和产业托管模式，实现了"一户一亩漆树、一亩油桐、一亩青皮豆"的目标。2018年和2019年，搬迁户仅在油桐、漆树、黄牛等项目中就提前获得分红，人均分别为247元、404元；托管项目实施后，人均分红达880元。除此之外，搬迁户有保留价值的旧房由凤凰铭城建设投资有限公司进行保护性开发，发展乡村旅游，该公司与村集体签订旅游开发协议，搬迁户每年享有原村寨乡村旅游开发分红500元以上。通过系列后续帮扶措施，最终确保搬迁户"产业保得住、收入能稳定、生活有保障"。

（四）旅游资源丰富，发展前景广阔

禾库镇安置区所在地禾库镇是一个苗族文化浓郁、旅游资源丰富的高寒山区。一是具有保存完整的原生态苗舞、苗银、苗绣、苗歌等少数民族文化资源。二是拥有屯粮山国家地质公园、天星山国家地质公园、叭高咱大峡谷、九龙沟峡谷等丰富旅游资源。景区内怪石林立、危崖陡耸、溶洞幽深、流泉飞瀑、悬崖峭壁、藤萝密布，景色宜人。三是拥有独特的高寒山区气候。禾库镇平均海拔800米左右，年平均气温18.1℃，最低气温-10℃左右，最高气温32℃，昼夜温差大，盛产烟叶、优质大米、湘西黄牛和高山反季节蔬菜。禾库镇安置区规划植入了银饰锻造工艺、民宿美食、民俗表演、山区文化等特色资源，同步建设安置区与天星山地质公园景区连接的旅游"快进"系统、贯穿安置区连接凤凰县至吉首的352国道。安置区成为湘西州府吉首市的"后花园"，武陵山区易地扶贫搬迁特色小镇。湘西州通过易地搬迁扶贫后续产业的带动和安置区特色小镇建设，加快湘西地质公园天星山景区、尖朵朵瀑布、九龙沟等景点开发和原生红苗文化的挖掘展示，利用352国道将禾库镇融入州府吉首市半小时经济圈，打造凤凰农村产业融合发展示范园和"旅游北线集散地",呼应凤凰古城、德夯、茶峒、十八洞等,建成湘西州苗族文化旅游精品线上的一颗明珠。

综上所述,禾库易地搬迁是解决"一方水土养不起一方人"的有效途径,顺应了广大贫困群众挪穷窝的强烈愿望。禾库镇安置区做足了"搬得出、稳得住、能致富"的九字文章。在"搬得出"上,禾库镇全盘规划设计,搬出了穷山窝,实现了全省贫困苗族同胞最大规模的易地搬迁。在"稳得住"上,整个安置区配套了功能完善的基础设施,确保水、电、路、信息通畅,通过培育本地企业,引进劳动密集型环保企业,实现了搬迁户的就近就业。在"能致富"上,安置区以户为单位,精细管理、精准致富,因户制宜,为每家每户谋划了满足供应的菜地、满足增收的产业、满足就业的岗位,为苗族贫困群众再建了一个幸福美丽的家园。

## 五、永顺小溪:生态保护可与脱贫致富同行

武陵山片区作为国家生态安全核心区,如何使生态与经济效益最大化,将生态建设与扶贫攻坚有机结合,是值得探索的重大课题。笔者十年间两次深入永顺县小溪国家自然保护区(简称"小溪")对此展开专题调研。第一次调研是在2012年12月上旬,在那次调研中,我们深刻感受到小溪国家自然保护区的美丽与贫困如影随形,笔者为此撰写了《好生态好贫困何时休——来自小溪国家自然保护区的报告》(刊发于《扶贫开发》2013年第2期)。第二次调研是在2023年12月底,经历了脱贫攻坚战役洗礼的小溪国家自然保护区美丽依旧,并且摆脱了贫困的束缚。美丽而充满魅力的小溪国家自然保护区(见图4-8),向世人生动诠释了绿水青山就是金山银山,生态保护与经济发展也可以"比翼双飞"!

### (一)小溪的魅力世界唯一

小溪国家级自然保护区位于湘西州永顺县东南部,地处云贵高原东缘的武陵山脉中段。最低海拔169米,最高海拔1327米,总面积248平方千米,其中核心保护区61.33平方千米。它的神秘和魅力在于它拥有丰富的生物多样性和独特的生态系统。

小溪是世界神奇之地。1982年,中国科学院资深院士、昆明植物研究所所长吴征镒先生率科考队来小溪考察,称小溪为"中国免遭第四纪冰川侵袭而唯一幸存的低海拔常绿阔叶原始次生林"。区系研究表明,小溪具有14个分布区类型,其热带成分大于温带成分,是一个能同时容纳

图4-8 湘西州永顺县小溪国家自然保护区（余家英提供，后同）

南亚热带、亚热带和北温带多个区系植物生长的奇特之地。在地球的同纬度地带，往西是西非的茫茫沙漠，向东是北美的稀树草原，只在中国大陆还有森林存在；而中国的其他低海拔地区，都成为人类居住区和农耕地，只有小溪在这个海拔还保留有天然的常绿阔叶林。漫步在葱葱郁郁的亚热带常绿阔叶林中，时而会惊奇地发现森林具有热带雨林的雏形：有树干上结果的茎花植物糙叶榕，有树高达40多米基部有板根支撑的翅荚木，有浑身挂满气生根的广东蛇葡萄，有林中绞杀藤本凹叶瓜馥木等南亚热带植物，它们和一根多枝、主干繁多、有"独木成林"雅称的短尾鹅耳枥这类北温带植物和谐相处，不由得让人产生身在何处的迷茫。

小溪是动植物的王国。据不完全统计，小溪拥有维管束植物222科，947属，2702种，有国家一级保护植物珙桐、落叶木莲、南方红豆杉、伯乐树、银杏5种，国家二级保护植物银鹊树、黄杉等43种。小溪还是无节良材楠木之乡，拥有细叶楠、闽楠、湘楠、利川楠等樟科植物27种；兰科植物全被列入国际濒危植物禁止贸易公约而成为国家保护物种，小溪有兰科植物45种，其中不乏珍贵的春兰、寒兰观赏品种；在净化空气和水体中起重要作用的苔藓植物，小溪有164种。

小溪的动物也同样具有多样性。初步调查有陆生脊椎动物70科、208种，昆虫144科，线虫类16种，有金钱豹、云豹、白颈长尾雉等国家一级、二级保护动物36种。郁闭度大、空气湿度高是小溪常绿阔叶林的固有特征，在幽幽的林下和布满苔藓的树干上生长着300多种菌类，包括能医治尿毒症的白耙齿菌，一朵菌子相当于72个鸡蛋营养价值的羊肚菌等珍稀菌类。

小溪是特有物种的家园。小溪拥有众多的古老孑遗物种，包括银杏、黄杉、红豆杉和珙桐等这些亿万年以前就存在的濒危物种。落叶木莲是20世纪末中国植物学家在江西宜春发现的孑遗物种，在其发现地宜春仅有2株大树，而在小溪，落叶木莲分布面积多达200公顷。国家二级保护树种巴东木莲，因其发现地湖北省巴东县而得名，在巴东却只有7株，它虽在湖南、湖北有多个分布点，但大都呈零星分布，唯有在小溪呈群落分布。小溪的常绿阔叶林有它的特有物种，湘西石栎、湘西青冈群落就曾吸引日本植物学家、国际植被学会副会长藤原一惠来此进行样方调查。1986年，中科院科考队在小溪发现永顺堇叶芥、永顺楼梯草等6个新种。到目前为止，小溪还没有进行植物生物资源系统详查，还会有更多的动植物新物种等着我们去探索和发现。

小溪是梦幻般的人间仙境。在小溪，一般每立方毫米拥有1.2万个富氧离子，而在玉泉溪、茶园溪等溪流的瀑布下，局部地区最高可达每立方毫米2万个富氧离子。在小溪，溪水是晶莹剔透的水晶（见图4-9），水下散落在青石板上的沙石粒粒可数，嬉戏的鱼儿条条可见。在小溪，夏日的夜晚，满山遍野成群成片的萤火虫与满天繁星交相辉映。在小溪，参天古树比比皆是，有2人围以上的杉树王，有7人围以上的银杏王，还有蕊黄花白、白日羞羞答答开花、夜间静悄悄闭合的黄心夜合，它也是目前所知的中国木兰树王。小溪因为空气清新、溪水清清、万物有灵，特别适宜人类居住。全乡拥有20多个百岁老人，杉木村105岁的鲁黄氏常念叨山上的野菜能解决任何病痛。

图4-9 小溪国家自然保护区风景

(二) 小溪的贫困触目惊心

小溪超凡脱俗的美让人叹为观止，然而撩开这层美丽的面纱，我们同样惊讶地发现，保护小溪的守护神们，那些祖祖辈辈生活在这片森林里的村民却处于极度贫困之中。

(1) 村民收入低下，温饱问题尚未解决。2011年，小溪乡共有11个行政村88个村民小组，2450户8326人。当年村民人均纯收入只有1308元，仅为全国、全省和全州平均水平的19.5%、19.9%和35.6%，分别比全国、全省和全州低5398元、5258元和2366元，是全省重点贫困乡镇之一。小溪乡有3508人领取居民最低生活保障，占总人口数的42%，村民收入主要来源于外出打工的微薄收入和每年395元的生态公益林补助金。然而除去需要缴纳的农村养老保险金（100元/年）和医疗保险金（60元/年），村民所剩无几，难以维持生存。近一半的稻田因亩产低或无劳力耕种而抛荒，大约有1/3的人粮食不够吃，许多家庭基本上一个星期才吃上一顿荤菜。家庭收入中用来购买食物支出所占的比例比较大，恩格尔系数高达77%，比湘西州高出17个百分点。

(2) 村民居住条件恶劣，房屋不能避寒。小溪乡没通路的村平均70%的房子都是危房，我们前往的雨阳村河山洞组，仅有的7户人家都住在危房之中，这些房屋都经历了几十年的风雨和虫蛀，杉树皮做的屋顶早已腐烂不堪。鲁家村的猪栏、牛栏全是通天歪斜的，95%的农户住房都是危房，家家户户都用薄膜遮盖房顶和通风之处，下雨时，桶、盆、碗、杯子等凡是能装东西的都被拿出来接水，棉被则用两层薄膜来回包裹。

(3) 村寨道路不通，村民生活生产极其困难。永顺县没通公路的村都集中在小溪乡，2011年底小溪乡还有7个村没有通公路，是全省唯一一个还有那么多村没有通公路的乡镇。道路不通严重影响了村民的生产生活。

因为路不通，村民出行成了一大难题。许多没有通路的村基本上到处都是60度左右的上下坡，为了防滑，一排排树都用野藤子连起来，要行走在这种陡峭的小道上而不摔跤，就得像野猴一样上下攀藤晃荡。

因为路不通，村村都是产业空白村。道路不通，无法发展生产。一些村的马铃薯和生姜运不出去，只能用来喂猪。屠夫们甚至不愿到这些没有通路的村寨去调猪。鲁家村拥有2000多亩板栗、360亩稻田和一个2000多亩的人工林，因为不通路，这些"金子"成了换不了钱的石头，村民守着这些"金子"穷白了头。就板栗这一项来说，全村357人2000多亩板栗，人均4亩板栗，如果通路的话，按照3元/斤的市场价，村民每亩能增收1800元，4亩收入便是7200元，而由于路不通，板栗全烂在地上。村民们经常是听着外乡的车来车往声，看着烂在地上的成片板栗无可奈何。

因为路不通，村民用电饮水受到严重影响。遇到大风、大雪，木桩做的电线杆容易折断，水管容易炸裂。路不通增加了维修的成本，贫困潦倒的村民没有钱维修，只有干熬着、苦等着，一些村经常一停电就是几个月。2000年，曾在雨阳村河山洞组做过知青的省水利厅厅长帮助该组解决了饮水入户的问题。而2008年的一场大雪，冻裂了所有的饮水管，几年来村民只能喝小沟的水。没通路的村几乎都存在着"有好水源却喝不到好水"的问题。

因为路不通，修房补院的成本特别高。水泥在外面卖，100斤只需23元，可运到像雨阳村、尚家村等没有通路的山村就上涨到100斤60元的价格，搬运费比本钱还贵。

因为路不通，村民难闯生死鬼门关。道路不通往往会贻误危急病人的最佳抢救时机，导致病人在漫长崎岖的山道间咽气。这样的悲剧时有发生。如小溪村万家洞组的宋贺英难产，离村子最近的沅陵医院需步行4～5个小时，一路上产妇的惨叫声响彻山谷，悬崖陡壁上的点点血迹让人无助，孩子就夭折在峡谷中。67岁的田启仁，到山上看养的蜜蜂桶时被五步蛇咬了，抬到桐坡屋下就断了气。近三年来（2009—2012年），仅尚家村、郊溪村和鲁家村的村民因突发疾病、难产或是被毒蛇所咬，得不到及时抢救而惨死在途中的就有10人。图4-10为笔者在小溪国家自然保护区向村民了解情况。

图4-10　笔者（左1）在小溪国家自然保护区向村民了解情况

### (三) 保护与生存的矛盾尖锐

与小溪美丽和贫困如影随形的是自然保护区的保护与村民生存之间的矛盾。鉴于小溪的特殊价值,为保护好千百万年来地质气候孕育而成的森林资源生态,小溪采用了法律法规、村规民约等正式制度和非正式制度来约束和规范村民的行为。这恰是一把双刃剑,在保护自然保护区的同时损害了生活在这片森林之中的村民的基本利益,引发了一系列现实矛盾。

一是禁止砍伐与村民改善居住条件的矛盾。自然保护区内禁止砍伐、剥树皮等行为,就意味着生活在林中的村民房子漏了、坏了,不能像过去那样就地取材来维修,贫困潦倒的村民需要花钱买薄膜凑合着应付一下。

二是禁止狩猎与村民改善生活条件的矛盾。自然保护区内禁止狩猎、采药、采脂、掘根、挖笋、捕捞鱼虾等,导致村民们不能靠山吃山。自然保护区成立前,村民们还能捉几条毒蛇、几个蟒蟒、逮几个野鸡卖点钱,挖点儿笋、捞几条鱼卖几个钱,后来都成了一种奢望。

三是禁止砍伐与村民吃不饱的矛盾。小溪实有稻田 5707.35 亩,每户平均耕地 2.3 亩,换成在其他非保护区,这足以满足每家每户的基本粮食需求。而在小溪,大多数稻田都是山沟两叉的冷浸田,一些稻田缺水,需搭竹管引溪水;一些稻田两边杂草丛生、树木茂盛,枝繁叶茂的枝条经常遮住阳光。林木禁伐、不准烧田坎的禁令导致稻田缺水少阳的困境无法破解,亩产粮食只有 200~300 斤,种粮没有什么收益,田地的抛荒与缺粮少米便成了自然而然的事情。

四是维护生态系统的完整性与村民渴求通路的矛盾。为遵循森林生长的自然规律,避免修路造成对林木根系和原始生态系统的破坏和损伤,是 2012 年小溪乡还有 7 个村没有通路的关键所在。而解决通路问题又是小溪老百姓日思夜想的渴求。61 岁的尚家村村支书田景皓感慨道:"不通路,我们村的贫困和艰辛永远不会改变。"在调查过程中我们深切感受到,不通路挑战了广大老百姓的生存底线,是导致他们近十年来生活水平没有提高反而下降的关键因素。同时,位于自然保护区核心区的小溪村、毛坪村等村寨,因通了路而成为小溪乡交通文化中心地带,导致生活在没有通路缓冲区的村民反而向核心地区搬迁,这一现象违背了自然保护区基本保护原则。

五是加强保护管理与维护村民基本利益的矛盾。在小溪,党委书记是自然保护区管理局局长,党委书记、乡长和村支书、村主任等基层干部既承担着加强自然保护区的保护管理任务,又担负着维护村民基本利益的基本职责。调研中我们发现,基层干部都觉得在当时状况下很难实现两项工作的统筹兼顾。许多村支书感慨道:"作为一村之长,看着穷困的老百姓住在通风漏雨的房子里,翻山越岭几十里去买粮,心里真不是滋味。"

六是村民爱林护林与提高生活水平的心理矛盾。在调研中我们发现,这里的村民淳朴而善良,因为护林而导致生活水准下降,心情也很复杂、很无奈。当问及"你们守着一片林子,却住在处处漏雨的房子里,除法律约束外心里还想护这片林吗"时,他们的回答令人心酸和心痛:"靠山吃山,靠水吃水,现在我们住在这个山上,天天看着这片林子,却不能砍一棵树来盖房或是搭竹管引水,也不能捕捉一只野兽卖点钱,心里很难受,但是祖祖辈辈生活在这片林中,我们还是愿意保护它们的。现在期盼着想过得好些,却不知怎么做才好。"

七是发展旅游业与自然保护区功能定位的矛盾。小溪虽定位为生态旅游地区,但考虑到是自然保护区,不适宜大规模游客涌入,因而没有列入州县重点景点圈建设范围。在旅游建设资金投入方面也显得相对薄弱。截至2011年底,仅建成窄小公路50余千米,游道25千米,防火道近50千米。如此,小溪既不是完善的生态旅游区,也不是纯粹的自然保护区,与这两个定位存在着巨大的差距。前些年曾收过门票,后来由于旅游基础设施滞后出现过一次事故,此后再也没有收过门票,造成了现在游客无序进入和管理滞后的状况。

以保护和生存为核心的众多矛盾的相伴相生表明了小溪的保护是以老百姓贫困为代价的。各种约束和规范剥夺了村民从森林资源获取生存所需生产生活资料的基本权利,打破了村民千百年来靠山吃山、靠水吃水的传统生活模式,导致村民生存的空间狭小,生活水平下降。2003年在这里当过乡党委副书记,如今又回到这里任乡镇人大主席的王熙刚同志随我们走访了雨阳村,他不由得感叹:"8年前的雨阳村比现在的雨阳村要富、要美、要有生气。"

(四)构建保护与脱贫共赢的局面

2013年,习近平总书记在湘西州十八洞村提出精准扶贫后,精准扶贫工作成为全州的重点工作和头号工程,湘西州集全州之力攻克贫困堡垒。小溪国家自然保护区的贫困村民成为关注和扶持的重点人群,政府采取了一系列有效措施给予帮扶。

一是鼓励小溪国家自然保护区的居民搬迁出去,在适宜生产生活的新区安居乐业。截至2023年底,共有异地搬迁户1125户4305人,占总人口的41%；有移民搬迁户60户182人，占总人口的2%；自主购房搬迁户835户2624人，占总人口的30%。现仍居住在原小溪片区未搬迁农户还有681户1981人，占总人口的25%。

二是大力发展蜜蜂养殖产业。鼓励支持现有村民大力发展养蜂产业，现有蜂桶约4000桶，桶均产出蜂蜜15斤，每斤100元，年产值600万元左右。

三是扩大低保覆盖面。针对小溪国家自然保护区村民普遍贫困的现状，提升低保享受对象的比例，对现仍留在村里的农户基本实现了低保户全覆盖，确保低保户政策应享尽享。

四是设立和创建一批公益性岗位。加强森林管护和村寨治理，并为此设立了227个公益性岗位。其中，护林员109个，保洁员76个，管水员10个，村级自主开发各类管理管护岗位32个。

五是保护性开发旅游产业。暑期接待游客量1万~2万人次，人均消费800元。旅游收入最多的1户年增加收入10万余元。

六是开展房屋鉴定与改造，改善村民的生活条件。全面开展房屋鉴定，对鉴定为C、D级的危房进行改造；解决安全饮水问题，实现自来水全部通到户。

2023年，小溪国家自然保护区的村民人均纯收入8756元，比2011年的1308元翻了将近7倍。可见，在各级政府的高度重视和大力支持下，脱贫攻坚战略取得了重大胜利，神奇美丽的小溪不再与贫困相伴相生，不再让人视角美、心中悲，更多的是令人赏心悦目，流连忘返。守护这片原始次森林的村民和全国其他地方老百姓一样，走上了脱贫致富的康庄大道。

同时，我们也要深刻意识到，小溪作为全球仅有的200个生物圈之一，全国267个国家自然保护区之一，加上它众多的唯一性和物种特有性，它注定不仅是湘西州，更是全国甚至全球宝贵的绿色基因库，世人将从中受益。按照谁受益谁保护的基本原则，尤其在国际上遵循可持续发展、推行碳汇交易，我国大力推进生态文明建设的今天，小溪的保护不仅仅是小溪村民的责任，也是全国甚至全球的责任和义务。笔者建议组织相关专家对小溪进行一次生物资源的详查，对小溪的生物环境资源进行一次系统的详查，摸清小溪的家底，以正确评估小溪的价值，进一步引起国家和世界的重视。在此基础上加入联合国人与生物圈自然保护区，把小溪建成全球同纬度低海拔的物种基因库。

## 六、凤凰腊尔山贫困片区：十年扶贫破茧成蝶

腊尔山片区位于凤凰县西北部，海拔在 830 米至 1117 米之间，属于典型的中山台地地形地貌。由于地处偏远，交通不便，经济落后，腊尔山片区被称为湘西州和凤凰县的"西伯利亚"。2010 年，腊尔山片区下辖腊尔山镇、两林乡、禾库镇、柳薄乡和米良乡 5 个乡镇，65 个行政村 374 个村民小组，12613 户 5.64 万人，苗族人口占 98% 以上，其中，年人均纯收入低于 1196 元的贫困户 7111 户 3.1 万人，占总人口数的 54.96%，贫困覆盖面广，贫困程度触目惊心。2018 年后，湘西州撤乡并镇，禾库镇、柳薄乡和米良乡 3 个乡镇合并为禾库镇，腊尔山片区改辖腊尔山镇、禾库镇、两林乡 3 个乡镇 52 个村 1 个社区 6.5 万人。2011 年，湖南省委、省政府将腊尔山片区作为省少数民族高寒山区扶贫开发试点县重点扶持。2013 年，习近平总书记在湘西州考察后首次提出精准扶贫战略思想。自此，精准脱贫成为湘西州农村工作的主旋律，腊尔山片区更是成为重点攻克的堡垒和倾情帮扶的对象。通过 10 年艰辛扶贫，腊尔山片区脱贫攻坚取得显著的成效，贫困群众破茧成蝶，摆脱了贫困的桎梏，勇敢地迈向富裕幸福的新生活。笔者有幸在 2010 年参与省财政厅副厅长组织的腊尔山贫困调研活动，目睹了腊尔山片区的贫困，深受触动，为此撰写了一篇调研报告《民族地区高寒山区扶贫开发的思考——以湘西自治州凤凰腊尔山区为例》（刊发于《扶贫开发》2011 年第 1 期）。更巧合的是，2016 年，笔者又调到凤凰县任分管扶贫和农业农村工作的副县长，亲历了腊尔山片区的脱贫攻坚战役，见证了腊尔山片区的魅力蜕变和华丽转身。

### （一）腊尔山片区十年变化概况比较

**1. 农民收入及生活状况的大幅提升**

2009 年，腊尔山片区农户人均纯收入为 1077 元，仅为湘西州农民人均纯收入的 37.68%、湖南省农民纯收入的 21.93%，是全省贫困程度最深的地区。绝大多数农户过着艰苦的生活，通常是肩扛一小袋粮食翻越几十里的山路卖掉换钱，再用换来的钱买盐、油等物资，家庭收入中用来购买食物的支出所占的比例较大，恩格尔系数高达到 75%，比湘西州高 15.5 个百分点。农户人均肉蛋消耗量仅为 0.1 千克，一些贫困户一年到头难得吃上几顿肉。人均占有粮食约 250 千克，仅有 1/3 的人有粮吃并有余粮，还有约 1/3 的人粮食不够吃。2020 年，腊尔山片区农户人均纯收入为

9887元，恩格尔系数降至30%，农民生活相对富裕，人均占有粮食450千克，基本一周能吃上3顿肉，还常配有高山反季蔬菜。十年前那种"不喜种菜，自家吃的蔬菜都要到镇里赶集去买，仅有三子产业（即谷子、豆子、苞谷子）"的吃菜窘境一去不复返。

### 2. 贫困群众居住条件的彻底改变

腊尔山片区苗乡山寨的村民居住的房屋基本上是茅草房、岩板房、木板房以及牛粪和泥土建成的竹篱房。由于年久失修、白蚁噬蚀、地质滑坡、自然灾害等，部分房屋已经坍塌，多数民房已成严重危房，时刻威胁广大村民的生命和财产安全。统计资料显示，2009年腊尔山片区需要改造的房屋数有4648户，涉及17728人，占总人口数的31.38%。其中，无房户有1250户，涉及5050人。具体情况见表4-1。这里的无房户包括兄弟婚后没分家、几代同屋的困难户。在腊尔山片区贫困户家中通常可以看见这样的场景：千疮百孔的一大通间竹篱房里仅摆了几张常年挂着黑蚊帐的床，床的数量代表没分家兄弟的户数。新中国成立前这样的居住是为了防匪，而如今更多的是为了避寒和遮羞，甚至在部分特困户家里还能看见人畜混居的情景。从村调查的实际情况来看，拉仁村倾斜将倒房有16户，通风漏雨房有40户，兄弟没分家、几代同屋有12户，共63户急需改造房屋，占全村总户数的43%。大教村无房户有2户，1户搭别人住烤房，1户被迫出去打工。通风漏雨房有32户，兄弟婚后没分家、几代同屋的人有12户，倾斜将倒房有4户，合计50户急需改造房屋，占全村总户数的36%。腊尔山片区不仅农户的居住条件恶劣，甚至许多镇政府干部宿舍破旧，漏水严重，住宿也存在着一系列的问题。通过少数民族高寒山区扶贫开发试点县的重点帮扶和精准脱贫的扶持，截至2020年，政府在腊尔山台地建设了5个易地搬迁集中安置点，搬迁安置了1191户5992人贫困群众；开展危房改造5265栋，并对达不到C级的农村局部危房实施换墙行动。腊尔山片区的贫困苗民同胞彻底摆脱了恶劣的居住境地，住进了宽敞明亮的大瓦房和交通便利的小楼房。

表4-1 2009年腊尔山片区农村无房或危房情况

| 乡镇名称 | 需改造户数 | 其中 | | | |
|---|---|---|---|---|---|
| | | 无房户数 | 无房人口数 | 危房户数 | 危房人口数 |
| 腊尔山镇 | 1223 | 223 | 1140 | 1000 | 4296 |
| 禾库镇 | 1164 | 279 | 1118 | 885 | 2562 |

续上表

| 乡镇名称 | 需改造户数 | 其中 | | | |
|---|---|---|---|---|---|
| | | 无房户数 | 无房人口数 | 危房户数 | 危房人口数 |
| 两林乡 | 1009 | 337 | 1271 | 672 | 2192 |
| 柳薄乡 | 629 | 116 | 434 | 513 | 2010 |
| 米良乡 | 623 | 295 | 1087 | 328 | 1618 |
| 合计 | 4648 | 1250 | 5050 | 3398 | 12678 |

数据来源：凤凰县民政局。

### 3. 基础设施的完全改善

2009年，腊尔山片区基础设施建设滞后，水、电、路等基础设施不完善，难以承担产业建设的重任。经过十年的扶贫，2020年，腊尔山片区的基础设施得到彻底改善，6.5万名苗族同胞彻底告别肩挑背驮、天旱断饮、经常停电、信息闭塞的历史，过上了理想的生活。

（1）路况："三选一靠"路变宽敞的大马路。2010年，腊尔山片区外出仅靠山江至腊尔山、三拱桥至禾库两条低等级公路，有5个村的村部没有通简易公路，共有21千米，涉及4060个村民，具体情况见表4-2。苗家山寨的行政村由多个自然寨和村民小组组成，但只有一个村部。当时，除了村部，还有57个自然寨和75个村民小组未通公路，共129千米，产业基地机耕道通达率不足30%。具体情况见表4-3。从道路通达的情况来看，路确实通了，但通达的情况令人心酸，全是清一色的毛坯路，又烂又窄，下雨天，道路泥泞，根本无法行走。若是两辆车相遇，则难以通行，戏称"三选一靠"路，"三选"指"选人、选天、选司机"，"一靠"指靠运气。截至2020年底，腊尔山台地"两镇一乡"共建成村组公路182条454千米，完成了61个村234条557千米的机耕道建设，基本实现了村组公路通达率和产业基地机耕道通达率100%，县城至禾库的旅游公路、352国道部分贯通，宽敞的大马路纵横交错，外通内畅的交通网络完全形成。

表4-2 2010年腊尔山片区行政村村部未通公路情况

| 乡镇名称 | 村名 | 人口数 | 起点到站点 | 总里程（千米） |
|---|---|---|---|---|
| 禾库镇 | 禾苗 | 983 | 平尚—桃花 | 4 |
| | 俄力 | 856 | 俄力—雀儿 | 3 |

续上表

| 乡镇名称 | 村名 | 人口数 | 起点到站点 | 总里程（千米） |
|---|---|---|---|---|
| 米良乡 | 芭科 | 748 | 粮店—都见 | 2 |
| | 夯来 | 650 | 乡道—夯来 | 5 |
| | 吉乐 | 823 | 米良—吉乐 | 7 |
| 合计 | | 4060 | | 21 |

数据来源：据凤凰腊尔山片区各乡镇的资料收集整理。

表4-3　2010年腊尔山片区自然寨、村民小组未通公路情况

| 未通公路的村寨及里程 | 整个腊尔山片区 | 禾库镇 | 两林乡 | 柳薄乡 | 腊尔山镇 | 米良乡 |
|---|---|---|---|---|---|---|
| 未通公路的自然寨（个） | 57 | 14 | 15 | 6 | 15 | 5 |
| 未通公路的村民小组（个） | 75 | 18 | 20 | 10 | 19 | 8 |
| 里程（千米） | 129 | 37 | 23 | 12 | 29 | 28 |

数据来源：据凤凰腊尔山片区各乡镇的资料收集整理。

（2）电况：由不稳价高电变稳定便宜电。整个腊尔山片区还没有进行农网改造，仅靠当地小型水电站发电，供电系统不稳定，供电线路老化，供电价格昂贵，最低价是1元/度，最高价达到3元/度，常年用电无保障。基于腊尔山台地小电站供电的历史原因，群众戏称腊尔山片区"五怕"，即怕雨、怕风、怕雷、怕旱、怕冻。2020年，全境实现农网改造率100%，电视、网络、通信信号村组覆盖率99%，农网电费降到0.58元/度，彻底告别了"五怕"历史。

（3）水况：由远距离挑水变自来水进家。腊尔山片区属于石灰岩地区，地下溶洞较多，难以聚集地下水，单位面积水源稀少，村民取水距离远。同时，这种喀斯特地貌也导致地下水位较深，若要取水，需钻80～120米的深井，取水成本较高。2010年，腊尔山片区65个村的农田仅有0.5万亩能实现旱涝保收，28个村仍存在缺水、饮用不洁净水现象，占村总数的43.1%。如拉仁村2个自然寨7个组只有3口水井，干旱一个多月后就要到4～5里路外的贵州去挑水。政府为解决腊尔山台地"水在地下流、人在地上愁"的干旱缺水问题，先后投入资金近亿元，完成了天星水

库、火草坪水库、叭果咱水库、夯卡水库、夯来水库等小型水库维修,完成了重要水源大小坪水库及灌渠维修,修建了乌巢河水库。引进首创集团实施PPP项目,对集镇和重点村寨供水管网及水厂改造升级,供水质量大幅度提升。同时,聘请专家、发动群众广泛寻找水源,兴修"五小"水利工程。截至2020年,腊尔山片区完成农村人畜安全饮水工程95处,安全饮水工程完成率达99%,形成"大缸蓄水""小碗盛水"和管渠直达的腊尔山片区特色用水保障格局。

### 4. 产业发展的日新月异

2008年6月,凤凰县被列为国家"整合资源、整村推进、连片开发"扶贫湖南地区唯一试点县,投入1000万元专项资金用于腊尔山、禾库、两林、柳薄4个乡镇的贫困乡村集中连片试点开发项目。2010年,凤凰县在腊尔山地区启动德援项目,总投资达6200万元,分5年投入腊尔山地区5个乡镇,大力扶持优势产业。2010年,腊尔山地区产业开发面积达35711亩,其中,梨子15106亩,枣子5960亩,金银花10353亩。猕猴桃3255亩,其他水果1037亩,产业开发虽然开始起步,但仍存在以下突出问题:一是产业建设薄弱,带动农户致富人员较少。2010年腊尔山片区还存在36个产业空白村,占村总数的55.38%。二是基础设施建设薄弱,难以支撑产业发展。三是缺乏种植规划,贫困户参与度不高。

精准脱贫期间,凤凰县委、县政府坚持把发展产业作为精准扶贫、精准脱贫的根本支撑来抓,以市场为导向,采取"公司+合作社+基地+农户"的模式,因地制宜地发展产业,带动群众稳定增收。

一是特色产业稳中有增。以前腊尔山片区的村民没有种植蔬菜的习惯,仅有"三子"(即谷子、豆子、苞谷子)产业,产量低,规模小。截至2020年底,腊尔山片区形成了稻、烟、菜、果、养五大特色产业体系,建成绿色生态优质稻基地1.2万亩,稻鱼共生1万亩,烟叶稳定在1.3万亩,蔬菜基地增加到5300亩,金银花1.5万亩,猕猴桃5000亩,瓜蒌2.1万亩。依托泰美公司和青禾公司,养殖湘西黄牛1610头,猪、牛、羊三大牲畜饲养量占全县的16.5%,引导注册专业合作社73个,发展家庭农场33家,培育新型职业农民1046人,建立现代农业示范基地41个。特色产业覆盖贫困户1.5万户,人均年增收1000元以上。

二是易地搬迁后续产业同步推进。腊尔山片区的禾库安置区是湖南省最大的安置区,共搬迁951户4829人,他们来自禾库镇、腊尔山镇、两林乡等6个乡镇。为了达到"搬得出、稳得住、能融入、能致富"的要求,搬迁后续产业同步推进,政府研究制定了以"六个一"为主要内容的搬迁后续产业保障措施，探索推行以"公司+基层组织（合作社）+搬迁户"为链条、以"长中短"相结合的产业托管模式，确保搬迁户"产业保得住、收入能稳定、生活有保障"。

三是旅游扶贫前景光明。政府利用腊尔山片区独特的旅游资源禀赋和凤凰古城旅游持续"井喷"的优势，大力发展腊尔山片区民俗风情体验、天星山战争遗址考察、乌巢河峡谷奇观探险、台地乡村休闲观光等特色旅游产业，依托禾库千户苗寨，办好"四月八""六月六"等民俗活动，将苗族文化、特色饮食、民间艺术等融入乡村旅游，为游客提供多层次、多视角的立体旅游体验。

**5. 转移就业的远近兼备**

2009年，腊尔山片区共有劳动力38564人，劳务输出11889人，中青年大多数外出打工，劳务总收入达8913万元，成为农民的主要收入之一，在许多村占到农民收入的40%以上。如腊仁村农民人均纯收入1000元/年，一半纯收入来自打工。大教村农民人均纯收入1100元/年，45%的纯收入来自打工。但是，苗寨村民由于知识缺乏和技能水平低，在城市就业空间狭小，选择的一般是劳动强度大、收入较低的职业，60%的农民工资水平在1000元以下，这部分工资除去农民在城市的基本生活开支，寄回家乡的资金相当有限。进一步调查我们发现，外出打工者大多数是由于家里过于贫穷而被迫出去的，如果有脱贫致富的产业，许多农民还是很愿意在家务农的。精准脱贫期间，政府将劳务收入及就近就业作为农民增收的主渠道来谋划，积极与长三角、珠三角、长株潭等地开展劳务协作扶贫，建立劳务输出基地；依托县、乡、村三级转移就业服务平台，引导1.2万名群众常年外出务工，年收入达3.7亿元。同时，政府购买服务，设置公益岗位，安置保洁员、护林员等622名，564户贫困户从中受益。建设易扶产业园、农建队、农耕队，新增就业岗位4000人。引进咏昌达、吉瓯鞋业、佰德利服饰、惹巴妹手工织品、泰美现代农业等公司，建设扶贫车间5个，解决800余名贫困劳动者就业问题，月工资在2000元以上。积极培育青禾畜牧业公司、禾库豆制品加工厂、德榜银器加工厂、苗绣坊等企业，探索推行"产业在路边、副业在院坝、就业在附近、生活在家里"的就地城镇化新路子，让群众在家门口就业，实现上能顾老、下能顾小、挣钱养家三者兼顾，从源头上解决夫妻分居、留守儿童、空巢老人、大龄单身汉等隐性贫困问题。

**6. 文化教育的大力投入**

2010年，笔者对腊尔山片区农户进行随机入户抽样调查，在5个乡镇共调查了 25 户,深入了解了 62 位农户的文化水平情况。统计数据显示,小学文化程度及以下有 41 人,占调查人数的 67.8%,其中,不认识字、没上过一天学的有 11 人,半文盲有 7 人,大学文化程度仅 1 人。通过深入了解发现,这 11 个文盲当中,有 4 个存在智力障碍,生活难以自理,具体情况见表 4-4。

表 4-4 2010 年被调查贫困人口受教育情况

| 受教育程度 | 人数 | 百分比（%） | 累计百分比（%） |
| --- | --- | --- | --- |
| 文盲 | 11 | 17.8 | 17.8 |
| 半文盲 | 7 | 12.9 | 30.7 |
| 小学文化 | 23 | 37.1 | 67.8 |
| 初中文化 | 16 | 25.8 | 93.6 |
| 中专及高中文化 | 4 | 4.8 | 98.4 |
| 大学文化 | 1 | 1.6 | 100 |
| 合计 | 62 | 100.0 | — |

数据来源:据实地问卷调查资料整理。

精准脱贫期间,政府为解决教育发展不均衡问题,新建教师公租房 350 套,实行边远地区教师岗位补贴政策,改扩建腊尔山台地中心学校 6 所,恢复边远乡村教学点 80 所,确保教师安心教学、适龄儿童就近入学。大力实施教育脱贫工程,对小学至高中阶段的农村户籍、城镇低保户、残疾户学生及孤儿推行免费教育;对建档立卡贫困户和城镇低保户子女在学前、小学、初中、高中（中职）教育阶段每生每年分别按照 1000 元、1500 元、2000 元、3000 元标准给予生活补贴;对贫困大专生、本科生分别给予一次性补助 4000 元、6000 元,并提供 8000 元的生源地贷款支持;对特困大学新生按省外 1000 元、省内 500 元给予入学路费补贴;对兜底贫困户大学生实行大学阶段学费政府兜底,确保贫困家庭子女上得起学,提升文化素质,阻断贫困隔代传递。

**7. 医疗卫生条件的显著改变**

2010 年,腊尔山片区还有 39 个村没有村级卫生室,占村总数的 60%。部分农民体育锻炼意识薄弱,卫生习惯较差,经常受到各种细菌的感染,发病率较高。虽然许多贫困户参与了新型农村合作医疗（以下简称"新农合"）,且参合率达到了 84%,但是乡、村两级医疗机构建设滞后,缺乏医疗人员和必要的医疗卫生设备。此外，新农合在门诊补偿方面涉及面很小，不保常见的低成本门诊服务，这对腊尔山片区没有一定负担能力的贫困群众而言是一个极大的弊端。因病返贫的比例较高，患上一般的疾病只能在家里干熬苦等，用偏方和土方治疗的人较多。精准脱贫期间，政府强化医疗救助，确保病有所医。不断改善地方医疗设施，完成腊尔山片区内53个村（社区）村卫生室建设，改善5个中心卫生院条件，确保群众小病不出村、不出乡。全面落实医疗救助政策，新农合参保率达100%，建档立卡群众住院总费用综合报销比例达80%以上，确保群众看得起病，基本解决了贫困群众因病致贫返贫的问题。

#### 8. 婚配状况的明显改善

腊尔山片区存在着严重的婚配问题，因为贫穷，许多农民娶不上媳妇，30岁以上还未婚配的单身汉占一定的比例。2010年，整个腊尔山片区有19282个男劳动力，其中，单身汉2447个，占男劳动力总数的12.69%。最为严重的是米良乡，共有372个单身汉，占当地男劳动力总数的26.72%，平均每个村有50多个单身汉。具体情况见表4-5。有的农民倾家荡产好不容易讨回个老婆，但是结婚没多久，由于难以忍受腊尔山片区的贫困，姑娘又跑回了娘家。

表4-5  2010年腊尔山片区单身汉基本情况

| 腊尔山片区单身汉 | 整个腊尔山片区 | 禾库镇 | 两林乡 | 柳薄乡 | 腊尔山镇 | 米良乡 |
| --- | --- | --- | --- | --- | --- | --- |
| 男劳动力数（个） | 19282 | 4810 | 4000 | 2900 | 6180 | 1392 |
| 单身汉数（个） | 2447 | 789 | 550 | 450 | 286 | 372 |
| 单身汉所占比例 | 12.69% | 16.4% | 13.8% | 15.52% | 4.62% | 26.72% |

数据来源：据凤凰腊尔山片区各乡镇的资料收集整理。

### （二）腊尔山片区十年变化原因分析

#### 1. 国家、省、州高度重视和大力扶持

国家和省里一直高度重视少数民族地区高寒山区贫困农民的脱贫解困问题。2011年8月3日，湖南省委、省政府印发了《关于解决少数民族地区高寒山区贫困农民生产生活困难的意见》（湘办发〔2011〕26号），明确提出由省财政厅、省扶贫办、省民委牵头，负责做好凤凰县腊尔山少数民族地区高寒山区贫困农民解困试点工作，探索积累经验。省里投入

4900余万元,在凤凰县腊尔山片区开展脱贫解困试点工作,围绕"危房改造、基础设施建设、特色产业发展,学生培训"实施了一批项目建设,切实关注腊尔山片区贫困农民生存和发展中的实际困难,在一定程度上解决了"住房、教育、产业发展、医疗、水电路建设"这些贫困群众最关心、最现实、最直接的利益问题。2011年,湘西州将腊尔山片区列为全州重点支持的四大高寒贫困片区之一,坚持"统一规划、连片开发、渠道不乱、用途不变、管理归口、确保重点、各记其功"的筹资原则,整合扶贫开发、以工代赈、电力、水利、交通运输、林业、民政、烟草、民委、国土资源、农业、财政、卫生等各部门的资源,全面推进高寒贫困山区脱贫解困。

**2. 精准脱贫战略的红利释放**

腊尔山片区是凤凰县脱贫攻坚的主战场,其贫困面广、贫困程度深。2009年,区域内有建档立卡贫困人口2.25万人、贫困村41个,分别占全县贫困人口和贫困村的22.9%和22%,并且全县贫困发生率高的村、农民人均纯收入较低的群体都相对集中在腊尔山片区。2013年,精准脱贫战役打响后,凤凰县始终坚持把腊尔山片区作为全县精准脱贫的重点和主攻方向,突出群众内生力、发展后劲力、产业支撑力、民生保障力、基层组织力"五力"联动。2016年,凤凰县推进精准扶贫脱贫"十项工程",精准扶贫的资金、项目、人力以及优惠政策都向腊尔山片区倾斜。2014年至2019年,凤凰县共整合资金26.08亿元用于脱贫攻坚,其中约6亿元投向腊尔山片区。每年安排村组道路、产业基地机耕道、安全饮水工程、村卫生室建设、技能培训、危房改造、易地搬迁、扶贫车间、劳务输出培训、特色产业等各种脱贫项目上百个,全县各种返利贫困人口的利益联结机制率先在腊尔山片区试行和推广,切实将腊尔山片区贫困群众带上精准脱贫的快车道。该片区先后脱贫2.18万人口,贫困发生率由2013年的37.78%下降到2019年的0.95%。

**3. 激发脱贫主体内生动力**

腊尔山片区之贫关键在于人的懒散和麻木,只有唤醒贫困群众的思想觉悟和激发其内生动力,才能实现可持续、高质量的脱贫,且难返贫。基于此,腊尔山片区的精准扶贫坚持扶志,采取了以下措施。

一是抓实结对帮扶,树立"我要脱贫"的志气。充分发挥省、州、县三级帮扶力量,安排47个扶贫工作队213名队员,落实1539名结对帮扶责任人,确保结对帮扶村村户户全覆盖。切实强化驻村纪律和结对帮扶作风,广泛宣传党的政策、脱贫典型,深入开展同吃、同劳、同商量"三同"活动,通过一对一、面对面的教育沟通,大力推进移风易俗行动,并将政策宣传与民俗节庆相结合,引导帮助群众改变"要我脱贫"的落后认识,积极树立"我要脱贫"的志气。

二是抓实扶贫产业,点燃"我可脱贫"的希望。结合全县及腊尔山台地产业发展规划,完成腊尔山土壤地力、气候条件等产业发展基本要素检测,相应制定一村一品的发展规划,对应制定一户一人的脱贫措施和计划,分析生产条件、市场对接、基本收支等各种情况,让群众在实实在在的措施计划中看到自我脱贫发展的希望。同时,探索调动贫困群众积极发展扶贫产业的帮扶方式,为引导贫困群众发展蔬菜产业,实施了一系列发展蔬菜生产的奖补政策,包括提供蔬菜品种的选择、生产技术服务、购买蔬菜生产保险、订单生产补市场差价等。精准脱贫期间,腊尔山片区贫困人口发展蔬菜产业3000亩,覆盖1200户贫困群众,改变了腊尔山片区农户不愿种菜、一年四季只吃干辣椒的习惯。

三是抓实技能帮扶,坚定"我能脱贫"的信心。通过集中培训、能人带动、跟班学习等各种方式,切实强化群众技能培训,努力实现一户至少掌握一至两门实用技能,确保群众脱贫有门路、发展有能力。精准脱贫期间,腊尔山片区每年完成群众技能培训3万余人次,帮助外出务工群众特别是年轻人由普通劳动力转型为专业技工,帮助在家发展群众由传统劳作向产业发展转变。

**4. 坚持党建引领,充分发挥党员干部的表率带头作用**

全面加强基层党组织建设,使党的基层组织坚强有力,成为推进扶贫脱贫的坚强堡垒,成为化解矛盾、维护稳定的坚强堡垒,成为联系群众、服务群众的坚强堡垒。

一是强化乡、村班子建设,培育德才兼备的基层干部。高度重视乡镇领导班子和村级班子建设,选拔一批综合素质高、能力强的优秀年轻干部进入乡镇领导班子。选拔德才兼备的党员担任村党支部书记和村主任。践行"一村一名大学生村干部"计划,为腊尔山台地配备大学生村干部54名,选派15名新录用公务员驻村,实现大学生村官和大学生村主干全覆盖。围绕脱贫攻坚成立产业党支部、党小组,实现基层党组织由地域性向功能性转变。腊尔山台地成立产业党支部1个、产业党小组28个,对接省、州、县三级专家组成科技扶贫服务团16人,最终形成了"一个专家联系三个贫困村、指导一个产业发展、成立一个产业党组织"的"1311"示范脱贫模式。

二是固本强基,不断增强基层组织的组织力。加强基层基础工作,腊尔山台地全面完成乡镇机关建设，基本实现有办公楼、有便民服务中心、有食堂，乡镇干部、教师、医生、干警基本实现一户一套公租房，确保乡镇干部能够安心做基层工作。推进村组织活动中心建设，使村级组织活动中心真正成为党员活动中心、村民议事中心、便民服务中心、文化娱乐中心。提高村干部待遇，加强村级运转保障。2020年，村党支部书记年误工补贴达4万元，村均运转经费达到18.7万元，使村主要干部逐步实现脱产抓工作。创新党建工作机制，全面推行"三制一卡"党建工作法，全面推行村干部坐班制、网格党小组模式、"135"村级治理模式，推动服务群众工作制度化、常态化。

三是多级联动，高位推动脱贫攻坚责任的落实。凤凰县明确3名县级领导分别联系腊尔山台地的3个乡镇，指导精准扶贫工作。要求乡镇党委书记、乡镇长亲自抓扶贫，大力整顿基层党组织软弱涣散村，当好精准脱贫攻坚战一线"指挥官"。要求后盾帮扶单位领导经常性走访贫困村，为贫困村解决实际问题。建立脱贫攻坚追责制度，对于不称职的驻村工作人员，责令退回原单位，年终考核定为不称职；对于帮扶单位主要领导不认真履行脱贫攻坚责任、脱贫攻坚工作中存在突出问题的，严肃追责。

## 七、凤凰县政府领导特色产业发展，助贫困户圆脱贫致富梦

精准脱贫期间，凤凰县大力发展农业特色产业，走"市场主导、政府领导，村集体、新型经营主体带动广大农户发展产业"之路，最终归宿是实现农户自主经营、自主管理，为广大农户铺设一条"回家的路"。

### （一）模式兴起背景

2017年以前，凤凰县农业产业主要采用农户自主发展的模式，无力承担脱贫重任，主要表现在以下四个方面。

一是产业以传统农业为主，效益低下。产业发展基本以粮食、普通蔬菜、桃李水果及传统养殖为主，这些传统的农产品效益比较低，缺乏市场竞争力。如1亩水稻产量800斤左右，每亩收入1016元，剔除种子、农药、人工等成本500元，水稻收入仅500元。

二是产业基地小，产品供应量不足。2017年，凤凰县以猕猴桃为主的500亩特色产业基地仅11个，产业空白村占比40%左右，万亩产业园没有形成。一旦大型客商光顾，则无法保障产量供应。

三是农户发展产业意愿不高，能力不足。2017年以前，凤凰县的老

百姓十分担心农产品销售，加上缺乏经营管理经验和习惯使然，规模发展产业积极性不高。如腊尔山台地的老百姓由于传统不喜种植，加上担心市场销售，基本不种蔬菜，利用高山台地气候发展反季节蔬菜的意愿几乎为零。

四是产业链条不完整，农产品商品率低。2017 年以前全县仅有"三品一标"农产品 5 个，农产品加工龙头企业 6 家，物流配送企业为零，冷链仓储只零星地分布在菖蒲塘村、黄丝桥村、两林村等 10 个村，且储藏能力仅 4000 吨左右。在这种情况下，农产品标准低且成本高，基本自产自销，商品率仅为 30%。

2017 年底，凤凰县委、县政府为摆脱上述困境，实事求是，积极探索，将特色产业作为实现稳定脱贫、持续脱贫的重要抓手，确定"市场主导、政府领导，鼓励和引导村集体新型经营主体带动广大农户发展特色产业"的产业发展模式，全县掀起了特色产业发展热潮。

（二）模式特征及内容

凤凰县产业发展具有鲜明的特点，即"前期政府、集体唱主角，中后期市场、群众当主演"，关键在于一个"带"字："政府带头夯实产业基础，同步带引市场机制，逐步带动贫困户参与，预留带扶退出通道。"采取这种模式，主要基于以下四点考虑。

一是发挥政府"带头示范"作用。作为少数民族地区，腊尔山片区相当一部分贫困群众生存状态原始，其发展产业的意愿、能力偏低，观念革新、统一认识需要一个较长的过程，"扶志扶智"更需要政府做给群众看、带着群众干，在实践中启蒙群众。

二是发挥政府"补齐短板"作用。凤凰县农业产业基础比较孱弱，处于碎片化状态，如果政府不积极介入，产业链自然形成的时间可能更漫长，短时间内担不起脱贫增收的重任。

三是发挥政府"缓冲兜底"作用。贫困户发展特色产业不可避免地存在客观风险，若在起步阶段即让低能力的个体直接面对高风险，不利于扶贫增收。政府集团军作战，可减少贫困户投入，兜住收益，缓冲风险。

四是发挥政府"统筹调控"作用。整合各方资金，整县推进产业发展工作，能填补贫困村与非贫困村、贫困户与非贫困户之间的政策"鸿沟"，惠及面更广。

这一模式具有以下四点鲜明特征。

（1）政府主导。凤凰县委、县政府成立乡村产业发展领导小组，由县委书记、县长任组长，以分管农业副县长为办公室主任，九大产业对应八个主管部门，一个产业由一个县级领导牵头，17个乡镇均成立产业办，村村都有产业党小组。出台《关于发展茶叶产业的意见》《凤凰县建档立卡贫困户发展产业扶持政策》《关于抓好"三农"领域重点工作的实施意见》《凤凰县2020年度农业特色产业扶持管理办法》等系列"硬核"政策。县财政整合资金，承担各个产业基地建设的主要物化支出，分产业统一配备、补贴种苗、肥料、基建等。

（2）村级集体建设管理。在各乡镇统一负责下，村村都成立集体经济组织合作社，具体落实基地建设，将政府产业物化扶持作为村集体经济项目投入，建成后，或由村级自主经营，或发包给有意愿的大户能人、合作社等新型经营主体和农户经营。如2020年新发展的茶叶产业涉及8个乡镇33个村，各村集体经济组织合作社都与县茶叶办签订产业扶贫项目帮扶合同，其中15个村集体自主经营。

（3）各类市场主体参与。从基地建设伊始，凤凰县就比较注重对接引入各类市场主体，如蚕桑产业引进四川三旭茧丝绸有限公司，约定蚕茧最低保底收购价36元/公斤，且在蚕桑产业基地配备相应数量的技术指导人员，为桑农提供保姆式指导服务；雪茶产业由本地凤凰雪生态茶叶专业合作社联合社进行市场拓展；迷迭香产业由湘西自治州迷迭香生物科技有限公司委托帮扶；湘西黄牛养殖产业由本地泰美公司、青禾公司扶持；蔬菜产业方面，凤凰县国企惠农电商公司投资8200万元建设仓储物流园，并于2019年与12个乡镇84个村签订了蔬菜收购订单，涉及面积近1万亩。同时积极将村集体产业托管给大户能人，由其带动贫困户发展产业。能人大户可享受物化扶持的30%部分，剩余70%的物化扶持必须在托管期内兑现125%的收益分成给贫困户。如腊尔山镇夯卡村妇联主席吴爱花2019年承包了60亩桑树，收入可观。在她的带动下，22户养蚕大户将该镇蚕桑产业发展至2000余亩，贫困户为其摘桑叶获得收益。

（4）逐步带动贫困群众。在产业发展过程中，凤凰县特别注重引导贫困群众与新型经营主体构建利益联结机制。利益联结机制主要有产业直接帮扶、产业托管服务、产业委托帮扶、产业股份帮扶、产业劳务用工和产业发展帮扶等模式。在产业规模壮大过程中，政府除了广泛发动贫困户以出租土地、劳务聘请、土地入股等方式浅层次参与产业，还积极发动贫困户深度参与产业发展。一方面鼓励群众直接种养，政府对种植项目给予300～2000元/亩的补贴，对养殖项目给予700～2000元/头的补贴，统一生产标准，开展技术培训，指导市场销售。贫困户对发展猕猴桃产业比较感兴趣，2020年春，就有1168户贫困户种植5443亩猕猴桃。在千工坪镇胜花村千亩猕猴桃园中，有38户贫困户种植了320亩猕猴桃。另一方面鼓励群众产业赎回，允许农户在托管合同期满后，向村集体经济组织合作社赎回产业。如2019年蚕桑产业收益较好，很多贫困户有意愿赎回蚕桑基地进行自我管理。2020年新发展村集体管理的3400亩桑园基地中，贫困户有意愿赎回的就有1500亩。

（三）模式效应

**1. 产业发展迅速**

仅从2018年至2020年上半年，凤凰县共投入6.62亿元用于发展农业产业，其中产业直补、种植物化2.8亿元，产业链配套设施3.82亿元。全县农业产业面积从2016年的20万亩快速增长到2020年的45万亩（人均1亩），涌现出300多个"百亩示范基地"、50余个"千亩产业特色村"。截至2020年，凤凰县建成5个10万亩产业工程，即10万亩茶叶、10万亩油茶、10万亩猕猴桃、10万担烟叶、10万亩迷迭香以及蚕桑、藤茶、果蔬等其他产业。

**2. 综合效益开始显现**

（1）贫困户（村）开始分享收益。以前贫困户产业收入很少，如今收入明显增加。一是地租收入。每亩租金区分山上山下，按荒地、旱地、水田设定为50~500元不等。二是种植收入。如贫困户积极种植的米良一号猕猴桃，大约亩产6000斤，每斤市场价1.3元，产值7800元。再如蚕桑当年种植亩产收益约1500元，三年后亩产收益6000元左右。三是劳务收入。例如，从事茶叶、油茶等田间管护的费用是80~120元/天。四是分红收入。有委托帮扶分红、托管服务分红两种形式：前者参与企业有15家，面积2.34万亩，带动贫困人口1.85万人；后者托管期一般为5~15年，根据产业投入和托管双方的意愿，贫困户可享受金额不等的分红，但托管期分红总额不低于扶贫投入的125%，如茶叶分红为1890元，蚕桑为1313元，雪茶为875元，猕猴桃为2975元。相当一部分村集体经济收入来自产业，其中山江镇樟坡村2019年集体收入155万元。2020年全县村集体经济零收入贫困村已消灭，集体经济年收入10万元的村有12个，年收入达标5万元的村有116个，较2017年增长274%。

（2）产业经营主体大量涌现。目前凤凰县已消灭了产业空白村，产业面积在500亩以下的村也不多。凤凰县催生了一批千亩产业村和万亩产业镇，如：廖家镇菖蒲塘村、千工坪镇胜花村、新场镇大坡村、山江镇樟坡村等村，山江镇、筸子坪镇、廖家桥镇、木江坪镇等乡镇；菖蒲塘村周祖辉、麻冲乡上麻社区蚕桑大户麻林章、筸子坪镇阳光村蔬菜大户龙建康、阿拉营镇猕猴桃大户秦世峰等大户持续涌现。2020年，全县有589个农民专业合作社、301个家庭农场、16家州级以上农业产业化龙头企业，较2017年分别增长了53.6%、60%、166%；创建了国家级畜禽标准化示范场1个、省级4个、州级30个，建成了省级特色产业示范园3个。

(3) 观念和结构逐步转变和优化。

一是激发了贫困苗民同胞脱贫的内生动力。凤凰县作为苗族同胞聚集区，思想观念相对落后，比如禾库镇一些贫困群众搬入安置点新房后，不知道用钥匙开门，不懂得跳闸停电。大家对产业规模发展既担忧又害怕，特别是在腊尔山台地，很多群众种植都不能自给自足。如今，贫困群众、乡村干部对发展产业都从被动旁观到主动参与，从不想干、不敢干向我想干、我要干转变，内生动能明显增强。

二是产业结构和收入结构逐步优化。随着农业产业的壮大，凤凰县第一、第二、第三产业互动效益日趋明显，旅游+农业产业化、旅游+特色工业日渐成型，优化了以旅游收入为主的单一财税结构。采用直接帮扶、委托帮扶、股份帮扶、产业托管、生产合作、就近就业等模式，以及"文化旅游+扶贫""农业产业+扶贫""电商+扶贫""就业+扶贫""公益性岗位+扶贫"等机制，深化利益联结，实现企业同贫困户建立利益共同体，带动1.2万户4万余人通过产业发展每年增收3000元以上。与此同时，农户的收入结构也发生了改变，农民收入从以靠外地打工、靠政策救济为主向产业增收转变，实现"在家门口也有收入"。

(四) 模式修正及建议

凤凰县结合本县基本县情，期望通过数年的艰苦带动，让市场逐步建立完整的产业链，让贫困户逐步成为自我造血的产业主体，让村逐步壮大集体产业，最终实现"进是为了退，给农户留一条'回家发展产业之路'"的目标，虽然取得了一定的成效，但由于凤凰县农业产业基础很薄弱，在快速发展过程中，不可避免地会出现一些问题。这些问题在乡村振兴阶段需要高度重视并不断修正和完善。

**1. 强化技能培训，提高产业种植和管护水平**

从生产环节来看，凤凰县管护水平参差不齐，标准化种养水平较低。

如红心猕猴桃溃疡病难题亟待攻克；有的乡镇迷迭香等因除草不及时，产量低；不少群众干部对茶叶种植技术掌握不充分，蚕桑产业养蚕技术还处于培训阶段等。在乡村振兴阶段，凤凰县的产业发展要强化产业技术技能培训的问题，将大规模培训与精细化培训紧密结合，将面上普训和集中攻关紧密结合，通过培训新型职业农民、聘用和培训产业管护员等措施增强全县产业管护实战能力。

**2. 推进精细加工，培育和引进龙头企业**

从产业环节来看，截至2021年底，凤凰县主要品种还处于原料供应或初加工阶段，产业还处于链条的中低端。在乡村振兴阶段，要把补齐加工短板作为产业枢纽工程来抓，加强产业链规律研究，一方面运用超常规举措扶持本地小企业壮大，另一方面要以超常规力度引进行业龙头企业办分厂，大幅提升产业附加值。

**3. 坚持利益联动，持续完善利益联结机制**

少数产业在建立利益联结机制之初，由于市场主体的承受力、盈利期、风险性评估不够周全，出现不稳定的现象。在乡村振兴阶段，要坚持利益联动，进一步强化和稳定利益联结机制。要高度防范利益联结不实的风险，对于参与利益联结主体，一律建立精细台账，开展动态监测和跟踪管理。对于利益联结企业，通过深化约谈制、实物抵押制、托管经营制等方式实现自查自改。对于产业发展中的违纪线索，及时进行查处纠正。结合新经济形势适时地对利益联结帮扶协议进行实事求是的调整和完善，支持利益联结企业发展壮大、延链强链，实现企业和帮扶户的共赢。

**4. 强化品牌建设，拓展销售渠道**

截至2020年底，凤凰县农产品"三品一标"建设尚处于起步阶段，有效认证只有18个（绿色食品14个，有机农产品2个，地理标志农产品2个），无论是原材料还是加工品，都未形成品牌效应，没有品牌溢价。在乡村振兴阶段，要切实按照农业品牌建设规律要求，从源头开始，下苦功夫打造中高端标准化食材、中高级工业化食品，逐步在市场上形成"凤凰农产品，必属精品"的品牌形象，提高全产业链的附加值。要破解销售难题，把销售作为重中之重，举全县之力抓营销，既要善于发挥制度优势，更要突出市场机制，针对大宗农产品，下大气力引入专业市场销售主体；依靠旅游带动，瞄准凤凰古城年均500万人、2000万人次的游客量，大力发展旅游销售；拓展凤凰县的知名度，把电商直播作为基本营销方式。从社团营销、电视购物向其他现代化营销手段如"直播带货"扩展，建立和完善多渠道立体化销售模式。①

## 八、湘西民族职业技术学院：为贫困群众打开一扇掌握脱贫技能的门

湘西民族职业技术学院是湖南省政府批准、湘西州政府主办、湖南省教育厅主管的湘西州唯一一所全日制高等职业院校，占地面积1100亩。2024年，学院在编教职工760人，全日制学生1.4万人，设有8个教学系部，34个专业，初步形成了机械制造、交通工程、建筑工程、财经商贸、信息网络5个专业群和民族工艺与文化旅游、现代农业、智能制造3个特色专业群的专业布局，建成了国家级非遗传承人群研培学校。就业渠道通畅。学院与三一重工、中联重科等120多家国内大中型企业建立了合作关系，开办企业冠名班级20多个，订单培养率达到20%以上。学院先后获得"全国劳动力转移培训示范基地""全国农村青年转移就业先进单位""全国开展科技扶贫，直接为地方经济建设服务先进单位""湖南省文明高校"等荣誉。学院贯彻"为党育人、为国育才"的宗旨，承担"教育强州、职教扶贫"的使命，培养具备"勤学苦练、深入钻研、勇于创新、敢为人先"工匠精神，崇德尚技，求真务实的高素质技术技能人才，是湘西州产业一线劳动者和高素质技术技能人才培养的摇篮。精准扶贫脱贫期间，学院的人才培育服务脱贫攻坚的人才培育，培育了"五个一批"人才，即培养了一批农技特岗生、一批农业产业致富带头人、一批农业创业者、一批懂技术的"田秀才"和一批民族手工艺人，为湘西州的脱贫攻坚提供了坚强的人才支撑。

### （一）定向培养模式

学院针对基层农技人才"总量不足、结构不优、服务弱化"和"找不到、招不来、留不住"等问题，开展公费农技特岗生定向培养工作，采取"地方出编+高校培养+基层服务"模式，进行五年基层定向培养工作，为脱贫攻坚和乡村振兴量身定制技术技能人才。2018—2021年，学院共招收茶叶生产与加工、畜牧养殖、园林种植、乡村旅游、电子商务、农业机械、文化传承、水利水电等特岗生796人。这批学生呈现出"三高三

---

① 赴凤凰县脱贫攻坚干部考察组：《关于凤凰县农业产业发展的调研与思考》，2020年6月。

好"的鲜明特征,"三高"指录取分数高、综合素质高、社会评价高;"三好"指打得一手好键盘、写得一手好文章、具备一副好口才。这批学生90%以上的录取成绩在本科以上,最高分超过一本线76分。入校后整班推进专升本工作,学生在校期间取得全日制专科文凭的同时获得自考本科文凭。他们在乡镇基层入编入职,政治素质、业务能力、工作作风得到基层单位的普遍赞誉,个个都成了服务乡村的中坚力量。该项工作得到国务院发展研究中心、省委改革办、省教育厅和省内外媒体的推介报道。2019年,湖南省按此模式在全省实施了基层农技人员招录工作。

## (二) 在职技能培训模式

一个村要脱贫致富,需要一批懂产业发展、会经营管理的脱贫致富带头人。贫困户要脱贫致富,必须掌握发展产业的实用技术技能。对于大量的农村实用人才及农村产业经营人才的培育,学院主要采用在职技能培训模式,通过灵活、有针对性的在职技能培训,对各年龄阶段、各类技能需求者实施技术赋能,有效提升其生产或劳动价值,促进其加快脱贫致富的步伐。

**1. 培育了一批农业产业致富带头人**

早在2009年学院便开始实施"一村一名大学生"培养计划,根据湘西州农业产业发展实际设置农村经济管理、农村行政管理、设施农业技术、畜牧兽医、农村法律事务、茶叶评审与营销6个专业,通过采取"免试入学、学费全免、弹性学制、专业自选、创业帮扶、重点培养"等优惠政策,面向45岁以下优秀农村中青年招生,优先选拔村支"两委"干部、致富带头人和青年农民党员入学。通过技术培训,给学员赋能增力,让其在脱贫攻坚和乡村建设中发挥示范带头和引领作用。截至2021年底,学院共培养基层骨干、技术能手和致富典型3403人,其中1038人进入村支"两委","书记、主任一肩挑"的达326人,500多人成为农村产业致富带头人。

**2. 培育了一批懂技术的"田秀才"**

面对广大乡村多样化的培训需求,学院开展了脱贫攻坚重点人群职业技能培训、高素质农民培训、农业技术培训、乡村规划培训等一系列社会培训,提高了农民的职业素养、职业技能和就业竞争力。2014—2020年,学院每年培训农民5000名左右。同时,为了保障培训质量,学院还邀请李健权、彭云、张爱花等省内茶叶行业知名专家到村里给农民授课。专家言传身教，让农民从田园管理到采茶、制茶、销售全方位得到提高。特别是李健权研究员用通俗易懂的顺口溜给大家讲解。"应采尽采，早采丰产""老叶嫩杀，嫩叶老杀""高温快烘，薄摊快干"等采茶、制茶口诀让农民记忆深刻，搞懂就学会。许多农民反映："职院讲课的教授将采茶、制茶的技巧编成了通俗易懂的口诀，让我们好记好用，按口诀做，每斤茶叶卖价比原来增加了100元。"此外，学院还利用教学、科技和人才资源，通过组织科技特派员参与技术服务、组织科研团队开展实用性研究等方式，帮助村民科学致富。

**3. 培育了一批农业创业者**

学院注重以创新创业为抓手，激发了学员的内生动力，构筑了"寻梦、筑梦到圆梦"的"创新创业梦工厂"工作机制，实施"1234"创新创业工作体系，建立了创新创业院级孵化基地1个、教学系二级孵化基地8个，基本形成创新创业、实习实训、产教融合、技能竞赛、技能抽查、毕业设计"六位一体"的运作模式。同时，学院还通过举办和参加各类就业培训与创业大赛，引导学生开展就业创业活动，提高就业创新能力。

近年来，通过创新创业工作的推动，学院毕业生成功创业的人数不断增加，涌现了一批创新创业典型。如交通工程系2020届毕业生王星，于2019年成立湘西飞驰汽车销售公司，公司的8名员工全部毕业于湘西民族职业技术学院。2020年，公司销售额突破690万元。来自西藏的学生洛桑次仁在校期间组建了"雪域金草"创业团队，以推广销售"冬虫夏草"为主营业务。毕业后，洛桑次仁回到家乡那曲市，继续扩大经营范围，2020年销售额突破400万元。他的门店取名为"藏湘金草"。之所以名字中带有"湘"字，是因为洛桑次仁认为在湘西求学期间，有很多人帮助过他，他永远记得他们的恩情。尽管所学专业不同，从事行业也不同，但这些打着湘西民族职业技术学院烙印的创业者都为乡村振兴增添了特别的色彩。

**（三）"派遣陪伴"模式**

"派遣陪伴"模式指学院派遣师生、资源、团队以特定的项目服务村寨、农村新型经营主体或企业，与农村新型经营主体、村寨或企业一起组织、发展乡村建设，为乡村或涉农企业提供短期或长期的系统性、整体性的技术服务。精准脱贫7年间，学院派遣了近200名科技特派员、"三区"人才和科技人才帮助湘西州涉农企业、合作组织等新型经营主体攻克农业产业发展链上的技术难关。比如学院的旅游管理系每年派遣优秀教师对全州各大景区讲解员进行定期培训；在旅游文创项目中为村寨产品进行包装设计、文化创意及销售推广，在湘西旅游"伴手礼"研发项目中为石门寨的羊肚菌设计品牌、包装等，在超市设计专柜销售，助销农产品，打造湘西农产品的品牌形象。

（四）"讲习所"+"乡村学徒制"培养模式

学院生物工程系、旅游管理系和民族艺术系探索开设社区学院、田间学院、乡村讲堂等，建设和利用讲习所开展宣讲、送教、传承等活动和技术培训，助力乡村文化与精神文明建设，助推科技、产业升级。推行讲习所+农业产业化龙头企业+职业农民、讲习所+新型农业经营主体+一般农户、讲习所+乡村传统手工技艺传承者+一般学徒模式，整合讲习所和企业、新型经营主体的力量协同育人，做到"学一门技能或手艺、聚一方人才、兴一个产业"，助力脱贫攻坚。比如学院承办了文化和旅游部"非遗+扶贫"项目，在讲习所为300多名当地苗族"绣娘"提供专业化的苗族创意设计和民族服饰创新设计培训。这批"绣娘"在专家、教授的精心指导下，理论修养和工艺水平大大提升，有的成为企业骨干，有的成功发展了家庭产业。

据不完全统计，学院十年来为湘西州农业农村培育、培训各类人才达5万余名，其中定向培养服务基层的特岗生千余名，各类技术技能人才上万名，培育和成就了一大批的能工巧匠、"土专家""田秀才"、技术能人和致富带头人，为湘西州的脱贫攻坚和乡村振兴提供了有力的人才支撑。

# 第五章　湘西州脱贫思考

## 一、进村入户送温暖，驻村帮扶见真情

湘西州一直以来将驻村帮扶作为扶贫工作的一个重要抓手长期坚持和践行。自1994年起开展建整扶贫以来，全州抽调工作队员1597名，以村建立工作组，以乡镇建立工作队，组成152个工作队、567个工作组，进驻217个乡镇567个村开展扶贫工作。2013年，湘西州委、州政府将农村建整扶贫调整为农村建设扶贫，全州派出1336名扶贫队员，驻点帮扶356个贫困村，其中，国家扶贫重点村187个。特别是在精准脱贫期间，全州进一步完善和强化驻村扶贫和结对帮扶的实效，坚强有力的驻村帮扶工作为湘西州打赢脱贫攻坚战提供了坚实的保障和基础。

### （一）精锐出战抓驻村，实现村村帮扶"全覆盖"

2011年，湘西州委以全州"四大贫困片区"和国家扶贫重点村为重点区域，以"单位包村、干部驻村、帮扶到户"为手段，推进驻村扶贫工作。当年，全州派驻988名干部定点帮扶252个扶贫村，省、州、县（市）工作队进驻四大片区贫困村扶贫的占75%。2013年，湘西州结合帮扶单位和贫困村的实际情况，实施"1+1"驻村扶贫模式，即1个单位帮扶1个贫困村；对人员较多、财力相对充足的单位，则实行"1+2"驻村扶贫模式，即1个单位帮扶2个贫困村；并明确责任单位1名班子成员担任扶贫工作队队长，2名干部分别担任村党第一书记。2015年，全州1052个单位共选派2331名扶贫队员，组建了690个驻村扶贫工作队（其中省直单位工作队36个、州直单位工作队77个、县市直机关单位工作队577个），委派690名驻村工作队队长担任村党支部委员会第一书记，采取"单位包村、干部驻村、一次性布点、一加一帮扶"的方式，对贫困村驻村帮扶全覆盖。湘西州结对帮扶活动共涉及省、州、县市机关单位1784个，帮扶干部4.04万人，帮扶贫困村1200个（年底撤乡并村调整为1110个），帮扶贫困社区60个，帮扶困难户7.83万户。

2016年，湘西州委提出"1+2"（即驻1个贫困村，带1个非贫困村）驻村扶贫要求，全州工作队（组）调整。中央、省、州、县（市）共1069个单位，组建963支工作队（组），其中，中央4支，省直36支，州直77支，县市846支。选派2669名干部进驻1110个贫困村，每个村配备1名驻村第一支书。2017年，按照同步推进非贫困村驻村扶贫工作要求，对贫困人口100人以上的非贫困村选派不少于2名干部的驻村工作组（明确其中1名为村第一书记），对贫困人口100人以下的非贫困村选派1名党员干部担任驻村扶贫指导员。明确了驻村工作经费保障，后盾单位安排驻村工作经费不少于4万元。并于2017年9月将近3年新招录的1776名年轻干部全部下派到贫困村进行为期2年的驻村扶贫锻炼。全州共派驻1204支工作队（组）驻村，其中，中央单位5支、省直单位36支、州直单位77支、县市单位1086支。每个贫困村选派1名第一书记，每个非贫困村选派1名扶贫特派员，共1640名第一书记开展驻村扶贫工作。其中，1110个贫困村共派驻扶贫工作队832支2549人，贫困人口100人以上的530个非贫困村共派驻扶贫工作队472支1644人，贫困人口100人以下的107个非贫困村共选派驻村扶贫指导员107人，实现了对有贫困人口的行政村驻村扶贫全覆盖。2018年，全州组建工作队1751个，选派5995名干部，进驻1110个贫困村和641个有贫困人口的非贫困村（社区），实现"一村一队"全覆盖。

（二）倾情倾力抓帮扶，实现户户扶持"全纳入"

**1. 帮扶"全覆盖"**

2015年6月18日，习近平总书记在贵州召开的部分省区市党委主要负责同志座谈会上强调："选派扶贫工作队是加强基层扶贫工作的有效组织措施，要做到每个贫困村都有驻村工作队、每个贫困户都有帮扶责任人。"湘西州通过"321"（1名处级干部帮扶3户贫困户、1名科级干部帮扶2户贫困户、1名一般干部帮扶1户贫困户）"1+1"或"1+N"等形式，全州53503名党员干部结对帮扶18万余户贫困户，实现党员干部对贫困户结对帮扶全覆盖。

**2. 入户"结穷亲"**

明确每个结对帮扶干部的帮扶对象控制在5户以下，每户每年走访5次以上，认真落实"每月一电话、每季一上门、年初一谋划、年底一算账"的"四个一"结对帮扶工作要求，积极开展精准识别、精准退出动态管理和已脱贫户"回头看"，有针对性地宣讲扶贫政策、落实衔接政策、入户解难帮困,防止简单地"给钱送物",坚决杜绝"挂名式"帮扶,进一步密切党群干群关系。

**3. 多方式抓帮扶**

健全农技专家深度对接扶贫产业长效帮扶机制,全力推动项目资金及政策向贫困对象聚集,选派3700多名科技特派员深入农村一线服务,农业技术培训覆盖40多万人次,创办脱贫攻坚产业示范基地320个,让每个贫困户有1个以上当家产业增收项目,每个贫困村有1个以上主导产业。2019年起,湘西州积极开展脱贫攻坚工作"三大清零"行动(户清零、村清零、事清零),和以"六看六查"(一看住房安全,二看饮水安全,三看用电保障,四看厨房,五看卧室,六看环境卫生;一查基本信息,二查存折流水,三查家庭收入,四查教育保障,五查医疗保障,六查残疾对象)为主要内容的"回头看"工作。重点围绕7类重点对象(脱贫户、未脱贫户、边缘户;建档立卡户以外的低保户、分散供养五保户、重残户、重病户),聚焦"一超过、两不愁、三保障"等相关政策,查找问题,积极整改,确保问题清零。同时,春节慰问、"七一"走访、重阳探望、"六一"关爱留守儿童等活动已成结对帮扶工作常态,群众的获得感和幸福感不断得到提升。

## (三)夯实责任抓推进,明确工作队及帮扶人职责

2018年,湘西州委、州政府印发了《关于进一步落实脱贫攻坚工作责任制的通知》等文件,按照"州委常委联县、州县领导包乡、部门包村、干部包户"要求,由35名在职州级干部带头落实联县包乡扶贫工作责任。推行"帮扶一月一走访、问题一月一清零、情况一月一上报"的驻村走访"三个一"工作制度以及"一簿两表"驻村走访工作台账(《建档立卡贫困户一月一走访台账簿》和《驻村走访发现问题整改填报表》)。州、县两级均成立了由党委副书记任组长的驻村扶贫工作领导小组,明确领导小组办公室负责全州驻村扶贫工作的统筹管理、业务指导和督查考评,并定期组织召开成员单位联席会议,不定期组织开展驻村出勤"晚巡夜查",切实压实全州各级驻村扶贫责任单位及工作队精准扶贫政治责任。各级驻村扶贫责任单位严格落实"一把手"负责制,明确1名班子成员专抓,规定单位主要负责人每季度至少到村开展1次调研和至少召开1次党组(党委)专题会议,分管负责人每月至少到村指导工作1次。

### (四) 真督实查抓成效，确保驻村帮扶实效

按照"最严最实最不讲情面"的督查考评工作要求，围绕提高驻村扶贫工作实效和完成年度减贫任务，充分发挥督查考评的"指挥棒"作用，以"不发通知、不打招呼、不听汇报、不用陪同、直奔基层、直插现场"方式为主，实行"一月一督查、一月一通报、半年一总结、一年一考核"的督查考核机制。针对驻村扶贫工作队（组）员出勤和驻村"晚巡夜查"制度，制定下发《湘西州驻村扶贫工作队（组）管理办法》和《湘西自治州驻村扶贫工作目标管理考核细则》，对作风不实、措施不严、成效不佳造成不能完成脱贫攻坚任务的和在国家和在省脱贫攻坚督查巡查及审计过程中出现重大问题等造成不良社会影响的，严格追究责任，对作风扎实、措施过硬、成效突出、群众认可且圆满完成脱贫攻坚任务的，给予表彰奖励，确保全州驻村扶贫工作有力、有序、有效开展。2017年，仅州本级就开展了6次驻村扶贫专项督查和36次"晚巡夜查"，覆盖498个村和驻村扶贫责任扶贫工作队，责成整改八大类164个问题，通报批评8个州直单位，约谈7家州直单位"一把手"，有效传导了驻村扶贫压力，确保工作队和驻村干部一心扑在扶贫开发工作上。驻村帮扶的工作成效显著，涌现出一大批驻村帮扶的典型案例和经验，许多贫困村在驻村工作队的引导及帮扶下，改善了基础设施，找到了全村发展的主导产业，并逐步摆脱了贫困，列入富裕村或小康村。

## 二、产业扶贫放飞脱贫梦想

一直以来，由于湘西州的落后贫穷始终与美丽神秘如影随形，它总是给人一种不完全、不完整的美，宛如一块碧玉中夹杂着刺目的瑕疵，说到自然风光和民族风情给人以无限向往，论及贫困和穷苦则让人沉重驻足。直到1984年，全州尚有156万贫困人口，摆脱贫困一直是萦绕在湘西人心头的一个梦想。如今，湘西州美丽依旧，神秘色彩更浓，而贫困得以明显缓解，农村贫困发生率由1984年的85%下降到2009年的42%。正是湘西州大力实施的产业扶贫战略，放飞了贫困群众脱贫的梦想，引领农村人口逐渐摆脱贫困，使梦想变成了现实。

### （一）产业扶贫成效斐然

20多年来，湘西州作为全国重点扶贫地区和湖南省扶贫攻坚的主战

场，在上级领导的重视和支持下，始终坚持开发式扶贫战略，不断创新扶贫机制，大力实施优势产业的扶贫，取得了累累硕果，成效斐然。2009年，湘西州特色优势产业开发总面积达330万亩。水果产业有120万亩，其中椪柑面积达70万亩，占全国椪柑总面积的1/4，猕猴桃约10万亩，占全国的11.5%；特色经济作物达150万亩，其中茶叶面积约10万亩，烟叶面积达32万亩，中药材基地近30万亩。湘西州成为全国闻名的椪柑和茶叶之乡、重点优质烤烟基地和全球最大的富硒猕猴桃基地，形成了数村一品、多乡一业、一县一业或多业的特色优势产业开发格局。全州通过产业扶贫减少贫困人口100万，其中70万人依靠椪柑、茶叶、猕猴桃、烟叶等农业产业化项目实现了脱贫致富，还有近3.5万农户迈入了小康行列。

产业扶贫促使一批龙头企业和合作组织如雨后春笋破土而出，迅速壮大、成长。2010年，湘西州农产品加工企业达到了488家，其中州级以上龙头企业35家，国家级扶贫龙头企业10家，项目覆盖456个贫困村、10万户贫困户，带动了60万贫困人口增收。农民专业合作组织349个，成员达53366人，带动农户10.42万户，占全州农户总数的18.68%，连接基地32万亩，设立营销窗口30个，建立以基地为中心的营销市场150个。

湘西州围绕椪柑、茶叶、药材、猕猴桃、烟叶等农业产业化项目开发，配套投入资金累计16亿元，每年还投入近亿元资金用于贫困地区交通、电力、通信等基础设施建设。全州围绕产业发展新修了2000多千米通村公路；新修了1万多千米园区道路；新修了5000多千米灌溉渠道；新修集雨节水工程3万多处；新建储藏库18万个；新建沼气池15万口；建立农产品批发市场100多个；完成农田水利设施建设4万多处，农民人均旱涝保收面积达到0.47亩。

随着产业扶贫的深入，农民兜里的钱也多了，收入直线上升，仅农业产业每年为农民增收近12.8亿元，涌现出年收入过百万元的村158个，10万元以上的大户1200户，农民人均纯收入中来自优势产业的比重达到40%，部分村甚至超过了60%。1986年，保靖县比耳镇糯里村人均纯收入仅127元。"八七"扶贫攻坚以来，保靖县大力发展椪柑产业，至1994年，共开发椪柑面积4500亩。2009年，椪柑产量达到8000余吨，年销售额达800多万元，人均纯收入达到4800元，其中来自椪柑产业的收入占到了63.3%。① 糯里村村民欢快的笑声在金黄色的桔园里此起彼伏，他们

---

① 以上数据来源于2010年湘西州扶贫开发办工作总结资料。

发自内心地感叹产业扶贫带来的惊喜变化。

（二）定格产业扶贫之路

建立什么产业？怎么建立产业？如何巩固发展产业？这些是一个地方实施产业扶贫必须破解的重大课题。湘西州结合当地实际，不仅破解了这些课题，而且比较成功地定格了产业扶贫之路。

**1. 利用资源优势，科学规划产业体系**

选择和发展什么产业，必须遵循实事求是、因地制宜的原则，在充分考虑当地土地、气候、水、生物等自然资源禀赋优势的基础上，结合市场需要和内在潜力来科学规划产业体系。湘西州从事扶贫产业研究的专家团队发现，湘西州的神秘在于它在地球上特殊的地理位置和独特的生态环境，形成了气候上的微生物发酵带、土壤中的富含硒带和植物群落中的亚麻酸带。湘西州产业扶贫以这三个独特的自然带为基础构建了"三带"产业体系，把资源优势转化为经济优势，形成了以湘酒鬼、河溪香醋、保靖酱油、湘西酸菜等为代表的微生物发酵产业，以柑橘、猕猴桃、梨、枣等为主的水果产业，以猪、牛、羊地方品种为主的畜牧产业，以烤烟、茶叶、油茶、蔬菜、百合为主的特色经济产业，以杜仲、金银花、菁蒿、黄姜为主的药材产业。

**2. 配套基础设施，破解产业发展瓶颈**

常言道："要致富，先修路。"完善的基础设施是产业发展的基本前提和强有力的保障，路、电、水的问题没有解决，老百姓生产的劳动产品变成商品的成本就高，无法获利，产业发展就是一句空话。湘西州的产业扶贫把改善基础设施作为产业建设的重点，产业建到哪里，基础设施建设跟进配套到哪里，即基础设施建设跟着产业走，凡是建有产业的地方，是基础设施搞得最好的地方。泸溪县围绕28万亩柑桔产业项目开发，配套投入资金5400多万元，建设了大批水、电、路、椪柑气调库等基础设施，提高了产业扶贫的建设水平，为该县成为全国椪柑之乡奠定了坚实的基础。

**3. 加强组织领导，提供产业发展保障**

产业扶贫是一项长期而复杂的系统工程，涉及各个部门，关系到贫困地区一方百姓的脱贫问题，影响到一方农村经济，强有力的组织领导是产业扶贫工作顺利推进的基本保障。湘西州各级党委、政府把扶贫攻坚作为一项政治任务，纳入农村扶贫攻坚的总体规划，科学统筹规划全州的产业体系，按照"一名领导，一个产业，一套方案，一支队伍，一抓到底"的要求，建立健全产业扶贫组织体系，做到了主要领导亲自抓，分管领导具体抓，班子成员共同抓，一级抓一级。实行目标责任制，层层签订责任状，制定年度目标、领导责任及奖惩措施。一些产业还将生产收购任务逐级分解落实到乡镇、村寨、农户，工作落实到田头地块。完善了扶贫考核运作体系，加大了督查力度，确保层层抓落实。加强部门之间的合作，按照产业扶贫的总体规划，坚持扶贫部门会同农业银行、行业主管部门和企业单位的沟通与协作，共同协调解决产业发展中的困难和问题，形成建设和发展产业的合力。

**4. 扶持龙头企业，发挥龙头带动作用**

龙头企业是牵引和推动产业发展的动力源，它的辐射带动能力和服务水平直接制约产业发展的规模和后劲。没有龙头企业的带动或是其带动力薄弱，产业扶贫就如失去航向的小舟，无法摆脱被市场海洋吞噬的厄运。20多年来，湘西州围绕产业扶贫，大力培育、扶持和引进龙头企业，积极探索扶持龙头企业带动产业建设的扶贫机制。

一是重点培育能带动农户增收的龙头企业。每年投入1500多万元用于扶贫企业信贷贴息，围绕资源开发上项目，围绕特色农业搞加工，培育壮大一批带动农户增收、效益明显的龙头加工企业。湖南湘泉制药有限公司属于湖南省规划产业扶贫贴息项目，累计扶贫贴息资金近1000万元。2009年湖南湘泉制药有限公司销售收入8100万元，利税2900万元，通过"公司+农户+基地"模式种植中药材9000亩，木本药材3万亩，带动农户增收10200万元。

二是兼并重组，壮大中小型龙头企业。鼓励和支持州内中小型龙头企业开展改制建设，实行有效联合和开发式重组，扩大规模，增强其辐射带动能力。裕丰农牧有限责任公司从2005年5月开始对州内养猪行业进行全面调研和分析，通过自建、联办、联营的方式在州内建成10个基地场。2009年，该公司成长为湘西州规模最大的养猪企业，在武陵山区建成7个上规模的养殖场，种猪存栏3200余头，常年存栏牲猪27000余头，资产总额近6000万元，在湘鄂川黔渝边区养殖业中具有很大的影响力。

三是加大扶持力度，纵深发展较大龙头企业。全州累计投入扶贫资金达5亿元，扶持大型龙头企业延伸产业链条，向加工精深化发展，提高产品附加值，提升产业扶贫的效益。花垣北欧玛公司鲟鱼养殖有限公司是湘西州特种水产养殖与加工一体化的农业龙头企业，集鲟鱼加工、鲟鱼商品养殖、鲟鱼副产品精深加工于一体。它作为花垣县农业经济建设的骨干企业，得到了扶贫部门的大力扶持，在产业建设上给予了一系列优惠政策。

现可生产尾重 0.75 千克以上的商品鱼 50 吨，全部投产后可年产商品鱼 300 吨。到 2015 年形成年加工鲟鱼制品 500 吨、鱼子酱 10 吨的经营规模，年产值达 1.5 亿元。

四是加强现有龙头企业的管理。建立产业化扶贫龙头企业考核指标体系，对其运行进行监测，实行动态管理，严格遵循优胜劣汰的考核制度，监测合格的龙头企业享受相关扶持政策和优惠政策。近十年来，先后淘汰了永顺前港公司等 5 个公司，新扶持了 20 多个公司。

五是优化环境，吸引外地龙头企业到湘西州安营扎寨。利用政策优势，提供良好的服务和制度保障，吸引投资商到湘西州创建农产品加工企业。金凤凰公司、湘西华立制药有限公司、花垣县北欧玛鲟鱼养殖有限公司、古丈县有机茶业有限公司等都是湘西州在产业扶贫中招商引资的成功典型。

### 5. 加大科技投入，提高产业科技含量

产业科技含量的高低最终决定其市场竞争力的强弱。湘西州始终注重产业扶贫的科技含量，将其作为提升产业核心竞争力的关键。

一是围绕支柱产业开展生产实用技术的培训。从 2000 年开始，湘西州主要以湘西民族职业技术学院、怀化安江农校、州农业技术部门为培训基地，围绕支柱产业积极开展农业生产实用技术培训工作，每年培训农民 10 万人，逐年递增。至 2009 年，共培训 150 万人，大多数贫困农户掌握了 1~2 门实用技术。全州拥有乡镇农业技术人员 3 万多人，持"绿卡"上岗人员 2 万多人，科技对农业生产的贡献率由 1984 年的 20% 提高到 2009 年的 42%。

二是强化科技开发，培育精品名牌。从生产、贮藏、加工、销售、市场进行全方位的调研和开发，切实做好产业的技术、科技项目库建设。加强科学技术向产业链各个环节渗透，包括提高生产管理、采摘及采后处理、贮藏包装以及产品加工处理技术。做到一个支柱产业有一个名牌产品当龙头，一个县市有一批特色精品做支柱。先后繁育了"米良 1 号"猕猴桃和"8304""8306""260"椪柑等一系列优良新品种 25 个，引进新技术、新成果 28 项。特别是老爹公司开发的具有国际领先水平的高科技产品果王素，填补了国内空白。截至 2009 年，全州有 65 个农产品被认证为无公害、绿色和有机食品，有 4 个农产品获国家省级名牌产品称号，有 20 个农产品荣获湖南省著名商标。

三是推进标准化生产。以质量安全为核心，按照"五统一"出口基地建设要求，对产品的生产、加工、贮藏、运输、销售全过程进行标准化管

理，老产业基地坚持按标准化更新改造。2001年，在全国柑橘协会组织的柑橘生产质量和效益的评比中，湘西州获得"中国柑橘之乡"的美誉。2006年，湘西州有5个县市8个基地被检验检疫部门认定为"国家柑橘出口基地"。

**6. 建立激励机制，激发产业建设热情**

湘西州产业扶贫坚持以人为本，从人的基本需求出发，建立了包括物质和精神层面，覆盖产业建设各环节各类人群的奖励机制，激发了各类人群从事产业建设的热情，推动了产业建设快速发展。

一是开展农业产业化建设目标管理和绩效考核，对有突出贡献的单位和个人给予表彰奖励。

二是设立县市任务奖，对完成任务的主抓领导给予资金奖励。如烟叶生产奖励政策规定各县市按烟叶收购量为基数计算，每担奖励2元，其中40%用于奖励县市主抓领导，60%用于奖励基层工作人员。

三是采取"以奖代扶、以奖代补"的方式，对种养大户和规模加工企业实行奖励和补贴。对存栏能繁母牛2000头以上的，扶持100万元；对特种养殖年产值达5000万元以上的，扶持100万元；对药材加工企业年产值达5亿元以上的，扶持500万元；对林产品加工企业年产值达3亿元以上的，扶持1000万元等。

四是对优秀企业家和有重大贡献的科技人员，给予各种形式的表彰和重奖。全州设有科技兴州奖和科学技术进步奖，科学技术进步奖由州人民政府颁发证书和奖金，一等奖5万元，二等奖3万元，三等奖2万元。研发果王素第一人张永康教授2006年获得科技兴州奖，奖金10万元。

**7. 发展合作组织，降低产业发展成本**

千家万户农民在市场经济中面临着"三难"的境地，难以和龙头企业处于平等的地位，难以获得市场信息，难以降低交易成本。农户的"三难"困境增加了农业产业化的成本，成为制约农业产业化发展的桎梏。实践证明，通过农民专业合作组织实现农户与市场的对接，为农户提供生产、加工、储藏、销售、信息沟通等服务，能破解农户的"三难"困境，扩大农产品销售的利润空间，降低产业发展的成本。湘西州的产业化扶贫在这方面进行了积极探索，大力发展产业协会，推动其和农村经济合作。一是鼓励农村能人兴办农民专业合作组织。二是加大扶持。湘西州每年安排一定扶贫培训资金用于农民专业合作社开展技术推广与培训。三是引导农民按照自愿互利原则，大力推进"龙头企业+合作组织+基地+农户"的现代农业模式，重点扶持水果、茶叶、蔬菜、畜牧水产等专业合作组织。四是全州各县市切实落实对农民专业合作组织在企业所得税、增值税等方面的减免政策。农村信用社把合作组织作为信贷支农重点，每年发放一定规模的贷款，解决合作组织生产经营所需资金问题。五是对较大规模合作组织给予补贴。花垣县对成立两年以上的规模在50～100户、100～300户、300户以上的农民专业合作组织每年分别给予2万元、5万元、10万元的补贴。

**8. 加强政策指导，优化产业发展环境**

为进一步规范湘西州的产业建设，并提供良好的发展环境，湘西州委、州政府相继出台了十多份产业扶贫的文件，在人才、资金、技术以及政策方面提供了基本保障。主要有《果药茶桑畜开发实施办法》《建设农村支柱产业的决定》《关于鼓励机关干部和科技人员参与农业产业化经营的意见》《关于鼓励农村信贷扶贫支持特色支柱产业开发的意见》《关于加快培育发展产业集群的意见》《关于加快推进农业产业化的若干意见》《关于加快发展绿色食品产业意见的通知》《关于继续开展州级领导联系重点产业、重点项目和重点企业工作的通知》《湘西州产业扶贫重点项目以奖代扶办法》及《湘西自治州农业产业化州级龙头企业认定和运行监测管理暂行办法》等指导产业发展全局的文件。2000年，湘西州委专门下发了《关于大力推进边远特困村扶贫攻坚的决定》，要求集中力量对90个边远特困村实施以产业扶贫为重点的扶贫攻坚。同时，为指导具体产业的发展，还专门制定了《关于加快蔬菜产业发展的意见》《关于加快油茶产业发展的意见》《关于进一步加快生猪产业发展的意见》《关于认真做好2010年烟叶生产工作的通知》等文件。

湘西州贫困人群千百年来的希望和梦想随着产业扶贫的实施变成了现实。虽然截至2009年湘西州贫困面仍不小，消除贫困是一个艰难的历史过程，但从湘西州产业扶贫所取得的成效和成功做法来看，笔者深信这一历史过程会大大缩短，明天的湘西州不仅会更加美丽神秘，而且随着产业扶贫之花的绽开，将更加绚丽夺目，展现在世人面前的湘西州一定是完全、完整、令人羡慕的美。①

## 三、特色农业促进农民增收的实践探索

2013年11月，习近平总书记视察湘西州，作出了"发展是甩掉贫困

---

① 周峻：《产业扶贫放飞脱贫梦想》，载《中国扶贫》2011年第1期。

帽子的总办法，贫困地区要从实际出发，因地制宜，把种什么、养什么、从哪里增收想明白""依靠科技，开拓市场，做大做优水果产业，加快脱贫致富步伐"等有关脱贫和产业发展的重要指示。湘西州委、州政府认真贯彻习近平总书记的重要指示，连续7年出台关于精准扶贫精准脱贫工作的州委1号文件，始终把发展生产脱贫工程摆在精准扶贫脱贫"十项工程"之首，全力推进，走出了一条具有湘西特色的产业扶贫之路，成为湘西州精准扶贫的一张靓丽名片。截至2020年，全州实现农林牧渔业总产值196.96亿元，农村居民人均可支配收入11242元，全州2/3以上贫困人口通过产业带动实现脱贫增收，贫困村集体经济收入达到5万元以上，有力加快了贫困群众脱贫致富奔小康的步伐。

(一) 突出政府引领

湘西州委、州政府把发展产业作为实现脱贫的根本之策，大力实施、发展生产脱贫工程。全州构建了产业发展工作责任体系，把发展农业特色产业作为党政"一把手"工程，州级层面组建了茶叶、油茶、烟叶、生猪四大重点产业专班，党委脱贫攻坚办负责日常工作推进情况的统筹调度，各县市结合本县市情组建了相应的工作专班。同时在资金整合投入、规划制定、政策支撑、资源调配、办点示范等方面对产业发展加强统筹谋划指导。精准扶贫时期，全州每年整合涉农资金30亿元左右，重点用于产业扶持和基础设施配套建设。强化示范带动作用，注重以点带面、点面结合，坚持示范基地和示范园区的建设，打造一批产业特色乡镇、特色村，更好地发挥示范引领、辐射带动作用。州委、州政府要求扶贫工作队和帮扶干部进村下地抓产业，强化对乡镇村一级干部的产业发展能力的培训，提高干部推动产业发展的专业能力。各县市、乡镇要坚持把"双带"能力强的致富能手、农民合作社负责人、优秀民营企业家、外出务工经商返乡能人等选拔到村支"两委"班子中来，提高基层党组织推进产业发展的能力。全州把农业特色产业发展工作纳入五个文明建设绩效考核中，实行一季一督查、半年一讲评、一年一考核。考核结果直接作为单位评先评优、干部选拔任用的重要依据。纪委、监委、审计、财政等有关部门加强对产业项目资金使用的监督管理和跟踪问效。在全州实施农业特色产业发展"大比拼"行动，每年对推进产业发展成效突出的先进县市、前30强重点产业乡镇和前200强特色产业村进行一次评比表彰，营造大抓产业、大兴产业的浓郁氛围。

### (二) 突出产业扶贫规划布局

2017年,《中共湘西自治州委 湘西自治州人民政府关于加快农业特色产业提质增效的意见》(州发〔2017〕5号)提出实施农业特色产业提质增效"845"计划,即培育壮大柑橘、茶叶、烟叶、猕猴桃、蔬菜、油茶、中药材(杜仲、百合)和特色养殖(黑猪、黄牛)八大特色产业,到2020年建成特色产业基地400万亩,实现产值500亿元。湘西州按照农业特色产业提质增效"845"计划,结合"四跟四走"产业扶贫模式和"让每个贫困村有1个以上当家产业,每户贫困户有1个以上增收项目"的扶贫工作要求,实施"一县一业、一乡一特、一村一品、一户一策"措施,一方面大力发展茶叶、油茶、柑橘、猕猴桃、中药材(杜仲、百合)、烟叶、蔬菜和特色养殖(黑猪、黄牛)等八大特色产业,加快农业扶贫产业园区和基地的"园、社、企、水、路"综合配套建设。截至2020年,全州特色产业基地面积达500万亩,建设了融合示范区16个、田园综合体9个、万亩精品园24个、千亩标准园316个、百亩示范园2306个,花垣农业科技园区晋升为国家级农业园区。另一方面,积极引导贫困群众因地制宜发展小养殖、小庭院、小作坊、小买卖"四小经济",将"短平快"产业作为长效产业的重要补充。全州形成了村有百亩示范园、乡有千亩标准园、县有万亩精品园,县市、乡镇和村都有了稳定脱贫的主导产业,贫困户有稳定脱贫的当家产业的产业扶贫新格局。

### (三) 突出科技创新带动

习近平总书记多次强调,要给农业插上科技的翅膀。湘西州高度重视科技对农业特色产业发展的支撑和引擎作用。

一是大力推进信息技术与农业产业的深度融合。积极探索发展智慧农业,用好农村电商平台,打通特色农产品销售"最先一公里",加快实现产业生产智能化、社会服务专业化、产品营销网络化。

二是加大科研成果转化的奖补力度。支持农技人员、高等院校、科研院所与新型农业经营主体开展技术合作,做好优良品种选育、高产优质栽培、精深加工等工作,提高科技助力农业特色产业发展的水平和效益。

三是强化农业农村技术服务。畅通各类农业技术人才下乡渠道,健全专家服务团、科技特派员、"三区"人才和贫困户发展指导员制度,加强职业农民、农村干部的技能培训,挖掘了一批身上有本事、手中有绝活的"土专家""田秀才",培养了一批批农村科教人才、实用技能人才。制定了《湘西州千名农技干部精准帮扶联村全覆盖行动方案》,开展千名农技干部联村精准帮扶行动,以贫困村为重点,辐射全州所有行政村。主要通过组织遴选有一定专业技术能力和组织协调能力的农业技术人员和农业行政管理人员,深入农村生产第一线,采取联村或包村的形式开展农业技术对口服务和定点技术服务,帮助农户发展生产,提高农业产业的技术含量。2018年,湘西州选出州、县市农技专家903人,组成8个专家服务团115个精准帮扶服务队,深入基层生产第一线开展政策宣讲、技术培训和科技服务活动,为加快农业特色产业发展提供了有力的人才支撑。

四是整合州内教育资源,开展农业产业技术攻关。整合州农科院、州林科院、湘西民族职业技术学院和吉首大学等院校的科研资源,鼓励政校企研合作,针对湘西州农业特色产业存在的突出技术问题,集中力量开展技术攻关和研发,着力解决品种改良、产品保鲜、病虫害防治、生产加工成本降低等一批关键技术问题,对标国内国际高标准,突出对抓好茶叶、油茶等特色优势产业的生产加工技术研发,不断提高产业高、精、尖水平,推动全州产业迈向价值链中高端,着力抢占同行业同领域的技术制高点。

## (四)突出对新型经营主体的培育和利益联结机制的构建

新型农业经营主体是发展现代农业的主力军,在引领农业适度规模经营发展、带动农民产业增收方面作用显著。湘西州大力发展和培育种养专业合作社、涉农企业和家庭农场,尤其是培育和引入一批上规模、科技含量高、市场竞争力和辐射带动力强的龙头企业,对其在财政扶持、用地保障、资源倾斜、减负强企、金融服务、"绿色通道"服务等方面加大支持力度,并且不断增强龙头企业的带动能力。

截至2020年,全州农产品加工企业达2937家,州级以上龙头企业203家;培育发展农民合作社6556家,家庭农场2423家。推行"市场+龙头企业+合作社+贫困户""龙头企业+合作社+贫困户""合作社+贫困户""集体经济+贫困户"等多种利益联结模式,不断完善贫困户利益联结机制,将贫困户的生产要素合理融入扶贫产业中,使贫困户获得多元化的生产经营、租金、薪金、分红等收益。全州通过直接帮扶、委托帮扶、合作帮扶、股份帮扶四种模式,推进产业扶贫工作,形成了"发展产业脱贫、产业带动脱贫、脱贫依靠产业"的良好局面,50.88万贫困人口与新型经营主体形成利益联结,带动76.8%的贫困人口脱贫。如永顺县芙蓉镇落实贫困户人均1000元帮扶资金。发树村村民彭南武,家中贫困人口 5 人，通过人均 1000 元的帮扶资金，购买了 4 头猪仔、20 只鸡仔饲养，发展油茶 20 亩，可获利 8000 余元。另外通过个人申请、村民代表大会评选、村委会审议被聘任为生态转岗护林员的，每年可获工资收入 10000 元。再如古丈县岩头寨镇梓木村 30 户建档立卡贫困户以 "合作社 + 村支两委 + 基地 + 农户" 形式委托古丈县金铂农牧专业合作社帮扶发展牧业养殖并实现增收。李玉平就是其中的贫困户，一家 7 人，一年流转土地 5 亩收入 1000 元，在合作社的劳务收入 7000 元，种植牧草 1 亩收入 1000 元，售卖农作物秸秆收入 1000 元，实现就地增收 10000 元。保靖县陇木峒村实行 "村支两委 + 合作社 + 农户" 股份合作扶贫模式，村支 "两委" 牵头成立索源果业专业合作社，流转 300 亩土地发展猕猴桃，流转 400 亩山地发展 "四季花果园" 旅游观光、建设生态农庄等，第一、第二、第三产业融合发展，合作社吸纳村民 96 户 432 人，其中贫困户 32 户 132 人。采取现金入股、土地入股的方式，按 20∶10∶35∶35（公积金∶村集体∶股金分红∶投工分红）的利润分配形式，每年贫困户从土地入股和投工分红中人均可增加收入 2500 多元。与此同时，村集体经济收入每年可达 5 万元以上。

（五）突出第一、二、三产业融合发展

湘西州积极探索第一、二、三产业融合发展的路子，注重农业特色产业的基地建设，农产品加工、仓储、物流和营销全产业链的建设与发展，开发田园综合体和休闲观光农业，将农业特色产业建设与乡村旅游相结合，在全域旅游中推进农旅融合发展。加快土家族、苗族两条生态文化村镇游精品线开发，串联六大村落集群，推进 300 个特色村寨保护整治开发，培育打造了凤凰竹山和菖蒲塘、花垣十八洞、泸溪狮子山、龙山惹巴拉、古丈夯吾等一大批乡村游景点，在乡村旅游推进中大力实施景区带村、能人带户、跨村联合、农旅产业融合、公司 + 农户、合作社 + 农户 "双带双合双加" 旅游扶贫模式，244 个村被列入全国乡村旅游扶贫重点村。譬如，古丈县的湘西墨戎苗寨乡村游有限公司打造特色休闲农业和乡村旅游扶贫产业基地，以 "旅游兴村、茶叶富民" 为发展指导，以茶产业为基础，建设茶园观光园，发展休闲农业，带动旅游业的发展。同时通过乡村旅游扶贫产业的发展，带动了村民发展生态种植和养殖产业。此外，该公司还自建宣传和营销网站，并接入地方智慧旅游系统，利用网络平台和旅游景区平台加大宣传展示力度，拓宽农副特产品销售渠道。同时推出了民俗文化游、饮食文化游、非遗参观游、乡村休闲游等多种旅游体验。

茶叶、腊肉、地方果蔬、苗族银饰、苗族织绣等20多种商品被打造成地方特色旅游商品。公司和村支"两委"鼓励农户依托乡村旅游创办经营实体，免费为村民进行创业指导，出资为村民制作货柜。2020年，公司扶持村民创办经营实体185家，从业人员800多名，涉及茶果蔬种植、家畜家禽养殖、农副产品加工、旅游商品销售、餐饮服务等行业。公司将墨戎苗寨民俗风景区面积扩大至500多亩，发展茶叶种植面积2000亩，辐射带动3000亩，达到有机标准800亩，建有标准化茶叶加工厂一座，年产茶叶60余吨，新设茶叶营销网点20多个。年接待游客达130万人，旅游综合收入1.9亿元，创利税3000多万元，上缴村集体经济收入500多万元，委托帮扶3个村集体发展扶贫产业，受益农户2000多户1万多人，累计带动脱贫500多户2000多人。

## 四、完善基础设施建设，助力决胜脱贫攻坚

湘西州地处武陵山区腹地，域内崇山峻岭，沟壑纵横，地势崎岖，致贫原因众多。2010年，州内低海拔地区、城郊接合部依靠扶贫产业已实现脱贫，但广大中高海拔地区特别是腊尔山、吕洞山、红土壤和永龙四大贫困片区却依旧是贫穷面貌。基础条件薄弱且改善成本较高，基础设施落后成为当时制约贫困地区发展的最大因素。湘西州为了加快改变本州基础设施建设滞后的状况，加快脱贫致富的步伐，有效破解制约湘西州发展的瓶颈，精准脱贫期间，把完善基础设施建设作为一项重大的工程大力投入、全力推进，取得了显著成效，完全改变了湘西州基础设施落后的局面，为决胜脱贫攻坚、推动湘西州区域经济发展打下了坚实的基础。

### （一）精准脱贫前湘西州基础设施建设情况

2009年，湘西州人均固定资产投资额仅为全国、全省平均水平的38.8%和56.2%。2010年，湘西州固定资产投资总额为208.5亿元，仅占全省固定资产投资总额的2.12%。农村公路、水利、电网等基础设施建设滞后，无法满足当地群众生产生活的需要，严重阻碍了当地产业的发展，成为致贫的主要因素。

**1. 公路建设情况滞后**

2010年，湘西州公路密度仅为67千米/百平方千米，等级公路仅占公路总里程的30%，通乡和通村公路的硬化率分别约为60%和20%。

一是未通公路行政村尚有一定的比例。苗家、土家族山寨的行政村由

多个自然寨和村民小组组成，但只有一个村部。2010年，湘西州行政村村部未通公路的有123个，占村总数的6.23%，涉及人数为12.74万人，总里程达613.7千米。其中，行政村内无任何公路的有59个，涉及人数为4.78万人，未通公路里程达549.9千米。若以"普通砂石路面，路基宽度3.5米"为核算标准，资金概算大约为9147万元。

二是自然寨和耕作区未通路的情况较为严重。2010年，湘西州未通公路的自然寨有3148个，总里程约6500千米。其中，龙山有1256个自然寨未通公路，5.5万余人尚未摆脱肩挑背负的历史；凤凰县68个国定贫困村尚有85个自然寨未通公路；泸溪县100人以上的自然寨未通路的有173个，涉及49074万人，总里程460.4千米。大多数耕作区未通机耕道，特别是坡地耕作区基本上没有机耕道。相关资料统计，100亩以上的耕作区未通机耕道的比例近70%。

三是道路通达情况较差。从道路通达的情况来看，2010年，古丈县高峰乡陈家村9个小组12个自然寨中，只有4个村民小组5个自然寨通了公路，已经开通的公路也因投入有限等原因，路况极差，只有晴天才能通车，被村民们称为"太阳路"。

**2. 水利基础设施建设滞后**

2010年，湘西州大部分农田水利设施严重老化、损毁，有效灌溉率不足40%，人均旱涝保收农田面积不足0.5亩，远远低于国家0.8亩的最低标准。吉首市农村人均旱涝保收田土不足0.1亩，大多耕地土壤结构差，肥力不足，保水能力差，且境内水库塘坝少，防洪抗旱能力差，山洪暴发常使农村受损严重。泸溪县80%的农田水利设施是20世纪六七十年代修建的，基本超过使用年限，存在病险的水库较多。2010年，保靖县投入国家水利建设资金2550万元，人均投入不足100元，旱涝保收面积93750亩，占69%，农业人均旱涝保收0.36亩。

**3. 饮水安全设施建设滞后**

湘西州农村大多数地区是碳岩地区，单位面积水源稀少。2010年，湘西州尚有近80万农村人口存在饮水安全和困难问题。其中，古丈县有49个行政村和1036个自然寨9.58万名农民未从根本上解决安全饮水问题。泸溪县农村大部分人饮工程因缺资常年失修，导致近11万农村人口存在饮水困难和不安全问题。保靖县有13.36万人存在安全饮水困难。凤凰县腊尔山片区43.1%的村寨都存在缺水和饮用不洁净水的现象。

**4. 农村电网改造滞后**

2010年，湘西州农村电网改造仅完成40%，农村供电不稳、电价偏高问题比较突出。保靖县有105个行政村还没有进行农网改造；古丈县有128个村小组还没有进行农网改造；龙山县有25%的行政村未稳定通电，85%的行政村未实现城乡同网同价。凤凰县有56个村未实施农网改造，整个腊尔山片区还没有进行农网改造，仅靠当地小型水电站发电，供电系统不稳定，供电线路老化，供电价格昂贵，最低价是1元/度，最高价达到3元/度。

基础设施建设的滞后严重阻碍了湘西州脱贫致富的步伐。因为，深度贫困在很大程度上是基础设施落后造成的。道路不通，靠肩挑背袱，劳动生产率低，农民累不起，更富不了。水不通，没有基本的生存条件，种田三年两不收，发展产业是只见开花不见果。在这种情况下，农民的温饱问题难以解决。饮水不卫生更是雪上加霜，因病致贫、贫病交加的情况屡见不鲜。电不稳、电价高，影响了农民接受现代化信息，增加了支出。农民文化水平不高也与基础设施落后密切相关，农村儿童读书，因路途遥远，一天往返学校要5～6个小时，不仅保证不了有效的学习时间，而且累得筋疲力尽，没有精力和心思学习。产业建设更依赖于基础设施的改善，基础设施建设是产业建设的基本前提和必要保障，没有水、电、路的保障，产业建设就好比空中楼阁，没有建立的根基。

## （二）精准脱贫期间湘西州全力推进基础设施建设的举措

为了加快改变湘西州基础设施建设滞后的情况，加快脱贫致富的步伐，有效破解制约湘西州发展的瓶颈，在精准脱贫期间，湘西州把完善基础设施建设作为一项重大的工程全力推进、合力攻坚。

**1. 制定和实施精准扶贫基础设施配套工程**

2016年初，湘西州印发《湘西自治州精准脱贫"十项工程"实施方案（试行）》（州办发〔2016〕3号），开始实施"精准扶贫基础设施配套工程"，并提出到2020年，基本实现"外通内联、通村畅乡、班车到村、安全便捷"的农村交通网络体系；全面完成农网改造任务，实现城乡用电同网同价；全面解决贫困人口饮水安全问题；实现全州所有行政村通宽带网络，村村通广播、户户通直播卫星。明确了以下几项工作重点。

一是加快道路建设。继续改善干线公路和农村公路条件，完成干线公路改造913千米，农村公路改造1972千米。继续完善村间道路、产业路，消灭"断头路"，加强农村危桥改造和安保工程建设，增设生命安全防护设施，完善农村道路标识标牌，实现所有具备通公路条件的建制村通公路。

二是加快水利建设。加快古丈古阳河、永顺中秋河、花垣吉辽河、凤凰乌巢河、龙山龙潭河、泸溪辛女溪、保靖三岔河水库等烟草援建水源工程及永顺芙蓉、保靖小溪、龙山楠竹坪抗旱应急水源工程建设。推进花垣小排吾、保靖长潭中型水库及保靖狮子桥、双溶滩、泸溪甘溪桥、花垣红卫等大中型水闸除险加固项目建设。继续实施中小河流治理工程和酉水、武水大型灌区续建配套与节水改造工程，推进中央财政农田水利工程建设，加快"五小水利"建设，提高抗旱减灾能力。实施农村饮水安全巩固提升工程，全面解决农村贫困人口安全饮水问题，自来水普及率达到80%以上。

三是加快农村电网改造。加快实施农村电网改造升级工程，全面完成172个扶贫村电网改造，升级改造476个贫困村电网，实现城乡用电同网同价。

四是加快信息网络建设。推进农村网络完善工程和"宽带乡村"工程，实现宽带网络基本覆盖。推进直播卫星"户户通"工程，实现全覆盖。加快农村广播"村村响"工程建设，实现县市有广播中心、乡镇（街道）有广播站、村（社区）有广播室。

**2. 强化组织领导，狠抓责任落实**

（1）成立州精准脱贫"基础设施配套工程"协调小组，由州人民政府副州长任组长，州发改委、州财政局、州经信委、州交通运输局、州水利局、国网湘西供电公司、中国电信湘西分公司、中国移动湘西分公司、中国联通湘西分公司、州铁塔公司等单位为成员单位，定期召开会议，研究部署工作。在州发改委设协调小组办公室，负责日常工作和督查考核。各成员单位和县市参照成立专门的工作班子，形成"主要领导亲自抓、分管领导具体抓、具体人员落实"的工作机制，并将工作架构延伸到乡镇。

（2）进一步细化工作目标，将目标任务按单位、按年份、按季度划分，逐项落实到责任单位、责任人和具体时间节点上。要求各成员单位围绕工作目标，各司其职，各负其责，加强协调，互相配合，对落实目标任务过程中出现的各种情况和问题，及时沟通，及时处理。要求县市人民政府切实落实责任主体，负责具体组织交通、水利、农网改造、信息网络设施建设，将任务进一步分解到村，明确完成时间，实行挂图作战。严格实行"一月一巡查调度、一季一督查、半年一小结、一年一考评"的考核模式，将精准脱贫"基础设施配套工程"推进情况纳入县市绩效考核范围。

（3）州基础设施配套工程协调小组会同成员单位定期对8县市开展专项调度督查，对存在的困难现场协调解决，对发现的问题及时提出整改要求，既狠抓项目建设进度，更注重项目资金安全、质量安全和建设安全，切实保障人民群众的切身利益。

### 3. 强化统筹整合，破解建设瓶颈

着力破除资金和土地两个瓶颈。一方面想方设法保证项目用地，各县市及早谋划部署，提前储备一批贫困村基础设施项目；同时科学合理调度，将土地指标优先安排用于贫困村，确保项目建设按时推进。另一方面千方百计拓展融资渠道，创新项目融资模式。基础设施建设涉及路、水、电、信息等，项目投资规模大，各县市按照"政府引导、部门协调、市场运作"的原则，积极筹措项目建设资金，拓宽融资渠道。

一是加大上级资金支持力度。各成员单位积极向上申报基础设施项目，加强项目跟踪落实，对接利用好中央、省及对口支援单位的扶贫政策，争取上级专项资金支持。

二是积极利用社会资金投资。充分调动民间投资的积极性，鼓励民间资本参与公共领域基础设施建设，采取PPP模式（政府和社会资本合作模式）引进资金实力雄厚、施工技术先进、工程管理经验丰富的战略投资者参与项目建设。

三是加强与金融部门合作。加强与政策性银行和商业银行合作，建立政、银、企平台，积极推介基础设施项目，加强与金融部门沟通衔接，依托政府投融资平台公司，积极争取金融部门贷款支持。

四是科学整合部门资金。优先保证贫困村基础设施配套工程建设，最大限度地保障建设资金需求。

### （三）精准脱贫期间湘西州基础设施建设成效显著

截至2018年底，湘西州建成农村公路通畅工程2310千米，完成提质改造1003千米，危桥改造634座，安保工程5769千米，实现了县县通二级路、乡乡通沥青或水泥路、村村道路硬化的目标。全州建制村通客班车率由2013年的56.1%提升至2019年的96.5%，2019年全面完成全州1584个自然村通水泥（沥青）路的建设任务，实现了全州自然村"组组通"，打通了群众出行"最后一公里"。同时，扎实推进农村饮水安全提升工程，建成农村饮水安全巩固提升工程2542处，受益群众达193.82万人，实现全州66.0073万贫困人口安全饮水全覆盖，农村自来水普及率达到80.95%，村民饮水难的问题基本得到解决。湘西供电公司全面完成供区内1576个行政村（居）委会农村电网改造任务，农村电网改造率达到100%，农村低电压和县域电网可靠供电问题已基本得到解决。如花垣县农村电网改造全面完成，全面实现全州城乡居民用电同网同价。加快

宽带网络升级改造，推进光纤入户工程，持续扩大城乡宽带网络覆盖范围和提升接入能力，实现宽带网络深度覆盖。全州行政村4G覆盖率达99.34%，宽带覆盖率达99.78%，破除了经济社会发展的信息屏障。全州实现了乡乡通水泥路、村村通公路，乡乡通宽带、村村通移动通信。同时，坚持在基础设施建设上不搞大拆大建，注重留住乡愁与实用美观相结合，按照"统一规划、保持原貌、节俭实用、协调美观"原则，大力实施交通、安全饮水、电网改造、危房改造等十大基础设施与公共服务"微建设"工程，同时深入开展城乡同建同治、农村人居环境综合整治，大力推进美丽乡村建设，真正让农村有美丽又有乡味。居民生产生活条件大幅改善，群众获得感、满意度不断提升。

## 五、新时代农村贫困残疾人保障问题浅析

农村贫困残疾人是弱势群体中的特殊群体，特殊的身体特征导致他们生活和就业十分困难，被边缘化现象日渐加重。解决农村贫困残疾人的保障问题是精准扶贫工作需攻克的碉堡，也是打赢脱贫攻坚战的重要组成部分。现以凤凰县农村贫困残疾人数据为基准，采用SWOT分析法进行剖析，论证政策性因素对农村贫困残疾人保障的影响程度，在此基础上提出有针对性的对策建议。

（一）残疾人概况

截至2019年11月，凤凰县持证残疾人有12593人，其中，一、二级重度残疾人4115人，三、四级中轻度残疾人8478人；农村贫困残疾人6301人，其中，低保残疾人3941人，已脱贫4083人。

（二）残疾人保障SWOT分析

利用SWOT分析法对农村贫困残疾人自身优势（strength）、劣势（weakness）、机遇（opportunity）和挑战（threat）进行客观全面分析，是解决新时代农村贫困残疾人保障问题的重要依据。

1. 优势分析

（1）残疾人具有身残志坚、做事执着的优秀品质。残疾人普遍的愿望是能在社会中正常生活和工作，受人尊重，他们有提高生活水平的强烈意愿，有为实现意愿而奋发作为的决心和毅力，同时热衷于各种劳动技能培训，积极响应政府产业发展及转移就业的号召。2010年以来，凤凰县越

来越多的残疾人为实现增收而奋发图强,有842人参加职业技能培训和实用技术培训以提升就业能力;有1005人通过创业、外出务工、发展产业等实现就业创收。其中,131人积极创业,涌现出一批创业达人,个别残疾人甚至还创建了营收达百万元的农场。同时,用工单位普遍表示很多残疾人在工作中对工作的专注度和热情度都非常高,责任心强、任劳任怨。

(2)当代残疾人希望通过教育改变命运的意识和意志越来越强。随着经济水平日益提升、义务教育全面普及,现阶段适龄儿童中的贫困残疾人基本都能接受教育,加之残疾人坚韧的品格,他们往往更刻苦钻研,进入高等院校的人越来越多,残疾人受教育程度的一步步提升,为将来就业打下良好基础。凤凰县1990—2000年出生的贫困残疾人,有学习能力的163人,其中文化程度超过初中的有61人(大学文凭9人),占比37.42%,已远超20世纪90年代以前出生的贫困残疾人的文化程度。凤凰县高级中学教师吴江兵,是山江镇鱼井村贫困户,视力残疾,在凤凰县就读高中时,老师就反映其学习努力程度远超其他人,后考上武汉大学硕士研究生,如今已作为高学历人才引入凤凰县教书育人。

**2. 劣势分析**

(1)从残疾人结构看,无劳动能力残疾人和老年残疾人占比大。从表5-1可知,2018年,凤凰县6301名贫困残疾人中,有2327人属于一、二级残疾,基本无劳动能力,占比37%;超过60岁的老年贫困残疾人有2110人,占比33%,老龄化现象严重。

表5-1 2018年凤凰县残疾人就业状况(按劳动力划分)

| 残疾级别 | 残疾类型 | 人数(人) | 60岁以上人数(人) | 无劳动能力人数(人) | 半劳动能力人数(人) | 就业数(人) | 拥有劳动能力的残疾人就业比例 |
|---|---|---|---|---|---|---|---|
| 一级残疾 | 视力残疾 | 142 | 85 | 111 | 31 | 16 | 51.61% |
| | 听力残疾 | 118 | 37 | 51 | 67 | 36 | 53.73% |
| | 言语残疾 | 7 | 0 | 4 | 3 | 1 | 33.33% |
| | 肢体残疾 | 136 | 25 | 136 | 0 | 0 | 0 |
| | 智力残疾 | 18 | 2 | 18 | 0 | 0 | 0 |
| | 精神残疾 | 10 | 1 | 10 | 0 | 0 | 0 |
| | 多重残疾 | 612 | 71 | 597 | 15 | 11 | 73.33% |

续表

| 残疾级别 | 残疾类型 | 人数（人） | 60岁以上人数（人） | 无劳动能力人数（人） | 半劳动能力人数（人） | 就业数（人） | 拥有劳动能力的残疾人就业比例 |
|---|---|---|---|---|---|---|---|
| 二级残疾 | 视力残疾 | 65 | 35 | 38 | 27 | 17 | 62.96% |
| | 听力残疾 | 98 | 36 | 70 | 28 | 19 | 67.86% |
| | 言语残疾 | 15 | 4 | 10 | 5 | 1 | 20.00% |
| | 肢体残疾 | 700 | 318 | 700 | 0 | 0 | 0 |
| | 智力残疾 | 131 | 13 | 131 | 0 | 0 | 0 |
| | 精神残疾 | 169 | 24 | 169 | 0 | 0 | 0 |
| | 多重残疾 | 106 | 11 | 73 | 33 | 21 | 63.64% |
| 三级残疾 | 视力残疾 | 45 | 25 | 18 | 27 | 13 | 48.15% |
| | 听力残疾 | 100 | 36 | 44 | 56 | 30 | 53.57% |
| | 言语残疾 | 15 | 4 | 8 | 7 | 4 | 57.14% |
| | 肢体残疾 | 868 | 427 | 463 | 405 | 216 | 53.33% |
| | 智力残疾 | 315 | 20 | 294 | 21 | 11 | 52.38% |
| | 精神残疾 | 223 | 18 | 212 | 11 | 5 | 45.45% |
| | 多重残疾 | 45 | 7 | 23 | 22 | 10 | 45.45% |
| 四级残疾 | 视力残疾 | 237 | 137 | 133 | 104 | 68 | 65.38% |
| | 听力残疾 | 58 | 28 | 27 | 31 | 13 | 41.94% |
| | 言语残疾 | 12 | 3 | 4 | 8 | 3 | 37.50% |
| | 肢体残疾 | 1662 | 704 | 441 | 1221 | 474 | 38.82% |
| | 智力残疾 | 276 | 23 | 211 | 65 | 25 | 38.46% |
| | 精神残疾 | 100 | 12 | 85 | 15 | 6 | 40.00% |
| | 多重残疾 | 18 | 4 | 8 | 10 | 5 | 50.00% |

数据来源：凤凰县残疾人联合会2018年统计数据。

（2）残疾人由于身体障碍，可能会产生心理封闭倾向，主观上不愿就业。凤凰县有劳动能力的贫困残疾人有2212人，就业1005人，就业率仅为 45.43%,一半以上有劳动能力的残疾人无法就业。在走访调研中我们发现,近 1/3 的残疾人有自卑自闭或消极厌世的心理。一是因身体缺陷,无法像普通人一样生活,从而导致自信心缺乏,易自卑。二是部分企业、个人对残疾人有排斥、歧视等行为,使得残疾人在学习、生活和工作中感到无助,很难实现个人的理想与愿望。三是社会残疾配套设施不健全,如缺乏无障碍通道、残疾人卫生间、红绿灯声音信号等,限制了残疾人外出范围,加之缺少人际交往,久而久之便产生孤独心理。

(3) 残疾人岗位选择有限,就业面窄。凤凰县残疾人就业大部分集中在食品加工、手工艺品加工等行业。这些岗位属于传统的、低端的劳动,工作简单易被替代,且收入低、不稳定。

**3. 面临的机遇分析**

(1) 精准扶贫将残疾人作为特别关爱对象。精准扶贫尤其关注残疾人,将贫困残疾人保障工作纳入考核指标,要求给申请办证的贫困残疾人及时办理残疾人证;对申请补贴的贫困残疾人进行审批认定,及时发放两项补贴资金;给贫困残疾人代缴医疗保险和养老保险,确保其全部参加医疗保险和养老保险;落实贫困残疾人教育资助。

一是实施残疾人"两项补贴"和两项保险代缴政策,使残疾人生活得到基本保障。凤凰县贫困残疾人享受重度残疾人护理补贴的有 3868 人,享受贫困残疾人生活补贴的有 3905 人,合计补贴 255.4 万元;享受代缴医疗保险的有 4118 人、享受养老保险的有 4949 人,合计代缴保险费 237.3 万元。

二是除教育系统发放教育生活补助外,对高中及以上残疾学生和贫困残疾家庭子女再次进行教育资助,实现教育保障全覆盖。凤凰县共资助残疾学生 552 人,发放资助金 122.17 万元。

(2) 中央、省和州各级领导高度重视。

一是投入大量资金用于残疾人康复、教育、就业、社会保障、无障碍改造、文化体育等残疾人事业,几年来共投入 916.72 万元,其中,2018 年投入 157.4 万元,2019 年投入 213 万元,资金投入对贫困残疾人的保障作用显著。

二是制定了一系列残疾人保障政策措施,对提高残疾人生活水平、提升就业率有着至关重要的作用。①贫困残疾人精准康复相关政策。对 0~7 岁残疾儿童进行抢救性康复训练、人工耳蜗植入术、肢体矫正手术,抢抓最佳康复期;对 352 名贫困白内障患者进行复明手术、肢体矫正手术;对 1873 名有需求的贫困残疾人进行免费辅具适配;与贫困残疾人签订家庭医生服务协议；为就业年龄段的贫困残疾人提供职业康复功能训练；为有服药需求的精神类残疾人免费提供药物。②贫困残疾人就业政策。首先，用人单位必须按1.5%的比例安排残疾人就业，达不到比例的，必须缴纳残疾人就业保障金。通过比例调控，凤凰县安排残疾人就业234人。其次，实施外出务工残疾人交通补贴发放、残疾人职业技能培训等政策，为残疾人就业提供便利。凤凰县通过对外出务工残疾人发放交通补贴，扶持带动408人实现转移就业，通过职业技能培训，培训贫困残疾人842人。通过政策引导，凤凰县盲人从事按摩的人数逐年增加，从最初的5人增加到43人。③残疾人创业扶持、残疾人个体就业税收减免和残疾人行业扶持等政策，为残疾人创造良好的创业环境。凤凰县投入扶持资金115万元，扶持残疾人131人，如吉信镇高坡营村村民田云强，肢体残疾，通过创业扶持，于2016年创办高坡云康源生态农场，有65个大棚、各类蔬菜水果141亩，并帮助了4名残疾人就业；落潮井乡落潮井村残疾人向富，通过创业扶持，于2017年6月创办昌顺蔬菜家庭农场，种植辣椒200亩。④贫困残疾人家庭无障碍改造项目政策。凤凰县共投入165.9万元，帮助了237户残疾人家庭，方便其生产生活。

（3）全社会关爱残疾人的氛围日益浓厚。一是济南市天桥区残联、郴州市北湖区残联、上海市残联对口帮扶凤凰县。2018年，凤凰县受益残疾人有168人，受益资金140.2万元，涵盖护林员、保洁员、易地搬迁管护员、扶贫车间、就业培训5个项目。二是积极开展针对残疾人的"一日捐"行动，社会各界纷纷慷慨解囊，捐赠的物资全部用于提高重度残疾人的生活质量。

（4）网络服务的兴起拓展了残疾人就业的空间。一是残疾人通过电脑、手机等电子设备，利用网络开店经商、自主创业；电商平台为残疾人销售农产品、手工艺品提供了多元化渠道。二是互联网的普及，特别是全国残疾人就业创业网络服务平台的建设，为残疾人提供了招聘信息、残疾人企业信息、就业培训等，为他们的就业创业营造了便捷的环境。

**4. 面对的挑战分析**

歧视问题是残疾人就业不稳定的关键原因。歧视问题主要体现在用人歧视和岗位歧视。调研中发现，凤凰县2/3的农村贫困残疾人表示，就业难主要在于一些用人单位宁愿缴纳残保金，也不愿意雇佣残疾人。极少数雇佣残疾人的单位仅能提供门卫、清洁员等岗位。同时，残疾人的技能和岗位培训不对口，缺乏职业心理培训，导致残疾人缺乏竞争力，易被取代。

**5. 综合分析**

通过 SWOT 分析法对残疾人优势、劣势以及面临的机遇和挑战进行分析，可以判断，农村贫困残疾人自身劣势大于优势，外部机遇多过挑战。仅凭残疾人身残志坚、做事执着的品质是不能最大化抵消劣势和挑战带来的不足的，往往会形成由歧视问题带来的恶性循环，即残疾人歧视问题—残疾人心理封闭—残疾人排斥社会—残疾人不愿进入社会接受培训或学习—残疾人就业因劳动技能低遭受歧视。社会关爱、新兴技术的运用虽可一定程度上帮扶贫困残疾人，但无法从根本上解决歧视问题。歧视问题的根源在于人的逐利性及市场竞争的自发性，只有通过制定具有强制性效力的法律、政策对歧视行为进行约束与限制，才能更好地保障贫困残疾人的权利，如制定残疾人两项补贴、保险代缴、教育补贴，通过保障其基本生活来维护残疾人的基本尊严；制定残疾人培训、职业康复等政策，从提升就业能力方面提高残疾人适应社会的能力；制定残疾人就业政策，通过强制性规定用人单位残疾人雇员比例，来保障残疾人的就业权。通过各项残疾人福利保障政策，在保障残疾人基本生活和基本权利的前提下，提高其就业、创业能力，使其切身感受到来自党和政府的关爱，继而打破心理壁垒和情绪障碍，更好地融入社会。综合分析，可得出结论：法律、政策性因素对贫困残疾人的保障起决定性作用。

**（三）完善农村贫困残疾人保障对策建议**

（1）在生活保障方面，提高残疾人生活补贴标准和扩宽发放对象。残疾人生活补贴是针对残疾人生活困难而提供的补贴，截至 2019 年，还有相当比例的县市发放标准仅为 60 元/月，很难满足贫困残疾人的基本生活需求，建议将 60 元/月的标准至少提升为 100 元/月。针对残疾人老龄化现象严重，三、四级精神残疾人无法正常务工，经济收入低的现状，建议放宽补助对象范围，给三、四级精神残疾人也发放生活补贴。

（2）在教育保障方面，加大职业教育的扶持力度。一是提升残疾人职业教育的补助标准。为残疾人量身打造的中职、高职教育有很强的针对性和技术性，有利于残疾人就业创业。将 2500 元/学期的残疾人教育补助标准提升为 4000 元/学期，以鼓励贫困残疾人进入中职、高职院校就读，提升就业竞争力。二是建立残疾人职业技能评估制度，根据残疾人的生理特性和市场前景，对残疾人进行具有市场潜力的实用技术培训和职业技能培训，确定符合市场就业需求的培养目标，并专门开设适合残疾人就业的特殊课程，注重校企合作，强化残疾人就业。

（3）在就业保障方面，一是针对残疾人的特殊性，专设一些适合残疾人的公益性岗位，比如乡镇保洁员、护林员、乡镇残疾人工作联络员、公共停车场看护员等岗位。二是积极举办残疾人励志创业活动。通过表彰及奖励残疾人创业先进和典型，宣传残疾人创业事迹等，激发残疾人创业内生动力。三是宣传推广中国残疾人就业创业网络服务平台。充分对接当地用人单位，及时发布信息，让残疾人了解就业信息。四是扶持和培育县级残疾人就业创业示范基地。五是加大残疾人创业扶持力度。每年从残保金中提取200万元，用作残疾人发展生产的基础设施配套、就业创业的启动资金或奖励资金。通过县级资金配套和残保金的合理使用，结合就业、创业的扶持与奖励，达到带动残疾人就业、创业的目的。

（4）在基本公共服务保障方面，在基础设施建设上考虑残疾人的特殊性，增设无障碍通道、残疾人卫生间、红绿灯声音信号等，从而方便残疾人出行，引导他们自信地走向社会。①

## 六、深度贫困县适时推进乡村振兴的思考

习近平总书记强调，要把实施乡村振兴战略放到经济社会发展全局中统筹谋划和推进。乡村振兴战略在中国顶层设计构想中占据突出地位。尤其是当前正处于脱贫攻坚巩固提升和乡村振兴战略顶层谋划交汇实施、相互衔接的关键时期，时城务工人员返乡迹象显现的特殊时期，深度贫困县（以凤凰县为例）如何结合县情适时推进乡村振兴，巩固提升脱贫质量是我们急需破解的重大课题。

### （一）乡村振兴目标任务

根据《中共中央 国务院关于实施乡村振兴战略的意见》和《湖南省乡村振兴战略规划（2018—2022年）》，乡村振兴战略覆盖"产业兴旺、生态宜居、乡风文明、治理有效、生活富裕"五大领域，且分步骤、分阶段和分梯次推进。第一阶段是2018—2022年的起步阶段；第二阶段是2022—2035年的决定性进展阶段，农业农村现代化基本实现；第三阶段是2035—2050年的乡村全面振兴阶段，农业强、农村美、农民富全面实现。在第一阶段，全省分引领区、重点区、攻坚区三个梯次，深度贫困县处于攻坚区，工作重点是聚集各方力量，实现脱贫攻坚目标任务，为乡村振兴

---

① 周峻：《新时代农村贫困残疾人保障问题浅析》，载《湘西工作》2019年第12期。

打好基础。结合县情和工作重点,凤凰县乡村振兴起步阶段的现实目标任务是:消灭荒山,农村差异化的人群"宜农则农、宜林则林、宜牧则牧、宜旅则旅",实现充分就业和务农。打好生态和共治共享两张牌,将绿水青山变为金山银山。通过改革破解束缚生产力发展的生产关系,展现"人不闲、地不荒,喜鹊入户粮满仓;老有养、幼有教、共治共享奔小康"的美丽画卷。

(二)乡村振兴现实差距及成因

从乡村振兴战略涉及的五大领域看,凤凰县乡村振兴的现实差距体现为五缺、五乱、五偏、四滞和四险。

**1. 现实差距**

(1)从产业兴旺来看,一是土地利用率低,产业规模缺失。根据第三次全国国土调查统计数据《农村土地利用现状分类面积汇总表》,凤凰县闲置或抛荒耕地、园地和可利用的林地分别为 18.53 万亩、1.77 万亩和 52.38 万亩,分别占已利用面积的 56.7%、30.5% 和 74.8%,且现有产业较薄弱,以小农产业为主,规模化程度和商品率低。二是产业品牌缺失和保护意识欠缺。截至 2019 年底,全县仅有 8 个绿色食品认证和 3 个有机食品产地转换认证。许多新型经营主体缺乏经营品牌意识,如稼贤胡萝卜获得有机食品产地转换认证,但因经营管理不到位,未顺利度过 3 年转换期。个别产品品牌运营管理不严,从外地调货冒充,影响了品牌的价值。三是经营者质量维护意识缺失,产品质量有待提升。农业产业质量管理体系不健全,行业监督、政府监督、舆论监督、自我监督存在缺位。一些农产品经营者只注重眼前利益,缺乏农产品质量维护和巩固提升意识。四是科技含量缺失。农业科研体系尚不健全,自主创新能力弱,科研成果转化率不高。受投资成本等因素影响,智慧农业质量追溯、水肥一体、生物防治等农业新技术的应用范围非常有限。五是产业链的完整性缺失。产业组织体系发展滞后,缺少龙头企业带动,精深加工能力不强,未形成覆盖县、乡、村和各类农产品的仓储冷链物流体系,"互联网+农业"仅处于萌芽状态,抗风险能力薄弱。

(2)从生态宜居来看,存在生活垃圾乱扔、生活污水乱排、房屋乱建、化肥农药乱投、畜禽水产养殖乱养等现象。譬如大多数农村没有排道和污水处理系统,导致部分污水直接排放到水沟、河流和室外空地,造成河流和土壤污染。自 2019 年以来,凤凰县发现"两违"建筑 25 宗,涉及占地面积 1977 平方米,涉及建筑面积 3479 平方米,开展专项整治行动 25

次。在生产过程中，化肥的利用率只有30%～40%，其余60%～70%和18.6%的农膜残留于土壤。34.9%的秸秆未利用，被随意焚烧和丢弃，污染空气、土壤。

（3）从乡风文明来看，一是婚丧讲排场，偏离家庭经济收入。比如两山（山江、腊尔山）地区婚嫁彩礼均价达20万元，出现卖房和举债结婚现象。高额的婚丧支出，导致因婚因丧致贫时有发生。二是老人独居独户偏离社会伦理。独户老人8088户16394人，60%的老人独居是因子女不愿赡养他们，或因生活方式和习惯的差异不愿与他们同住，部分农村青年甚至想方设法规避赡养义务。三是拜金主义、唯利是图等功利性价值取向偏离乡村价值体系。四是封建迷信等落后思想偏离了社会主义核心价值观。这在危房改造方面表现尤为突出。一些贫困户或因风水问题坚决不愿搬家，甚至有农户因算命不许用电器而放弃现代化农耕方式。五是非物质文化遗产后继无人，优秀的民间文化面临传承困境。比如苗族织布，因产品经济效益差，几乎没人学习这门技艺；苗鼓制作传承人龙求正2019年去世后无人再从事这门工艺，苗鼓制作技艺面临消亡的风险。

（4）从治理成效来看，一是村集体经济发展乏力。2018年底，全县275个村（社区），村集体经济不足3万元的有70个。二是村民自治乏力。村民议事会、监事会、乡贤理事会不健全，村规民约没有发挥应有作用，部分村甚至用简单的罚款来解决农村社会相关问题。三是基层党组织建设乏力。党员干部年龄老化，文化层次较低，带领群众致富能力弱，基层党组织核心地位和堡垒作用面临挑战。全县村（居）"两委"班子人数1915人，其中46～59岁村干部939人、60岁以上村干部193人；初中文化及以下村干部1141人。四是法治建设和矛盾纠纷解决乏力。

（5）从生活富裕来看，全国和湖南省农村居民人均可支配收入分别为16021元和15395元。凤凰县农村居民人均可支配收入11194元，远低于国家和湖南省水平，主要体现为"四风险"：一是因病、因残、因灾导致收入骤降的风险。2017—2019年，凤凰县因大病、重残、大灾等情况纳入新识别贫困人口、返贫人口、边缘户、脱贫监测户、特殊帮扶户的占比分别为68.9%、74.3%、66.5%、52.9%、38.6%。二是转移性收入占比高导致收入不可持续的风险。2019年，凤凰县转移性收入占比超过50%的贫困户有2769户7391人，这类贫困户中，除兜底户外，还有1613户贫困户。这部分贫困户缺乏外出务工、产业发展的能力，人均纯收入仅在国家脱贫线边缘，严重依赖国家扶持和救济，抗收入不可持续的风险能力弱，一旦转移性收入外的其他收入减少，极易返贫。三是外出务工减少和就业意愿的衰退导致收入不可持续的风险。2019年务工而2020年无务工意愿的贫困劳动力有1167人，涉及681户。这类贫困户中，2019年人均纯收入在7000元以下的有251户1195人。这类没有务工意愿的脱贫户，若缺乏其他增收渠道，返贫风险极高。四是利益联结不实导致经营性收入不长久的风险。个别产业项目利益联结流于形式，导致分红不稳定且不可持续，甚至产生不分红的风险。

### 2. 问题成因分析

深层次剖析造成以上诸多差距的原因，可概括为以下几方面。

一是政府、市场、社会组织和农民的角色错位。这种角色错位体现为服务不精准或缺失。不同主体嵌入社会结构位置、角色与作用不同，相应地也就表现出不同的行为模式与利益诉求，最终导致不同的治理效果。政府、市场、社会组织和农民是乡村振兴的关键要素，既共同促进又各自独立，若彼此之间的权责边界模糊或角色错位，则将提升治理成本和降低效率。比如政府主导的精准扶贫，在集中力量消灭千年贫困、取得伟大成绩的同时，也造成了少数贫困户脱贫过分依赖政府的心理。上述贫困户转移性收入占比高、外出务工减少导致的收入不稳定和不可持续的风险就源于贫困户内生动力不足，脱贫途径依赖政府扶持和救助。

二是生态环境保护与经济收益相背离。这种背离体现在三个方面。①只见责任不见收益。当环境保护只是一种付出和责任，而这种付出没有任何回报的时候，保护必将大打折扣，它仅能约束自觉遵守公共道德的人。②破坏生态环境的经济成本太低。③信息不对称，生态价值与人们心理预期价值不符。比如农产品的有机品牌创建和维护成本较高，高成本生产出来的有机产品由于信息不对称和消费者偏好，销售价低于预期，严重打击了生产者发展有机产业的积极性。

三是受市场化和西方文化冲击，农村乡土文化传承断裂和弊端凸显。消费主义不断向农村全方位渗透，传统文化和地方信仰生存空间被严重挤压。乡土规范文化沉淀下来的文化精华，如"天人合一"的生态理念、"仁爱互助、重义轻利、淳朴诚信、养老爱幼"传统美德被蚕茧抽丝，"温水煮青蛙"般使文化贫瘠的农户从原有的道德坚守跌进低俗文化的市场陷阱，不知不觉中趣味低俗、精神空虚、道德失范、行为失控，丧失了对先进的、健康的文化价值观的认同和追求，造成农民人文素质缺失，甚至瓦解了农民生存和尊严的文化基底，滋生了老人独居无人养、封建迷信、唯利是图等乱象。

四是旧生产关系不适应新生产力的发展需求。乡村振兴，从本质上看，可以理解为乡村生产力与生产关系的矛盾运动过程。一方面，乡村发展不充分，传统农业弱质性明显，千家万户多是小农生产、小规模经营、单一链条发展，村集体经济薄弱、产权关系模糊不清，与现代化的农业发展要求相差甚远。另一方面，乡村生产力的发展，必然要求调整生产关系与之适应，进而引起农业生产服务方式、服务组织、集体所有权关系、交换关系、收益分配关系和消费关系的连锁变动。乡村振兴的过程就是一系列制度变迁及经济利益关系等生产关系调整的过程。而生产关系调整正是通过系列改革，走出乡村普遍存在的人地矛盾、农民参与度低、产权不清、流通服务不畅、内生能力不足等导致的利益失衡、产业低端的困境。

### （三）乡村振兴实现途径

面对凤凰县乡村振兴的现实差距及产生原因，需针对性地探索多元化共建共治共享之路、生态循环发展之路、农村乡土文化重构之路和农村改革之路，最终实现农业强、农村美、农民富的目标。

**1. 找准位置，走多元化共建共治共享之路**

（1）发挥政府的关键引领作用。明确政府在乡村发展不同阶段的角色与职责，算好政治责任账、投入产出账和生态环境账三笔账，发挥好关键引领作用。

一是引导组织作用。引导各社会中介组织、社会各界力量、广大农民、新型经营主体积极投身乡村振兴建设，各部门、各行业项目资金向乡村振兴聚焦，尤其加大市场失灵的公益领域的建设力度，如社区之外的基础设施建设及公益性生态治理领域建设。

二是服务监管作用。精诚服务，铸就诚信，提升效率，兼顾公平，形成投资环境"洼地"，吸引社会资本、人才和资源等优质要素向乡村聚集，监督管理好各要素的有序合理流动和功能发挥。

三是还权赋能作用。将属于社会的管理职能及公共服务逐渐转移到社会中介组织手中，让各种社会组织积极投入农村产业发展和治理中，赋予农民知情权、决策权、监督权和收益权，并开展有针对性的培训，提升农民的人力资本价值，唤醒农民参与乡村振兴的主体意识。避免政府不当干预、过度包揽以及相关的官员寻租行为，以法治方式约束政府公权力的行使。

（2）发挥农民的主体作用。乡村振兴建设的主体是农民，要真正发挥农民的主体作用，培育和催生合作化农民和新型农民，使其承担乡村振兴的重任，成为乡村振兴建设的主体。一是加大对农民的技能培训，培养职业型农民。针对地方特色优势农业，加大种养技能培训和农技师培养，促使农民掌握具有一定科技含量的种养专业技能，通过职业农民生产标准化的产品实现产业兴旺。二是规范农民专业合作社，促使农民走合作化道路。运用完善的制度、健全的会计核算、完善的产前产中产后服务、合理的收益分成来规范农民专业合作社，消除单个农户信息不对称、技术单薄和对接大市场能力不足的瓶颈。三是充分发挥村民自治作用。建立和完善村民议事会、监事会、乡贤理事会等新型自治性组织，提升农民民主议事参事能力，让村规民约真正发挥约束的作用。

（3）发挥社会组织助跑和缓冲作用。鼓励和支持协会、行业联盟、联社等各种社会组织的兴起和健全，让各类经济社会组织协同治理，增强其服务产业、联结农户、带动农户的功能，使其在促进生产端与消费端对接、规范行业发展、制定行业标准、打造公共品牌、提供信息咨询和教育培训等方面发挥作用；通过民主协商的方式有效化解各类矛盾纠纷，使其成为产业发展的助跑器和各种矛盾的缓冲带和润滑剂。

**2. 打好生态牌，走生态有效利用下的第一、二、三产业循环发展之路**

我们要精准把握湘西州作为生态安全核心区的功能定位，保障生态自然，实现经济和环境的融合发展。

（1）因地制宜地发展生态产业、循环产业和低碳产业。在荒山大力发展有利于水土保持并兼顾经济、生态效益的产业，如油茶、迷迭香和茶叶；发展猪—沼—果、牛—有机肥—水果等种养循环产业；在水、土壤和空气质量达国家有机标准的区域科学规划有机区，积极创建有机品牌，建立质量追源体系，探索有机农业产业。着力解决产业发展和生态环境治理过程中出现的突出问题，包括农业面源污染治理、山地水土流失防控、流域水系生态修复等。

（2）大力发展全域旅游生态产业。农业产业布局协同全域旅游推进；农业新业态植入全域旅游，比如，在全域旅游的村寨植入农耕体验文化、有机餐厅、农产品采摘园等农事活动；推动"旅游+农户+服务+产品"的生态发展，将当地的原生文化、人文服务与旅游融合，把农产品打造成旅游产品。

（3）在特色乡村基础上建设生态村镇群。结合凤凰县旅游资源优势，发展一批以健康养生、生态旅游为主的特色小镇，农民就地转化为产业工人和城镇居民。

### 3. 唤醒乡土文化振兴，走农村乡土文化重构之路

在乡村振兴中，乡风文明是重要板块之一，担当着重要角色，只有唤醒乡村文化振兴，才能重建乡村的文化内核和精神家园，从而在思想和情感上凝聚乡村振兴的力量。为此，一是在乡土规范文化层面，批判性保存、整合与更新乡土文化。积极挖掘和推广乡土规范文化沉淀下来的文化精华和积极成分，如"邻里互助、勤劳致富、敬老爱幼"等乡村共同的价值认定，而对那些封建迷信、宗族观念、婚丧嫁娶大操办等乡土文化消极成分和糟粕就要剔除。二是乡土文化要在与多元文化碰撞、交流的良性互动中融合共进。三是乡土文化要融入社会主义核心价值观，将社会主义核心价值与家风文化、乡约文化、乡艺文化、民俗文化等紧密结合起来，成为乡土文化的引领价值观。

### 4. 推进农村改革，破解农村深层次的矛盾问题

（1）加快农村宅基地改革，解决房屋乱搭乱建的问题。严格落实"一户一宅"规定，执行乡镇联审联办制度，加强对宅基地申请、审批、使用全程监督，加强村民自我管理、监督和约束，对违建行为和一户多宅情况早发现、早制止、早查处。适度盘活农村宅基地的使用权，促进农户通过闲置宅基地获取经营收益。宣传、指导和鼓励农户利用闲置住宅发展符合乡村特点的休闲农业、乡村旅游、餐饮民宿等新产业新业态。

（2）加快农村产权制度改革，解决村集体经济发展的问题。加大农村集体产权制度改革力度，建立适应生产力发展要求的农村集体产权制度，把原有集体经济改造成产权关系明晰、利益分配共享、要素配置优化、治理结构完善的新型农村集体经济。各村建立农村集体合作经济组织，鼓励通过集体资产抵押贷款、资产租赁、生产服务、乡村旅游、联合经营等形式发展集体经济，探索政府拨款、减免税费等形成的资产归集体经济组织所有并量化为集体成员股份的办法，逐步增强壮大村集体经济。

（3）深化农村供销联社改革，解决农产品规模生产和销售问题。加强基层供销社建设，真正把村级供销社办成以农民为主体的合作经营组织，为实现农户与现代企业密切的利益联结打下组织基础。为此，县供销社要帮助基层供销社提升经济组织的实力，降低市场经营风险，从而进一步保障农民产业生产规模，提升农产品科技含量，确保产业增收：分产业成立专业合作社联合社，从而规范村里的专业合作社、家庭农场；为基层供销社提供符合绿色生产标准的农资服务、生产订单和产品加工服务，切实降低基层供销社生产成本，保障绿色产品生产，解决市场销售问题；提供气调库、冷藏和冷冻等仓储、冷链物流服务，通过季节差，提升农产品价

值,实现反季高价销售。与此同时,县供销社需加快社有企业体系建设,创新农业生产经营服务方式,提升为基层供销社和"三农"服务的能力:一是成立农业生产服务公司,提供农资供应、土地托管、代耕代种、统防统治、烘干收储、产品加工、产品销售等产前、产中、产后社会化服务。二是强化流通服务体系建设。尤其要做好具备产品分拣分级、初加工、包装等功能的农产品商品化处理中心建设;加快农产品仓储物流园区建设,建成以气调、冷冻为主,信息流全覆盖,仓储、批发、外运、运进信息全拥有,服务配套设施高标准的武陵山区最大区域性物流园区,将凤凰县打造成武陵山区农产品供应和配送基地。①

## 七、职业教育促进农村相对贫困群体就业创业路径探析

乡村振兴的关键是人才振兴。一方面,乡村振兴急需大量具备各种专业技能和职业素养的各类人才;另一方面,后扶贫时代,农村相对贫困群体就业创业能力低下,难以满足乡村振兴人才的基本需求。以促进就业创业为导向的职业教育承担着农村人才振兴的天然职责,如何激发职业教育育人的优势和潜质,有针对性地提升农村相对贫困群体的就业创业能力,培育其成为乡村振兴建设需要的合格人才,将无效供给转化为有效供给是当前急需破解的重大课题。

### (一)问题的提出

2020年,我国脱贫攻坚目标任务如期完成,扶贫工作从消除绝对贫困迈入以缓解相对贫困为特征的后扶贫时代,即乡村振兴时代。考虑到脱贫攻坚时期,部分农村贫困人口的脱贫依赖于间歇性的务工收入、难以持续发展的产业收入和一对一帮扶实现的收入,这类短期脱贫和返贫风险较高群体成为本节研究农村相对贫困群体的基本构成,再考虑到教育阻断贫困代际传递的主导功能,笔者将这类群体的子女一并纳入研究。基于此,本节从实现就业创业角度阐述的农村相对贫困群体包括:一是内心不愿就业创业的"等、靠、要"群体及其子女;二是低人力资本的进城务工人员群体及其子女;三是有弱劳动能力的老弱病残妇特殊困难群体及其子女。这些群体既是脱贫攻坚任务巩固的重点对象,也是乡村振兴建设主体,承

---

① 周峻:《深度贫困县适时推进乡村振兴的思考——以湘西州凤凰县为例》,载《湘西工作》2020年第5期。

担着脱贫攻坚任务进一步巩固和乡村振兴战略全面开启和深入推进的重任,其就业创业能力的提升对于脱贫攻坚巩固及乡村振兴衔接尤为重要和关键。大多数农村相对贫困群体愿意通过培训或教育来提升自身的就业创业能力并参与乡村建设,关键是要找寻到一种高度契合他们需求和特征的教育。职业教育本身是一种类型教育和终身教育,与农村相对贫困群体的教育需求相当匹配。2019年国务院印发《国家职业教育改革实施方案》,明确"要深化育人机制改革,以促进就业和适应产业发展"。因此,脱贫地区在乡村振兴战略背景下,如何通过职业教育改革,提升农村相对贫困群体就业创业能力,提高脱贫质量,助推乡村振兴成为新时代迫切需要解决的现实问题。本节尝试从SWOT视角对乡村振兴战略下职业教育促进农村相对贫困群体就业创业的现状进行客观的态势分析,并依据分析结果探寻乡村振兴战略下职业教育促进农村相对贫困群体就业创业的实践路径。

(二) 乡村振兴战略下职业教育促进农村相对贫困群体就业创业的SWOT分析

利用SWOT分析法对职业教育促进农村相对贫困群体就业创业的优势(strength)、劣势(weakness)、机遇(opportunity)和挑战(threat)进行全面剖析,是探寻新时代乡村振兴战略下职业教育促进农村相对贫困群体就业创业的重要依据。

**1. 优势分析**

一是职业教育与乡村振兴的双向赋能关系。乡村振兴过程是人口、企业和其他经济元素向乡村大量聚集的过程。在这个进程中,乡村内部的分工不断加强,农村产业链日益完整,衍生出一系列的新职业、新岗位。同时,伴随农村精神文化生活的丰富、第三产业的兴起,社会化程度越来越高,专业化生产水平不断地攀升,对生产者必备的职业素养和专业技能的要求也在不断地提高。这些为职业教育发展创造了条件,提供了良好的机遇。职业教育人才培育适应性的增强,内涵建设的丰富以及高质量发展,反过来又保障职业教育提供乡村振兴发展所需要的各类技术技能人才。

二是职业教育的特有属性契合农村相对贫困群体的教育需求。职业教育作为一种类型教育,在教育功能方面具备包容性、开放性和溢价性,是一种面向人人开放式的终身教育。职业教育能为各类人群、各年龄阶层提供满足各种需求的个性化技术技能教育,这与有多元需求的农村相对贫困群体急需针对性、开放式的培训赋能相适应;职业教育的跨界特征决定其人才培养并非依靠教育行业的独立推进,而是由不同行业、企业、产业领域在跨界合作中完成，这一特质与农村相对贫困群体渴望自主选修、弹性学习，产学结合的要求相一致；在素质层面，职业教育对人才培养要突出评价标准的技术性，这与缺乏技术技能的农村相对贫困群体急需提高专业技能而增加收入的愿望完全匹配。

2. 劣势分析

一是职业教育服务农村相对贫困群体的现实适应性实践尚存在短板与不足。大多数职业院校在实践教学中没有体现"面向人人开放式的终身教育"特质，基本沿用"学校课堂+实习、全日制学习、统一步调"的人才培养模式，教育方式没有充分考虑农时农情，相对传统。适应多样化生源、差异化需求的课程体系和教育教学管理尚在试点探索和改革创新之中，跨时空、跨界的学习载体和方法创新还未全面推广。在制度保障方面缺乏健全的、社会各界广泛参与的就业质量监控与评价体系，在人才培养过程中缺乏有效的跟踪反馈和修正机制，难以确保乡村振兴人才培养的质量和效果。

二是职业教育靶向培育乡村振兴人才的精准度不够。涉农专业建设与乡村振兴的人才需求匹配度不高。2021年教育部发布的《职业教育专业目录》显示，高等职业教育本科、专科及中等职业教育农业类专业分别占所有专业的5.3%、6.5%和8.7%。[①] 职业院校涉农专业群建设、人才培养模式及课程设置与乡村新业态、新岗位的兴起不同频。乡村振兴各类各层次人才规模、结构、专业技能需求底数不清，职业院校人才培养缺乏乡村人才细类培养和个性培养的方案及完全支撑这类方案的课程体系，缺乏与乡村振兴人才服务实效相结合的监测和激励机制。

3. 机遇分析

一是高度重视职业教育和技能人才培养。《国务院政府工作报告》2019—2022年连续四年明确提出在扩招、资金、职业技能培训、公共实训基地建设等方面要大力支持职业教育，让更多劳动者掌握一技之长，让三百六十行行行人才辈出。

二是职业教育的制度体系不断完善。21世纪以来，国家强化职业教育的顶层设计，颁布了系列法律法规支持职业教育的发展。2019年2月，国务院颁布了《国家职业教育改革实施方案》，开启了新时代职业教育全面改革的步伐。2020年，教育部等九部委颁布了《职业教育提质培优行

---

① 梁裕、韦大宇：《职业教育服务乡村产业振兴的内在逻辑、实践困境与实现路径》，载《教育与职业》2021年第22期。

动计划（2020—2023）》，指出"加大对农业农村等人才急需领域的职业教育供给"。2021年，中央办公厅、国务院办公厅颁布《推进现代职业教育高质量发展意见》，明确提出"坚持面向人人、因材施教，营造人人努力成才、人人皆可成才、人人尽展其才的良好环境"，"深化教育教学改革"。2022年，新《中华人民共和国职业教育法》的颁布从法律层面上明确了职业教育是与普通教育具有同等重要地位的教育类型，是培养多样化人才、传承技术技能、促进就业创业的重要途径。

### 4. 挑战分析

一是农村相对贫困人口对政府依赖度较高。精准扶贫战略是政府主导的扶贫，部分脱贫人口的脱贫是建立在政府对扶贫产业的支持和驻村工作队的帮扶基础之上，脱贫户对政府帮扶的依赖程度较深，"等、靠、要"思想严重，缺乏自力更生、自我发展生产的造血需求，缺乏基本的劳作意识和劳动素养，吃苦耐劳和精细钻研的精神丧失，不愿提升自我持续发展的能力。

二是乡村振兴全社会大格局育人机制没有形成。社会上还存在歧视职业教育的现象，"政校企行研"协同育人模式尚未形成，政府、职业院校、企业等育人职责模糊，缺乏共享数据和动态监测，彼此之间的协调配合有空隙，乘数效应没有充分发挥。产教融合不深入，企业育人的主导性不够、内生动力不足，各行业的指导参与不到位。

综上所述，职业教育本质上高度契合农村相对贫困群体的教育需求，乡村振兴与职业教育的双向赋能关系又赋予了职业教育促进就业创业的新使命。国家法律、制度层面上对职业教育类型的定位、促进就业创业的导向都蕴藏着乡村振兴战略下职业教育促进农村相对贫困群体就业创业的显著优势，但部分农村相对贫困群体就业创业内生动力的缺失，职业教育自身建设的滞后，全社会协同育人机制不健全以及社会部分人士对职业教育的偏见，导致职业教育服务农村相对贫困群体存在适应性实践困境，适应性、精准性和有效性大大减退。基于职业教育的实践困境，结合乡村振兴各类型人才要求和农村相对贫困群体的教育需求，挖掘和凸显职业教育服务农村相对贫困群体的适应性本质，纠正适应性偏差问题，加快职业教育内涵建设应是关键着力点和首要之义。

### （三）乡村振兴战略下职业教育促进农村相对贫困群体就业创业的实践路径

在上述SWOT综合研判下，探索乡村振兴战略下职业教育促进农村相对贫困群体就业创业实践路径的关键是深化职业教育的供给侧改革,以破解适应性实践困境。基于此,笔者以促进农村相对贫困群体在乡村建设中实现有效就业创业为导向,从教育五大元素发力,即调整教育内容、教育对象、教育方式、教学管理和教育主体,强化职业教育的育魂性、精准性、灵活性、开放性和系统性,增强职业教育的适应度和精准度,有效提升农村相对贫困群体的职业素养和职业技能,确保对乡村振兴人才支撑的有效供给。

**1. 强化职业教育的育魂性,培育农村相对贫困群体就业创业的劳动意识和素养**

自力更生且勤于劳作是持久脱贫的内生驱动力,是脱贫之魂。职业教育要强化立德树人的根本任务,善于"育魂"。对漠视劳动、内心不愿就业创业的相对贫困群体,要强化培养其"热爱劳动、辛勤劳动和诚实劳动"的劳动精神和"执着专注、精益求精、追求卓越"的工匠精神,让其逐渐成长为具备"三农"情怀的"新农人"。为此,职业教育要将劳动精神和工匠精神的培育作为学员毕业必备的职业素养,在学习和实习实践的过程中反复植入和强化,最终内化为学员的精神品质,提振学员事农的信心。在具体操作中,应注重职业素养养成体系的锻造,对培育成效实施多模块量化管理考核,对职业素养课程不及格者,要求以参与社会公益性服务和农事劳动作为补考形式,补考合格才能取得相应的培训或资格证书。对于相对贫困群体的子女,从中小学阶段开展劳作实践教育,鼓励接受职业教育的相对贫困群体的子女带动全家践行"热爱劳动、辛勤劳动和诚实劳动"的劳动观,并将其成效作为职业素养课程的加分项。同时,要引导全社会达成劳动是唯一价值源泉的共识,建构以辛勤劳动为荣、以好逸恶劳为耻的主导价值取向,让"劳动光荣、技能宝贵、农民可爱、农业伟大、农村美丽"在全社会蔚然成风,成为新时代社会新风尚。

**2. 强化职业教育的精准性,满足农村相对贫困群体就业创业的个性岗位需求**

王柱国、尹向毅将乡村振兴的人才分为农村实用人才、农村科技人才、乡村产业经营人才和农村管理复合型人才四类,① 并进一步细化四类人才的范畴,具体到16个或N个一批:一批涉农企业创办者、一批传统种养产业发展带头人、一批乡村旅游产业发展带头人、一批新兴产业发展

---

① 王柱国、尹向毅:《乡村振兴人才培育的类型、定位与模式创新——基于农村职业教育的视角》,载《中国职业技术教育》2021年第6期。

带头人、一批新型职业农民、一批非遗传承人；一批"土专家""田秀才"、一批农业科研人员、一批农机人员、一批农业技术推广人员；一批村集体经济发展的经营管理者、一批农村第二第三产业服务者、一批乡村振兴职业经理人、一批合格医师、一批公共资产管理者、一批乡村基层干部等。

一是职业院校以共建共享的乡村振兴人才大数据平台为基础，研究制定区域内乡村振兴 4 类 16 个或 N 个一批人才教育或培训规划及年度任务，并据此增设相关涉农专业及优化涉农专业群建设，为有乡村建设需求的返乡进城务工人员和有劳动能力的特殊困难群体量身定制个性化岗位的技能教育或培训方案，实现乡村振兴各岗位的精准供给。

二是精准课程体系设置。课程体系的设置可参考 OBE（outcome based education，成果导向教育）的课程体系构建方式，反向设计、正向施工。课程体系要对毕业要求形成支撑，毕业要求要对乡村振兴 4 类 16 个或 N 个一批人才培养要求和标准形成支撑，要构建课程体系支持毕业要求分解指标点的任务矩阵、毕业要求与乡村振兴 4 类 16 个或 N 个一批人才培养标准的关联度矩阵，大力开发建设与乡村振兴各类人才培养标准关联度高的课程体系，调整和修正关联度低的课程体系。

三是对农村相对贫困群体子女有意愿扎根乡村建设者开展定向培养，采用"地方出编＋职院培养＋基层服务"的模式培育一批乡村基层干部、一批农机人员、一批乡村振兴职业经理人和一批合格医师。学生学成后到农村基层工作，成为引领和服务乡村建设的关键人才。

**3. 强化职业教育的灵活性，满足农村相对贫困群体就业创业的差异化需求**

对老弱病残妇特殊困难群体的教学形式和办学方式要灵活多样，因需而教，因材施教。

一是采用"学历教育＋专业培训"的方式。对初、高中毕业生采用三年或五年制的学历教育，对从事农业生产或季节性务工的成年人采用阶段性、有针对性的职业培训。

二是采用"入户单授＋田间地头传授"的方式。针对一些年纪大、要照顾家庭而难以离户的女学员或残疾学员，可以采用进村入户授课的方式，譬如，一对一传教老龄妇女或残疾人编织花带、竹篮等手工艺品，实现在家就业创业。为了提升实践教学的效果，技术专家可到田间地头给学员示范教学，譬如湘西民族职业技术学院邀请省内茶叶行业知名专家到村里茶园给学员授课，用通俗易懂的顺口溜讲解，"应采尽采，早采丰产"

"高温快烘,薄摊快干"等采茶、制茶口诀让读书不多、年纪较大的农民记忆深刻,一学就会。

三是采用"传统课堂教学+信息化教学"的方式。根据教育对象的需求,灵活切换线下与线上的培训,充分运用网络平台、钉钉群等媒介强化学习,探索开展个案式、情景式、模块式等灵活多样的教学方式,逐步推进信息化教学,打造数字技术与教学深度融合的智慧课堂,灵活开展虚拟仿真实训基地教学。

**4. 强化职业教育的开放性,满足农村相对贫困群体终身教育需求**

职业教育要加快教育教学的改革,在实践中践行面向人人的终身教育。

一是探索灵活的学制建设和教学管理。针对农村相对贫困群体能力水平不一致、年龄背景不同、学习侧重点各异的现实,探索弹性学制和学分制改革,探索学分积累和转换制度,将农业领域的生产或经营实践、涉农企业中就业创业实践纳入学员选课的项目中,允许学生在较长时间内灵活选择学习进程,让学时与农时相契合,实现学训相长、知行合一,终身学习与成长,提高学生的学习兴趣与生产技能。

二是在学历上探索"先 X 后 1"的学历模式。为激励季节性、技术含量低的进城务工人员坚持间歇性的学习,不断丰富自身的各项技能和增强持续发展的能力,职业院校可对十年来甚至更长时间内取得 X 个职业技能等级证书的进城务工人员进行学习成果积累转换和培训鼓励,达到相关教学要求的,可以办理 1 个学历证书。

三是推广"讲习所+乡村学徒制"培养模式。开创社区学院、田间课堂和乡村讲堂等,建设和运用"讲习所"开展传承活动和技术培训,推行"讲习所+涉农龙头企业+返乡农民工""讲习所+新型农业经营主体+老弱病残妇特殊困难群体""讲习所+乡村传统手工技艺传承者+女学徒或肢体健全的残疾学徒"育人模式,整合讲习所、企业和新型经营主体的力量协同育人、持久育人和开放式育人,做到"学一门技能或手艺、聚一方人才、兴一个产业"。

**5. 强化职业教育的系统性,形成助推农村相对贫困群体就业创业的合力**

乡村振兴各类各批人才培育是一项系统性工程,要运用系统的思维去建立全社会共同育人机制。

一是构建"政校企行研"多维融通、协同育人模式。整合政府、职业院校、企业、行业、社会组织等资源优势协同发力,打通人才供需产业链的各个堵点，激发乘数效应。由政府主导，职业院校、行业、企业和社会组织共建共享乡村振兴人才大数据平台，监测和预警乡村振兴各类人才的供需动态、农村相对贫困群体的就业创业和培训实况；编织以职业学校和职业培训机构为主体，科学布局、统筹联动的社会就业创业服务网；鼓励产教深度融合育人，运用"金融＋财政＋土地＋信用"等组合式产教融合激励政策激发企业主创办职业教育的积极性和主动性；构建各类主体共同参与的农村相对贫困群体就业创业质量监管、评价及跟踪服务机制，对职业教育及培训过程、农村相对贫困群体就业创业质量开展动态监测，对受训学员就业创业能力进行评估，根据评估结果及时调整和修正育人方案，并提供相应的服务；构建激励引导机制，将促进农村相对贫困群体的就业创业实效与职业院校教师的职称评审、政府相关部门的绩效考核以及对企业、社会组织的支持相结合。

二是提升职业教育的社会认可度，优化职业教育的育人环境。在中小学阶段开展职业启蒙教育和职业生涯规划教育，从小激发学生对职业教育的兴趣。完善职普横向融通、职教纵向贯通的教育体系，推行"新八级工"并匹配相对应的工资、职务晋升机制，疏通企事业单位专业技术人员与职业院校教师互通渠道，打通职教生社会就业发展的壁垒。[①]

---

[①] 周峻：《职业教育促进农村相对贫困群体就业创业路径探析——基于乡村振兴战略背景下对职业教育的SWOT分析》，载《新教育时代》2023年第1期。

# 第六章　湘西扶贫实践过程中的花絮

## 一、贫困原是如此的沉重与无奈（2010年11月8日晚）

雨淅淅沥沥地下着，而我却在床上翻来覆去，难以入眠，一闭上眼，千疮百孔的竹篱笆房、一顶顶黑蚊帐、睡在一大坨一大坨牛粪中的模糊背影、破铁锅里的半块玉米块儿、光着脚丫套着宽大衣服躲在破门后偷偷张望的小女孩，尤其是那双怯生生黑白分明却惊慌失措的眼睛……混杂的画面反复地在脑海里播放。我知道今夜难眠，不由得从床上爬起来，开灯一看，深夜1点了。算算日子，作为湘西州第一批高学历引进人才，我来州扶贫开发办100多天了，此前对贫困的了解大多来源于文字和数字。看了一大沓的纸质资料、一个优盘的电子文档，记了一大堆的数据，我对湘西州的贫困似乎有了一定的认识和了解。然而，这两天在凤凰县腊尔山的贫困调研深深震撼了我：贫困原来是如此的沉重与无奈。

滴滴答答的雨声中，思绪不由得飘向两天前。湖南省财政厅郭秀红副厅长带领省扶贫办、省住建厅等省厅工作人员到凤凰县腊尔山开展少数民族地区高寒山区贫困调研。州扶贫开发办安排我参与调研。调研前，在凤凰县委、县政府的工作汇报会上，凤凰县的领导谈及腊尔山的危房户及无房户比例为40%左右。省厅的许多领导对此数据是质疑的，认为新中国成立后多轮的扶贫攻坚工作应该基本上解决了住房问题，比例不可能这么高。汇报会结束后，省厅和州里的有关部门人员分成四组到腊尔山调研。得知我是州扶贫办新引进的博士生，上级便安排我为组长负责第三组的调研工作。我们这组负责调研米良乡吉乐村。进入腊尔山片区以后，山高路险，道路蜿蜒崎岖，全是清一色的毛坯路，又烂又窄，雨后道路泥泞，许多地方只能容一辆车勉强通行。我们坐在车上一路颠簸，车子在悬崖峭壁上绕来绕去，车内摇摇晃晃的我紧紧抓住车顶的扶手，强压着胃里不断翻腾的酸水，早已无暇顾及车外的如画风景。看着车后因车轮压过而翻卷过来半尺高的烂泥，我的心情很复杂……好不容易下了车，向导告诉我们还要走7千米的山路才能到村，刚想松一口气的我，心情再次滑向谷底……

想着到村还要调研，我们不由地加快了脚步。省厅的一些年轻干部从未走过这种山路，此刻走在崎岖的羊肠山道上汗流浃背。身边偶有村民擦肩而过，从未见空手，他们不是背着就是挑着沉甸甸的东西。这一路上大家都很沉默，只听见沉重的喘气声。此时此刻我十分想念平常走的柏油大马路。

好不容易走进了米良乡吉乐村，开始看的几家算村寨里好一点的房子，黄色的土坯房，房里几乎没什么家具，一个大通间里横七竖八地摆着几张床，床上都是统一的黑床帘。我从小在县城长大，记忆中外婆家的蚊帐都是雪白的，轻飘飘的纱帐白天用金色挂钩挂着，仿佛一幅温馨的画。平生第一次看见这黑漆漆的厚床帘很是好奇，大白天也是这么紧紧垂着，我想掀开探个究竟，里面倒是简单，没有枕头，只有一床半垫半盖的被子，几件衣服揉成一团。细问后才知道，几个兄弟都住在这个大通间，通常有几张床就有几个兄弟，哪怕已经结婚了，也睡在一个大通间里。媳妇儿是村里最缺的，村里单身汉一大堆。此时我似乎明白了为什么都用黑色的厚床帘。大白天许多青壮年劳动力都上山或外出务工去了，留在家里的基本是老人和小孩。老人除了去乡镇赶集，基本上一辈子没离开过村寨，只会说苗语。路过一户人家时，发现一个小女孩躲在半扇破门后偷偷地看我们，我们走进她家时，发现她赤着脚套着一件不合身的宽大的衣服，手里还牵着一个只有她一半身高的弟弟，弟弟正啃着一个玉米饼子，鼻涕和玉米渣子弄得满脸都是。我们叫向导用苗语问他们吃得饱吗，吃的是什么，小姑娘害羞地告诉我们吃得饱，有时吃大米，有时吃玉米。我们在屋子里转了一圈，看见破铁锅里还有半块玉米块儿，锅边有半碗火烧辣椒。最令人震撼的是东半截西半壁、千疮百孔的竹篱笆房。竹篱笆和牛粪糊的墙壁东倒西歪地杵在那里，走进屋内，坑坑洼洼的土疙瘩地面上乱七八糟地扔着衣服、碗、锄头等。一张床的外侧摆满了土罐破碗，这些破碗正对着头顶的"天孔天洞"，难以想象在暴风雨的夜里这家人是如何在一片锅碗瓢盆的交响乐中蜷缩着身子在半尺床板上安然入睡的。最难忘的是有一户人家，人和牛都睡在一间房里，房子里牛粪成堆，牛悠闲啃着干草，小尾巴一甩一甩地赶着苍蝇，而牛的主人在旁边酣然入睡。向导告诉我们这不是缺牛棚的问题，在这里，牛是宝贝，主人不嫌弃它，牛粪还可以使竹篱笆墙更牢固。调研完毕，大家回到县里开座谈会时心情都非常沉重，我作为第三组组长发言前深吸一口气，强压泪水，调整情绪，缓慢开口："我们第三组调研米良乡的吉乐村，感受用两个字形容：震撼。调研前，凤凰县领导讲到腊尔山的贫困程度时，我们在座各位可能还有些质疑。见一落叶而知天下秋，调研后我们深刻感受到少数民族地区高寒山区的贫困程度。路的问题，腊尔山的路可以称'三选一靠'路，'三选'即'选人、选天、选司机'，'一靠'指靠运气。房的问题，何以为房？房子起码要能挡风避雨，防寒遮羞。身在房下，若既不能挡风避雨，又不能防寒遮羞，何以为房？……"其他各组组长发言时都谈到村里的贫困程度之深，急需解决。郭秀宏副厅长亲自参加了这次调研，谈到腊尔山地区的贫困问题时也几度哽咽。他还讲到国家、省里都高度重视少数民族地区高寒山区的贫困问题，省财政厅要加快解决少数民族地区高寒山区贫困农民生产生活困难的问题。

想起这次调研，想起郭厅长讲的话，想起国家这些年抓扶贫的力度和投入，腊尔山地区的深度贫困已经得到高度关注，解决贫困问题也是迟早的事，天快亮了。（周峻）

## 二、托起新阶段扶贫的希望（2011年11月15日晚）

激情的苗鼓敲了起来，欢快的土家族摆手舞跳了起来，歌舞声中迎来了回良玉副总理。今天，武陵山片区区域发展与扶贫攻坚试点启动会在湘西州吉首市召开。

这是建州以来首次在我州召开的国家级会议，意味着国家对湘西州将先行扶持，湘西州贫困老百姓与其他地区老百姓相比，最先享受新阶段国家扶贫攻坚的优惠政策，且扶持年限将相对延长，扶持资金也将相对增加。

大家对今天的到来期盼了太久，对今天的到来也酝酿了太久。

一年前，我有幸搭上了高学历人才引进的首发车，驶进了扶贫的天地，见证了湘西州扶贫的艰辛与取得的辉煌成绩。

这里的扶贫成绩骄人，这里扶贫人的激情感人。

惊喜我州农民年人均纯收入十年间增长148.47%，年均增长14.8%。

惊喜我州特色优势产业初步形成，我州成为全国闻名的椪柑和茶叶之乡、重点优质烤烟基地、全球最大的富硒猕猴桃基地。

惊喜二十多年来湘西州的基础设施建设得到历史性改善，村通公路率、村通电率、村通电话率、村通广播电视率分别由1985年的19%、25%、3%和5%提高到2010年的98.45%、100%、92%和100%。

惊喜我州民生事业获得长足发展，读书难、就医难、养老难等一批民生问题得到根本改善，在全省率先实现乡乡有敬老院，8县市实现了新农保全覆盖。

惊喜我州扶贫开发推动和促进了社会稳定，社会稳定使扶贫开发成效更为显著，谱写了一首首创建和谐稳定湘西的新乐章。

亲历我州在全省和全国首创"两后生"孤儿技能培训班；新开辟"爱心贵在行动"的栏目；在全省率先开展农村贫困大学生助学活动……

亲历州扶贫开发办的扶贫人在"一个办公室，三处办公地；每人不足3平方米，还需借租他人地"的办公环境下，致力扶贫开发工作的研究和创新。

这里的贫困触目惊心，这里的贫穷超出想象。

当全国人民奔驰在全面建设小康社会的激情轨道上时，这里还有不少村寨村民的生产生活停留在20世纪六七十年代的水平，一大群弱势群体还在生存等最基本的需求线上苦苦挣扎，梦想着有一栋可以居住的房、有一段可以行走的路。

难忘凤凰县腊尔山地区千疮百孔、用牛粪做的竹篱房，几代同房的乡亲们遮羞用的、无奈低垂的黑床帘。

难忘腊尔山地区"三选一靠"的乡村路，"三选一靠"即选人、选天、选司机、靠运气。

难忘泸溪县李什坪村5年嫁出去16个姑娘，仅娶进4个媳妇，其中有一个媳妇因难以忍受这里的贫困留下1岁多嗷嗷待哺的孩子跑了。

难忘80多岁的曾祖母与1岁多重孙相依为命的场景。夕阳下，曾祖母给重孙喂饭，弯得如一张弓的背正好含住小重孙这根弦，负重欲裂的弓与纤弱欲坠的弦传递的那种窒息压得我喘不过气来。

难忘那一双双踮起的小脚丫对村寨里荒芜教室的那种久久的凝望；忘不掉脑海里那一双双稚嫩的眼睛对老师深深的眷念。

难忘花垣县夯来村的村民因贫穷漂泊6年而为春节喜相逢作的那副辛酸的对联——"四方漂泊门户，八面通风人家"，横批"山高路远"。

心中惦记因山高路远运不出去，老百姓不愿去捡而烂在杂草中的香板栗。

这里的机遇纵横，这里的希望重生。

喜闻武陵山片区成为全国11个特殊贫困片区先行试点之一。

喜闻省委、省政府把腊尔山地区作为全省少数民族高寒山区脱贫解困的试点，今年一下子投入近6000万元，用于重点实施危房改造、村寨道路和人畜饮水等基础设施建设。

喜闻新一轮扶贫开发，省委、省政府继续把湘西州作为湖南扶贫攻坚的主战场，扶贫资金安排到我州的比例，由过去占全省扶贫资金总量的30%提高到35%。

喜闻州委在第十次党代会上，明确把湘西州建设成为扶贫攻坚的实验区，并明确扶贫攻坚是各级党委的首要政治任务。

在湘西州扶贫开发办工作的400多个日子里，有太多的难忘堆积在心头；喜忧总是相伴地交织在治穷脱贫的期盼里；理性的思考流淌在字里行间；追梦的步伐一刻也没有停地沉淀在平凡的日子里，即使是累过、痛过甚至流泪过，那也是快乐的！毕竟燃烧了满腔的激情在这工作上；毕竟放飞了满天的希望在声声祈祷中！相信所有贫困老百姓脱贫致富的梦想不会太遥远！

漫山遍野里，个个腾飞的孔明灯，放飞的是一颗颗期盼的心；只只起飞的萤火虫，亮起的是一盏盏希望的灯。今夜，悄然升起的启明星，悄悄地告诉我，希望在不远处等着我们。①（周峻）

## 三、当椪柑金果挂满枝头的那一天（2016年1月21日）

今入冬已天凉，我和潭溪镇的干部们走在橘园中，心里却揣着一团火。前两天，汪洋副总理到泸溪调研，专门考察了潭溪万亩椪柑科技生态示范园，称赞这种积极创新的精准扶贫模式，既帮助了企业发展壮大，又带动了贫困群众加快脱贫。看着示范园里一棵棵枝叶茂密的椪柑树，我感慨万千，思绪不由得飘到两年前。

2013年底，我到潭溪镇当书记，最让我忧心的是镇里的椪柑产业发展。潭溪镇的老百姓以前一直有种植椪柑的习惯，椪柑产业曾经让许多老百姓摆脱了贫困，有许多椪柑路、椪柑房，还有椪柑媳妇。但近年来，由于椪柑价格低迷，许多椪柑果掉落在地里无人问津，椪柑树疏于管理，椪柑果也逐渐酸涩。2013年，县里提出要发展潭溪万亩椪柑科技生态示范园，为此还专门安排了从州扶贫开发办下来的挂职副县长周峻负责这一园区的工作。周峻副县长为了示范园的建设来到潭溪，并与我同吃同住近一百天，我们两个妇女硬是顶起了潭溪镇的椪柑天，经历了许多难忘的故事。

还记得建设椪柑路时遇钉子户的故事。2014年11月，潭溪镇"万亩精品"改造园建设工作启动，按规划设计有一条1.8千米的产业路穿园而

---

① 周峻：《心有扶贫千千结》，载《团结报》2011年12月31日。

过，涉及23户椪柑农户的地。乡镇和村干部夜以继日地深入村、组进行农户走访，召开党员、组长、农户会议，因户制宜、逐户采取相应的对策，最后村、镇干部逐户上门签订协议，两个晚上签订了21份协议，还有两户群众不同意签订协议。有一户是老党员向××家，主要是他儿媳妇不同意，他家那几亩果树一直由儿媳妇精心照料，长势较好，现在正是果树成熟期，儿媳妇对果树付出了心血，有了感情舍不得砍。村支书向远富多次上门做工作，晓之以理、动之以情。向××是名老党员，他知道发展万亩椪柑园是村里的百年好事，他向向远富承诺绝不能因为他家而拖了全村的后腿，他思虑再三，决定先让儿媳妇出远门玩几日，自己代签了协议，事后对儿媳妇晓之以理、动之以情。经过公公一番苦口婆心的劝解，儿媳妇最终支持椪柑路的建设。还有一户彭××家，她的地位于产业路的入口处，她儿子患有尿毒症，家庭经济比较困难，她想借此机会多提些要求，提出的补偿条件比较苛刻，要求补偿的资金也特别多，并且说若没有达到她的补偿标准强行开挖，就从她身上碾压过去。乡镇和村干部多次给她做工作，又请来她家德高望重的亲戚给她做思想工作，并且给予她多项支持，但她一根筋，坚决不松口，一口咬定必须给她提出来的"天价"。当时离县委、县政府给我们镇政府规定的动工时间越来越近，施工方的人马、设备已经准备到位，就等一声令下。时间紧迫，无计可施。此时，向爱生老党员主动请缨，他说这个项目是上级领导对我们村的高度关注，是新中国成立以来村里最大的项目，如果因彭××一家启动不了，会愧对领导的关怀，更对不起村里大多数想靠椪柑产业勤劳致富的人。他冥思苦想，另辟蹊径，找到了彭××家旁的另一家地，和户主覃启家及其父亲覃兴地商量好，他们同意从他们房子旁边入口，同意镇里提出的补偿标准，不加额外的补偿条件。至于涉及的一座坟，只要求按迁坟政策补偿即可。彭××闻风，马上找到村支书向远富，说："叔，您看能不能从我那里入口，我可以少些，我之前主要是想我儿子有病，我想多谋些钱给他治病，也是情理之中的事，你们也要理解我的难处，您去跟晓云书记讲下，我愿意少些。"我和乡镇及村干部认真分析了改入口和不改入口的利弊，考虑到另开入口要改变图纸及设计，加上彭××家本身也的确有困难。既然她松了口，不喊"天价"，我们要站在她的角度，考虑她的困难，为她排忧解难。最终，我们不改入口，仍从彭××家旁过，给她诸多帮助，她也放弃了无理的要求。最终实现了23户画押、签字。县政府安排施工队伍进场，1.8千米的产业路仅用了38个小时，一气呵成，连包工头都说，"我在村里做了这么多的项目，涉及这么多户的利益还能这样顺利地开挖真的很难得"。万事说起来容易，做起来难。通过钉子户这件事，我深刻感受到老党员身上的那种责任、智慧和一身正气，老党员的带头支持和才智加速推进了潭溪万亩科技示范园的建设。

还记得椪柑园低改品改的事情。2015年3月中旬的一个傍晚，主抓椪柑精品园的陈寿银主席跟我汇报说："书记，园区品改涉及的农户均已做通工作，同意高改矮、密改稀以及品改工作。但还有陈××和杨××两户我们做了几次工作，他们都不答应，您看怎么办？"我正思考如何去做这两户人的工作时，坐在一旁的周峻副县长说："晓云，我们晚上一起上门深入了解一下他们不肯改的原因。"当晚我们在社区支书唐家云的陪同下来到了陈××家。她刚吃过晚饭，见到我们她有些意外，但还是很坦诚地说："周县长、彭书记，我知道你们来的意思，支书和主席也找我谈过几次，不是我不愿意，而是我舍不得呀。"原来她家的25亩椪柑是她丈夫生前种下的，为了让椪柑长得好，有时候需要趁着月光去松土施肥，那25亩椪柑让家里的日子慢慢变得好起来了，每一棵椪柑树都是一份希望和期盼。后来她丈夫患病去世，最大的心愿就是把他葬在椪柑地里，让椪柑树陪伴他。她说现在看到那些椪柑树就像看到自己和丈夫一起养大的孩子，一个也舍不得丢下，那是一份份牵挂呀！而现在的密改稀就意味着要砍掉一部分椪柑树，她一棵也舍不得砍。我们听完后眼角也湿润了。我们给她讲了整个园区的规划和品改的好处，最后告诉她："我们明白你对你丈夫的深情，这次园区改造就是为了把椪柑培管得更好，生产出当前市场渴求的优质椪柑，我们相信你丈夫看到他种的椪柑树在你的培管下长得更好，在九泉之下也会很开心的。"她听了之后，紧紧地拉着我们的手说："今晚县长和书记都上我家门了，我相信你们是为了老百姓好，为了潭溪好，我听你们的。"

我们从陈××家出来已是晚上9点钟了，可能是支书提前打了招呼，杨××在家等着我们。杨××是一名退役军人，参加过对越自卫反击战并负过伤。他回家后自己开垦种植了30亩椪柑。支书说他脾气很倔。我们刚到他家，他就说："书记，你们不要做我工作，我不同意品改。"原来他种的椪柑刚好8年左右，正是果树成熟期，加上他平时很注重培管，果树长得好，果又大又甜，每年都能卖出比别人好的价格。如果今年要品改，在收入上肯定比往年要低一些。我们跟他说为什么要品改，品改会带来什么好处。周峻副县长详细给他分析了生产优质"五果"椪柑（即原生态的果、无农残的果、美观的果、壮实的果及错季的果）的市场价值，算了一本10年期间品改和不改的得失账。他听了之后恍然大悟，感叹地说：

"哦，原来果树还要这样培管，这样培管后的好处有这么多，我以为只要像我当兵那样踏踏实实地做就行了，还是要讲究技术和方法。我一定配合技术员的工作，带头品改到位。"做好陈××和杨××的工作后，我们走在空无一人的大路上，几个人的心情是雀跃的。周峻副县长说："晓云，今晚的这两户对我们触动很大，讲通了老百姓，他们还是很支持的，以后椪柑园建设可能还会遇到很多困难，我们一定要耐心一些再耐心一些。待到椪柑金果挂满枝头的那一天，我们会觉得这一切都很值得。"

过去的点点滴滴浮上心头，当时直面的一个个困难，现在都变成了一个个美好的回忆。如今，登上万亩椪柑园观景台远眺，万亩橘园连绵不断，硕果累累的椪柑挂满枝头，涝能排，旱能灌。果农的口袋鼓了，群众的脸笑成了花。果农都买上了微型车、三轮车甚至小轿车，过上了幸福的日子，下都村还被省里评为"美丽乡村"。待到椪柑金果挂满枝头的这一天，我会觉得很幸福、很值得。我骄傲曾为这片万亩橘园努力过、耕耘过。（泸溪县潭溪镇原书记彭晓云）

## 四、大雪纷飞迎检的昼夜颠倒间（2019年1月12日晚）

凤凰古城里下雨了，夹着冰碴子，国检又抽到凤凰，一切都在意料之外，又在意料之中。此刻，海拔800米以上的山江及腊尔山片区纷纷扬扬下起了大雪，一夜过后又将是冰砌的世界。每逢寒冬腊月、冰天雪地之时，也是国检来临之时，更是一年扶贫工作接受检验和考核的最庄严和最紧张时刻。此时脱贫攻坚办灯火辉煌，扶贫办、攻坚办、驻村办、清零办四大办人员聚集一室，书记和县长正在安排布置迎检工作。为了做好这次迎检工作，我们分成四组即后勤组、向导组、业务解释佐证组、交通服务组。长文书记强调了各组的职责，并要求交通组率先行动，确保这种天气下各乡镇村寨的道路通畅安全。这次检查会抽到哪些村？明天会到哪个村检查？这是此时此刻大家最关心的事情。脱贫攻坚作战室里挂着凤凰县行政区划图、湘西州贫困村分布图。海峰县长走到作战图前用地图宝珠笔在全县地图的边边角角扫了一圈，从容地说："我知道大家心里都在猜检查哪些村，这次扶贫考核检查，按照以往抽查的规律，检查的都是边边角角的村，贫困人口多的村，中央、省各种考核检查交办问题多的村。抽查的大多是残疾户、重病户、危房改造户、读书子女多的户、独居户等特困难户。攻坚办要督促各乡镇及村按照这次《第三方专项评估检查资料清单》要求准备好所有村及户的资料，大家不要怀有侥幸的心理，要准备把我们最薄弱的村、最头疼的户拿出来接受检查。"看到大家紧张兮兮、神情严肃的样子,长文书记笑着说:"大家不要紧张,检查只一时,工作在平时,平常你们的扶贫工作都是按照海峰县长讲的以问题为导向来推动的,大家要有接受检查的信心。"

湘西州凤凰县山江镇亮灯村(凤凰县政府提供)

我作为分管扶贫的副县长坐在一旁,心里万千感慨:是呀,其他检查大多看的是面,是亮点和经验,看村、看基地、看示范点,要求把工作最好的一面展现出来。而精准扶贫工作检查的是点,看的是千家万户,看的是短板,要求把最难搞、最难啃的骨头晒出来,比一比攻坚克难的能力和本事。平常,我们扶贫战役一个接一个地打,基础设施建设、产业发展、易地搬迁、东西部协作……忙得不亦乐乎,扶贫战士们基本上是白加黑、"5+2"地干工作。海峰县长批评得最多的也是扶贫工作,每次开口都要我们讲工作中还存在哪些问题,还有哪些风险没考虑到,还有多少户的收入不稳定,还有没有人独居危房……他总是以问题为导向,越过成绩看问题,最关心的是掉队的那一个,而且一旦抓住问题从不放过,批评人从不考虑你是不是女同志。我在他长期十万个为什么的拷问中、挑剔的眼光下、不断的斥责声中战战兢兢、如履薄冰,工作丝毫不敢放松和懈怠。而在这个时刻,我清醒而庆幸地意识到,只有一年到头地紧绷才有检查这一刻的从容,只有成千上万个扶贫战士的日夜付出才有千家万户百姓的声声称赞,唯有解决千千万万切实存在的小问题,才有帮扶群众百分之百的满意度。

第二天清晨早餐过后,检查组组长当着我们所有人的面拆开信封的口子，抽出当天检查的3个村，是山江和腊尔山片区最偏远、贫困人口最多的3个村寨。因高寒山区冰雪覆路，进村的车是清一色的越野车，并上了铁链，长文书记、海峰县长和我各带一组前往检查的村寨。车缓慢地行驶，上了山江的地界也就驶入了一片白茫茫的世界，路两旁的树枝宛如海底晶莹剔透的白珊瑚摇曳生姿，好在精准扶贫期间投入了大量资金用于基础设施建设，条条宽敞的道路直通村寨。路上的积雪一直在清除，加上交通组在前面破冰撒盐开路，虽然慢了一点儿，但也算一路通畅地进了村。检查组一进村就兵分三路。第一小组3个人，留在村部和村干部座谈以及查看村里资料；第二小组2个人，到村里看村里扶贫项目建设情况及村集体经济发展情况；第三大组8个人，再分成4个小组，每两人一小组，分别去4个村民家里入户了解随机抽查户的基本情况，随机抽查户一般要求贫困户、非贫困户、脱贫户和非脱贫户占一定比例。天寒地冻，路面打滑，检查人员都是脚下绑着稻草行走，有些地方还要用拐棍，但他们检查得特别认真和较真，整个检查过程不允许人员陪同，入户检查只要向导带到家门口即可，不许入户陪同。两位入户的检查人员首先一同查看农户屋内屋外情况，通过问卷系统采集农户家里的情况，包括拍照和录像，接着开展面对面的访谈。整个访谈全程录音，一般10分钟左右。访谈结束后，调研员对农户身份证、户口本和建档立卡材料进行拍照。每天调研结束后，检查人员需在当天晚上检查当天到场农户的问卷、照片、录音和视频材料，按照统一要求在系统中上传问卷和相关附件材料，形成统一的调查农户档案。

每天晚上检查组的人员都要碰头召开总结会，对证据确凿、通过查看和询问就很明确的问题，直接在系统中上传。对一些疑似问题，会交给检查组人员再去村里核查或者提交至被考核地方（县级层面）进行核实，给县里一个佐证和解释的机会，但需要翔实的佐证材料才能认可。比方说入户检查时，家中只有老人在家，他讲不清家里的收入情况，通过查看和询问仍觉得他家的收入不达标。我们要论证他家收入达标就必须有过硬的佐证材料，比如每个月的现金流、外出打工的收入证明和打工者的转账记录等。若没有过硬的凭证，检查组就不采纳我们的解释和论证。每当这个时候，我们业务解读佐证组就要通宵达旦地论证，调度乡镇、村里以及相关部门查找佐证材料，开展有力的论证。让大家感到温馨的是，长文书记和海峰县长与大家并肩作战，长文书记更多的是鼓励大家，给我们信心，海峰县长会和我们一起研究和论证，手把手地教我们一些方法。大家论证的过程也是一个不断反思自己此前工作，查漏补缺的过程，通常是半夜两三点了我们还在一边论证一边总结下一步要完善哪些工作，补齐哪些短板。检查的这几个昼夜注定是全县各乡镇、村和有关部门日难安夜难眠、高度紧张和亢奋的日子，大家严阵以待，随时听候调度，想以最好的精神状态迎接国家检查，想把我们的扶贫成效最美好的一面展示出来，同时也有些激动和害怕，大家都生怕因自己的过失导致全县一年到头辛勤扶贫的成果被否认。

很快，几天的考核检查就结束了，总体反响较好，考核组的人员对我们县的扶贫工作较为认可和称赞。检查组的人员一走，我们立即召开总结大会。海峰县长再次强调，我们一定要把扶贫工作做实、做细，做到老百姓的心坎上，不漏一户，不错一人。只有这样我们才不怕检查，才对得起上面对我们的扶持，才对得起老百姓对我们的信任，才对得起我们肩负的责任和使命，才对得起我们扶贫人的良心。我们凤凰县是国家深度贫困县，以后接受检查的次数不会少，我们要满怀喜悦地去接受检查，要把每次检查作为展示我们扶贫成果的机会，作为我们查漏补缺的机会，作为检测我们服务老百姓的能力、水平、态度以及成效的机会。我们要在一次次考核和检验中进一步提升服务群众的能力和水平，我们扶贫的考核人不仅是上级部门，更是凤凰县的万户百姓，只有他们满意了，我们的扶贫才真正地合格。（周峻）

蹲在树上的土鸡一夜之间变冰雕（凤凰县山江镇提供）

## 五、五次上门敲开单身汉危房改造的心门（2019年12月8日）

"领导关心我，政策支持我，县长还亲自来看我，改！明天就动工！"当吴××说出这句话，答应实施危房改造的那一刻，我仿佛卸下了千钧重担，心中那块沉甸甸的大石头轰然落地。从吴××家出来，我与周峻副县长相视一笑，那一瞬间的默契与兴奋，让我们情不自禁地跃身击掌。这是我第五次上门，终于成功动员这个固执的单身汉答应实施危房改造，心中的喜悦与释然难以言表。

此时已是晚上九点，月亮悄然爬上了山尖，如水的月色笼罩着山村，朦胧而美丽。远处的群山伫立在融融的月光中，宁静而怡人。"今晚，谁也别打扰我，我要好好睡一觉。"我难以抑制内心的激动。在回城的路上，我思绪万千，五次上门动员吴××实施危房改造的一幕幕场景如电影般在脑海中浮现，历历在目，久久回荡。

时光倒回至2018年，一纸任命书将我从县信访局局长岗位调到县扶贫开发办担任主任。彼时的凤凰县，脱贫攻坚正处于滚石上山、爬坡上坎的关键阶段。科茸村因地处偏僻，交通不便，加上村民村情等诸多不利因素，成为全县15个脱贫攻坚主战场之一。县扶贫开发办作为全县脱贫攻坚的牵头组织部门，被县委委以重任，列入"尖刀班"，进驻科茸村开展帮扶工作。

随着脱贫摘帽任务期限的日趋临近，科茸村的各项工作如同上了发条的时钟，在紧锣密鼓地稳步推进中。然而，六组村民吴××的危房改造任务却如一座难以逾越的山峰，迟迟未能落实，成了全村最难啃的"硬骨头"。

驻村工作队告诉我，吴××一家三兄弟，他是老大，56岁；老二龙根友，50岁；老三龙根廷，45岁。三兄弟在村里是出了名的单身汉。村民们调侃，去吴××家串门得穿高筒鞋，因为院内堆满牛粪，根本没有立足之地，有事找他只能隔空喊话，大门一开，那牛粪味都能臭遍半个村寨。吴××性格孤僻、固执，几乎没人去他家串门。

初来乍到，担任县扶贫开发办主任没几天的我，听闻了吴××这个令驻村工作队、乡镇政府领导和干部都"无计可施"的单身户后，心中不由增添了一丝疑虑，一股强烈的责任感和使命感油然而生，我决定去会会这个棘手的"大角色"。

8月13日，天空湛蓝，万里无云。火辣辣的太阳像个大火球一样悬挂在高空，光芒万丈。我带着办公室的一名干部，在驻村工作队的带领下，顶着烈日，首次踏入吴××的家。

吴××是科茸村的原住户，他家那三间土木结构的房屋，是从爷爷辈传下来的，历经岁月沧桑，如今歪歪斜斜，已成危房。一座如小山丘般的牛粪堆赫然屹立在院坝中央，院内牛粪足足有半尺厚。我们三人小心翼翼地踮着脚、侧着身，紧挨着屋檐下牛粪少的地方走进屋内。三个宽敞的大通间，从屋顶直射入室的阳光可看到屋顶有几处破洞。室内漆黑，狼藉一片，人畜混居，还散发着一股刺鼻的味道。吴××手中紧握着柴刀，在牛栏边来回踱步。工作队把我的来意说明后，他如木头人一般，对我不理不睬。我本是腊尔山人，以为同是老乡，他多少会给点面子。可无论我如何热情地问话，他就是不吭声，让我真真切切地吃了一回"闭门羹"。

吴××的怪异性格，让我感到他思想的禁闭之深。但我明白，作为扶贫干部，绝不能退缩，更不能放弃。我暗下决心，一定要想办法让他改变生活状态。

9月10日，我怀揣着一丝希望，第二次来到吴××家。有了第一次的失败教训，我和工作队商量，换个策略。我们决定把吴××带到他附近的一家已经改造好的农户家中，让他看看别人焕然一新的房子，激起他改造危房的欲望。

吴××来了，却始终低着头，不正面看我。我刚提起危房改造，他突然起身，两手颤抖着说："我的房子虽然烂，但我不会让它再烂，好我也不会让它更好，我就喜欢这个样子，不改，再穷我也不会找你们。"说完就骂骂咧咧地走了。我急忙跟在后面，他却迅速转向背朝他家的方向跑去，不一会儿就没了踪影。

吴××的过激反应再次让我震惊。我不甘心，当晚便找到村里一位威望极高的老贤人一起入户做工作，仍然被拒绝。这次失败，内心虽然有些沮丧，但也更加坚定了我改变他想法的决心。

第三次到吴××家，是10月2日，国庆长假期间。那天阳光明媚，凉爽宜人。我趁回腊尔山老家探望父母的当儿，顺道来做吴××的思想工作。

我和在村里值班的驻村工作队队长来到他家，大门紧闭。向村民打听得知，他在坡上放牛。我们二话不说，直奔山上。当我们找到他时，他正拿着柴刀使劲地砍路边的野草，心中似乎有些怨气。我们在坡上苦口婆心地跟他谈了足足三个小时，除了危房改造，还聊了他的生活、他的梦想，可他就是不表态。快离开的时候，他大声冲我说："我都能住得下，你们看不惯啊!"他满脸怒气。

再次碰壁,让我感觉吴××心中有不愿人知的想法,也让我深深地感受到脱贫攻坚工作的艰难与无奈。尽管他没有明确表态,但我仍觉欣慰,这次他没像之前那样负气走人,至少他愿意听我们说话了,他的内心在微微动摇。我坚信,只要坚持,一定能够打动他。

11月2日,我第四次来到吴××家。之前的三次上门均以失败告终,这一次,我们不辞辛劳,请来了他远嫁贵州松桃苗族自治县长坪乡康金村的73岁姐姐龙妹姐一同回村做工作。

当看到远嫁年迈的亲大姐时,吴××显得十分意外。他根本没有想到,我们会如此执着,竟然把他的姐姐都请来了。然而,无论他大姐如何劝说,他都固执己见、无动于衷。我忍不住插话:"只要你答应实施危房改造,我们请施工队来修房子,其他任何事情你可以一概不用管。"可无论我怎么说,他就是不回应。

将这些看在眼里、急在心里的驻村工作队干部有些不耐烦了,嗓门比平时提高了三分贝,说道:"你不愿意搞危房改造总有原因吧?你是担心我们把你房子修好了,晚上睡觉看不到天上的星星不习惯了,还是把你房子建好了,闻不到牛屎味,你吃饭不香了?你总要告诉我们一声呀,我们领导这么忙,三番五次来你家做工作,你怎么就这态度啊?"在我们的紧紧相逼之下,吴××终于说出了心里话:"我们三兄弟,年纪都这么大了,三个人都没老婆,这辈子也娶不到老婆,修房子干吗?得一天过一天,也不知道能活多久。"

我在乡镇工作20多年,做过无数干部群众的思想工作,像吴××这样的倔脾气还是头一回遇到。但这次,我终于明白,他倔强固执的背后是对生活丧失了信心,对未来没有了憧憬。我坚信,一定能找到打开他心门的那把钥匙。

12月4日,我到县政府开会。会后顺道向分管脱贫攻坚工作的副县长周峻汇报吴××危房改造的事,请她支招。周峻副县长认真地听着我讲的故事,在工作记录本上记下了吴××的名字。没想到临走时,周峻副县长紧紧地握住我的手说:"老宝,脱贫攻坚路上贫困群众一个都不能落下,明天我和你一起去他家看看。"周峻副县长的这句话犹如一剂强心针,瞬间让我对接下来的工作充满了信心和期待。

第二天,清晨的阳光透过窗帘缝隙,暖暖地洒在我的脸上,一扫我昨日的疲惫。上午8时许,周峻副县长早早地就来到县城兰经菜市场,精心挑选了5斤猪肉、2瓶酒和一些家常小菜。随后,我们一同驱车前往吴××家。

一路上,我的心情既紧张又期待,脑海中不断浮现着各种可能的场景。

到达时已是下午1时,吴××正在清理牛栏,新鲜的牛屎味弥漫在整个屋子。看到我们后,他明显有些发愣。我开门见山地跟他介绍:"这是我们县长,她来看看你。"他疑惑地问:"她是不是我们县管扶贫最大的官?"我肯定地回答:"是的!有什么困难你可以向她反映。"不等他同意,我和驻村工作队就开始在他家灶上忙碌起来。而周峻副县长则在一旁耐心地跟他推心置腹地交谈,详细地为他讲解政策,从柴米油盐聊到酸甜苦辣,从精准扶贫讲到决战决胜,为他描绘未来,规划愿景。吴××一开始还有些抵触,但随着周峻副县长的深情讲述,他开始连连点头,眼中泛起了泪花。

吃饭时,周峻副县长打开了带来的酒,并为吴××斟上了满满一杯。酒过三巡,周峻副县长又讲了很多关于精准脱贫的故事。吴××默默地听着,眼神中流露出对美好生活的渴望。我趁热打铁:"吴××,县长大老远赶来看你,改还是不改,你要给县长一个明确的答复,现在天都黑了,她还要赶回县城。"吴××喝下最后一杯酒,按捺不住压抑已久的情绪,爽快地答应实施危房改造。

后来,吴××认真听取了周峻副县长的建议,安排两个同样单身的兄弟外出浙江务工,自己留守在家种植了5亩优质稻,养了3头黄牛。全家人因此如期脱贫,生活蒸蒸日上。危房改造,不仅仅是房屋的重建,更是心灵的重塑。五次波折的上门经历,让我深刻地体会到脱贫攻坚任务的艰巨与复杂,也让我感受到了坚持不懈的源泉力量,这将激励我在为人民服务的道路上勇往直前。(凤凰县原扶贫开发办主任隆宝珍)

## 六、苏马河村的精准扶贫微故事(2020年12月18日)

驻村脱贫攻坚工作结束了,我即将回到原单位,望着熟悉的村寨和淳朴的乡亲,心中亦有诸多的不舍与难忘。记得2014年底,我们湘西民族职业技术学院根据湘西州委的安排部署,派工作队驻凤凰县腊尔山镇苏马河村开展精准扶贫工作,我被选中派驻苏马河村扶贫,这一驻就是6年多,其间发生了许多难忘的扶贫故事。

### 故事1:群众的智慧和觉醒

苏马河村平均海拔在700米以上,土地肥沃,分管农业和扶贫的周峻副县长几次到村调研,都认为苏马河发展烟叶生产,种植缓季节蔬菜、优质稻较为适合，县里还出台了扶持村民发展生产的优惠政策。同时，我们工作队通过市场考察，发现反季节蔬菜菜薹的市场需求较大，易于种植和管理，就引导村民种植反季节蔬菜。2016年春，我们动员村民种植80多亩菜薹。当年4月，村里每天有6000多斤菜薹上市。工作队给村民购买了200个菜筐并负责交通运输。4月6日，我们工作队联系好批发商后，和村民选了良辰吉时——凌晨2点18分。在村民满怀憧憬和期盼的挥手中，我们沐着夜色开往交货地点——吉首市八月楼菜市场。

然而，初次上市就遭到当头一棒。许多村民把老得吃不动的菜薹梗包在捆成一把一把的菜薹中增加重量，收购商验货时发现了问题。我和村里的产业带头人兼司机小吴立马把一筐筐菜薹搬下车，对所有菜薹进行查验，收购商还喊来了3个人帮忙，结果只有2500多斤合格，还剩1100多斤不合格，收购商拒收。

小吴沮丧到了极点，怏怏地对我说："叔，我们把这卖不掉的菜找个地方倒了吧。"我看着这些藏着菜薹梗里的不合格菜薹，也是起火且心痛，一边选菜薹，一边在想，能不能利用这件事对村民进行一次诚信教育。于是，我们又将不合格的菜薹一筐筐搬上车带回去。

小吴情绪低落，加上几乎通宵未合眼，刚出城不远就说："叔，我累了。"出于安全考虑，我叫他赶快停车，车刚停好，他就困得直接趴在方向盘上呼呼睡着了。蚊虫就像在此专门等待我们似的，两分钟就涌进了驾驶室，我脱下衣服，一边不停地为他驱赶蚊虫，一边用手机向外边照了照，原来我们把车停在了一个废弃的牛栏旁边。

小吴休息了几个小时，我却没有合眼。天亮一阵后，我们才回到村里经常开展活动的小广场，也顾不得吃早餐，叫来了村民。村民满心欢喜地询问销售情况，我告诉大家这次卖菜的经过，并把不合格的菜搬下来给大家看。大家顿时像炸了锅似的，一阵乱哄哄，七嘴八舌厉声谴责那些做小动作的人，相互猜测，到底是谁这样做。我耐心地等待，没有插话，让大家进行一次自我教育，最终他们统一了思想：一定要保证质量！以后谁家的菜筐都要标上自己的名字，不合格的自己领回去。一通忙完后，已经到了上午11点多，一位细心的村民看见我俩忙到现在还顾不得吃上一口早饭，便急忙到家里为我们端来了两碗饭菜。这时，我才感到肚子真的饿了。

从此以后，凡是苏马河村的菜，不管是运往贵州铜仁、怀化、长沙等地的长豆角、四季豆，还是青椒红椒、红菜薹等蔬菜，再也没有出现过被批发商打回来的情况。哪怕是到了后来菜筐没有再标注姓名，也没有出现类似的事情。我想，这大概就是群众的觉醒和智慧吧！

**故事2：吴×装的蜕变**

"党的精准扶贫政策好，没有精准扶贫就没有今天的我"，这是吴×装脱贫后说的一句掏心窝的话。眼前这位精神抖擞、眼里有光的汉子6年前可是个邋里邋遢、精神萎靡，躺平晒太阳的"半成货"（无用的人）。见证了他蜕变全过程的我也是无限感慨：精准脱贫就像那灯塔，引领许多迷失的村民走向康庄大道。

吴×装，苏马河村3组的贫困户户主，2015年，他刚年满46，家中有7口人，父母都80多岁了，母亲常年瘫痪，有3个小孩，1个读初中，2个读小学，生活像座山，压弯了他的腰，也磨灭了他的志向。我还记得初次到他家走访，了解他脱贫致富的想法时，他无精打采地说："你们看看我家这摊子：母亲瘫在床上，父亲年老体衰，时不时要住院，我们两口子又不能外出打工，孩子上学、老人看病，到处都要用钱，房子也快倒塌了，我是没有办法了，混日子吧。"可以看出，他的消沉乃至自暴自弃，都源于一种无可奈何。但我还是从他为我们找凳子的举动中窥探出他内心深处一丝脱贫的渴望。我觉得首先要帮他树立脱贫的信心。为此，我们为他制订了个性化的帮扶计划。发展产业、医疗救助、贫困助学、扶贫建房等都列入计划中。我几乎每天抽一点时间到他家陪他聊天。慢慢地，我们由闲谈到聊起改变现状的话题，分析他家的情况。我告诉他，由于不能外出务工，只能在田地上做文章。烟叶、蔬菜、优质稻等种植，既适合本地气候，又有湘西职业技术学院及县农技部门的技术指导，切实可行，可以大胆进行探索。

他虽将信将疑，但动心了。当年，吴×装栽培烟叶5亩多，种植春苔王、辣椒、四季豆、长豆角等蔬菜2.5亩。工作队请来湘西职业技术学院生物工程系的陈继富、张大军、田清武和凤凰县蔬菜局田仁广及县烟叶生产办的种植专家及技术人员进行技术指导。年终时，吴×装蔬菜收入5000多元，烟叶收入15000多元。

接下来的几年，他以烟叶生产为主，将烟叶种植发展到16亩，加上种、烤技术不断提高，仅烟叶一项每年收入都在5万元以上。同时他积极参加新农合、新农保，老人住院开支大幅下降。2016年以后，教育助学、生态补偿、耕地补贴等扶贫政策力度不断加大。到2018年，仅转移性收入他就有8000多元。在湘西职业技术学院读大专的大女儿也落实了"雨露计划"助学政策，3个孩子都没有因贫辍学。在县政府的帮助下，他还实施了扶贫建房。2018年,吴×装如期脱贫。2021年大女儿五年制大专毕业后顺利就业,儿子中职毕业后考上了辅警,从此吴×装不再迷茫和萎靡,与人打交道时脸上总是挂着朴实憨厚的笑容,焕发出积极向上的精神状态。精准扶贫让他实现了自我蜕变,精准扶贫也让千千万万个"吴×装"蜕变展新颜……

故事3:我们成了"绿卡村民"

6年的驻村工作让我深刻意识到,老百姓认不认可你,肯不肯在心里接纳你,除了你真心付出,不断改善他们的生产、生活条件,为他们解决力所能及的困难外,还要通过适当的载体,向他们宣传党的政策并融入他们的生活之中。譬如苏马河村是苗族集聚村,村里有重大活动和家有喜事时,会唱苗歌、贴对联。我们在易地扶贫搬迁慰问、产业培训等村民集聚的场合,也会邀请村民来热闹热闹,唱唱苗歌。他们用苗歌歌颂党的扶贫政策、村民的勤劳善良、乡村的巨大变化等。通过这种方式,我们拉近了与村民的距离,并鼓励村民听党话、跟党走、感党恩。

他们有什么喜悦与快乐,也常常同我们分享。有一次,我和工作队队员向永彬正准备去看烟叶烘烤的情况,一群村民正围在一起,讨论着什么。突然,一名村民喊道:"工作队的队员来了,叫他们来对。"原来有一位村民在镇上新建了一栋房子,明天将要正式入住,同一天嫁女,双喜临门。他们写了上联:建华堂居闹市天时地利沾瑞气。为下联讨论了好一阵子,没有对出比较合适的下联,所以叫我也参与。大家都看着我,因为我常常跟他们谈起苏马河村的过去和文化底蕴,我们正在努力为该村申报"中国传统村落"(2019年6月6日,苏马河村被正式列入第五批中国传统村落名录),他们认为我有点文学功底。

上联是恭贺华厦落成,下联就应该以嫁女来对应。我记得,古时候把女子出嫁称为"于归",且新的生活充满希望。于是我对出下联:迁新居逢于归山盟海誓现彩虹。村民们鼓掌通过。

我谦虚地告诉村民,这是要贴到镇上去的,别让人笑话,大家帮忙修改修改。大家一起开心地谈笑了好一阵子,他们说:"就这样了,如果被人笑话,就说是我们对的下联。"

又有一次,村里一位勤劳的大龄青年,弟弟的孩子都好几岁了,他却总以没有干出什么大的成绩为由,不肯结婚。通过工作队队员和其父母的多次劝导,他终于肯结婚了。村里又把主对联的下联留给了我。上联是"首闯浙后赴粤娶毕节佳丽",想到帮助大龄青年脱单也是我们的工作,我得赞扬赞扬新郎,于是对了下联:先成家再立业亦苏马才子。对完后我问大家有没有什么不妥。他们看后都表示可以。为了逗乐大家,我说毕节是地区,苏马河村的才子,能配得上吗?干脆,把"苏马"改成"湘西"。大家一下子乐开了花。

我知道,他们并不是要求我对得多么工整,而是希望我能与他们一起分享喜悦。我也很乐意村民称我为"绿卡村民"。我朝夕与他们相处,时时体谅他们的难处,他们心中早已给我们发放了"绿卡",让我们成为"绿卡村民"了。(黄呈勇,曾任驻凤凰县苏马河村第一支书,工作队队员)

## 七、不忘初心,不负扶贫(2021年7月13日晚)

2021年7月13日,中共湘西自治州委组织部公示我拟任高职院校正处级领导职务,这意味着我要离开凤凰县奔赴新的岗位。我是2016年2月18日来凤凰县的,一直分管扶贫工作,如今马上就要和这个工作六个年头的地方告别了,想起过去扶贫的日日夜夜、点点滴滴,想起凤凰县并肩作战的每一个亲爱的战友,不由得潸然泪下。

难忘在长文书记和海峰县长的领导下,脱贫攻坚领导小组成员聚集一堂,和石岳兵、杨五六、周健智、郑军、李蔓蓉等团结一心,始终坚持以贫困户为中心,以问题为导向,统筹推进扶贫工作,认真研究扶贫工作每个阶段产生的具体问题,一个战役接着一个战役地打,一项工程接着一项工程地推进,一个问题接着一个问题地解决,最终实现问题清零、事清零和数据问题清零。

难忘初来凤凰时,扶贫办主任谭志新同志刚动完手术,肚子上缠满纱布却与我奔走在田间地头、农户家中、迎接国家检查的路上……多少次我劝他以身体为重,他总是朴实地笑笑,说他身体好得很。后来他病情加重,转化为癌症,错过最佳治疗时期,不满50岁便早早离世。

难忘和扶贫办隆宝珍、雷文熠,凤凰县农村农业局莫伯兴、杨波多次上到省扶贫办、国务院扶贫办、省农业农村厅汇报衔接工作,争取上级部门对凤凰县的大力支持;下到17个乡镇、282个村(社区)、186个贫困村调研,寻找破解贫困难题的方法。无数次和乡镇、村里的同志们共同探讨贫困的根源是什么,如何结合户情、村情、乡情和县情解决贫困问题,户脱贫、村出列需要县里提供哪些政策支持,如何激发贫困户的内生动力,应该发展哪些产业,如何发展产业,如何实现农旅融合发展。无数次深入农户和贫困户家中了解致贫原因、政策落实情况、生产生活困难等,帮助农户寻找脱贫的路径，解决他们的现实困难。六年来，我们走访了282个村（社区）和上万户农户及贫困户，见证了186个村和上万贫困户脱贫期间的巨大变化，过程是艰难的，但非常充实且有意义。

难忘和十项工程办、事清零办、东西部协作办、产业办、攻坚办和驻村办等一群年轻人反复推敲十项工程方案，通宵达旦研究全县扶贫项目的立项、建设和推进，多次商讨县里各大产业发展的政策、利益联结机制的构建以及村集体经济的发展，认真思考琢磨东西部协作的重点内容和方式方法。大家常常为一个政策的出台或一项工作的推进秉烛夜谈，甚至争得面红耳赤。我带领这一群年轻人一起研究扶贫脱贫问题，我们互相学到了很多东西，大家敢想敢干、勇往直前、执着认真，辛苦繁忙的日子因为扶贫的神圣使命而燃烧起来。

湘西州凤凰县吉乐村的竹篱笆房（2010年由凤凰县政府提供）

还记得三进吉乐村的不同感受。第一次到吉乐村是在2010年作为州扶贫办的代表参与省财政厅郭秀宏副厅长组织的高寒山区的贫困调研，那时吉乐村的贫困让我触目惊心。第二次到吉乐村调研是我2016年初刚来凤凰县时。第三次是2020年初来吉乐村发展产业，十年以后的吉乐村乃至整个腊尔山片区都发生了翻天覆地的变化。如今，吉乐村村民住在宽敞明亮的新房里，使用到户的自来水，走在一马平川的柏油路上，卖些烟叶、桑叶和高山反季节蔬菜赚点钱，朗朗的读书声在村里回荡，夕阳西下，炊烟升起，平常村民从炕上捡块腊肉，揪一把自家种的嫩生生的小菜，再配点小酒，酒过三巡，微醺之时再看看山对面灯光闪耀的亚洲第一高桥——矮寨大桥，小日子滋润和舒适得很！让人不由想起住在山顶的那些神仙人家。只有还保留在那里作为纪念的一排排竹篱笆房子无声地告诉人们，十年前这里曾贫困过。如今整个腊尔山片区交通如蛛网四通八达，村村通柏油马路、户户通水泥路和自来水，许多司机初来腊尔山便会在错综复杂的道路中迷失方向，"三选一靠"路成了永久的历史与遥远的回忆。

湘西州凤凰县进行危房改造后的吉乐村（2020年）

还记得通过我们的积极争取，2020年，"中国农民丰收节"湖南主题活动主会场安排在凤凰县菖蒲塘村，活动当天邀请到了16个省直有关单位负责人参与，隋忠诚副省长来菖蒲塘村全程指导主会场活动，对主会场整个活动安排给予了高度评价。在这里，我们向人们展示了凤凰猕猴桃、凤凰雪茶、凤凰高山反季节蔬菜、凤凰苦荞、凤凰血粑鸭、凤凰迷迭香等凤凰县30多个"两品一标"优质特色农产品。我作为那次活动现场接待部的负责人，又是分管农业和扶贫的副县长，身着苗装介绍这些特色农产品时，就像把自己精心培育的孩子们领出来展示给大家，那种幸福感、自豪感和成就感难以言表，我想那一刻我眼里看它们的深情估计能滴出水来。是呀！这几年来凤凰县将产业发展作为脱贫致富的首要工程倾力倾情推进，探索出了一条"政府主导，村集体、新型经营主体带动广大农户发展产业"的产业发展路子，实现了农户自主经营、自主管理的最终归宿，给广大农户铺设了一条"回家的路"。截至2020年，凤凰县特色产业面积规模达45万亩左右，人均1亩。全县农产品"两品一标"有效认证达30多个。猕猴桃、牛肝菌、蜜柚、枞菌油、雪茶、油茶、血粑鸭、苗家腊肉、姜糖、湘西黄牛肉等"凤"字号农产品享誉全国，销往国内外。

还记得因工作无法顾及家庭，我将已考上州民族中学的女儿放在凤凰县华鑫实验中学读书，但是由于繁忙的扶贫工作根本无法顾及女儿。有一次女儿发烧了，叫我给她带点药回来，当时我正在处理扶贫信访问题，忙得焦头烂额，待我处理完后已是半夜1点，才想起女儿的事匆匆赶回去。女儿不给我开门，她用沙哑的声音说，妈妈你平常忙我尽量不打扰您，今天我发高烧了你都不管我，老师已经带我去打退烧针了，你还没老师对我好。那一刻我真的觉得愧对母亲这个称谓。这样的事发生几次后，我便找到海峰县长，要求换分管的工作，改管教育，他女儿和我女儿一个班，也正处在叛逆期，海峰县长更忙，根本顾不上女儿。为了说服海峰县长让我分管教育工作，我告诉他，如果我分管教育工作，两个孩子一起管，我原来就是学教育的，还当过初中、高中老师，又是博士，如果分管教育，我就有精力专门研究初高中的教育问题，能为孩子们营造更好的教育环境。海峰县长为了他女儿学习的事也是头都大了，他听了我的请求后，烧了半根烟，失神了一刻钟，都说父爱如山，我想那一刻身为父亲的他也曾犹豫和动摇过，但最终他掐灭了剩下的半支烟，眼神坚定地对我说："现在扶贫工作是县里头等重要的工作，全县你对扶贫业务最熟悉，与省和国务院扶贫办的衔接能力强，做事细致负责，全县你最适合管扶贫工作，我们在凤凰县做了领导，就需要付出和取舍，很多时候我们没有选择。"听了海峰县长的话，我觉得很惭愧，想起自己最初从事行政管理工作的目的就是想为更多老百姓谋福利。在海峰县长的鼓励和支持下，我在凤凰县一直分管扶贫和农业农村工作，六年如一日，"5+2"，白加黑，没有节假日，没有周末，甚至分不清白天黑夜。如今要离开凤凰县了，我可以很负责地讲两点：一是自己分管众多的扶贫项目，没有让一个亲朋好友染指凤凰县的扶贫项目；二是自己分管扶贫工作六年来，在凤凰县的扶贫业务指导上从未出现过大的偏差。

欣慰的是，2014—2019年，凤凰县累计脱贫23132户95674人，贫困发生率由26.59%下降至0.76%，农村居民人均可支配收入由6415元上升到11194元。2020年2月29日，凤凰县186个贫困村（其中深度贫困村48个）全部出列，贫困县脱贫摘帽。

高兴的是，湘西州10个易地扶贫搬迁典型案例入选全国易地扶贫搬迁典型案例榜单，其中，凤凰县获评"搬迁工作成效明显县"，凤凰县禾库镇等安置区获评"美丽搬迁安置区"。2020年7月3日,新华社向全球直播解密凤凰县禾库镇易地扶贫搬迁脱贫案例,引起社会巨大反响。

欣喜的是,2016—2020年,凤凰县的脱贫攻坚工作在湖南省连续五年综合评价为"好"。2021年,中共凤凰县委荣获"全国脱贫攻坚先进集体",竹山、大坡和菖蒲塘村成为国际扶贫交流基地。

担忧的是,极少数贫困户的脱贫还不够稳定,缺乏可持续稳定增收的产业或就业,要确保所有脱贫户稳定脱贫且不返贫,还要加快县域经济的发展,在发展中解决一些个别问题。

凤凰县将是我一生中最温暖最难忘的地方,我深爱这里的每一寸泥土和每一位百姓,我深深地祝福:凤凰如金凤腾飞,越飞越高,发展越来越好,凤凰的人民越来越幸福。(周峻)

# 参考文献

[1] 罗哲，易艳玲．西部欠发达地区经济增长减贫效应的实证分析［J］．西南民族大学学报，2011（10）．

[2] 国务院扶贫开发领导小组办公室．中国农村扶贫开发概要［M］．北京：中国财政经济出版社，2003．

[3] 张伟宾，汪三贵．扶贫政策、收入分配与中国农村减贫［J］．农业经济问题，2013（2）．

[4] 陈达云，段超，杨胜才．民族地区专业技术人才现状与对策研究：湘鄂渝民族地区专业技术人才队伍调研报告［J］．民族研究，2004（2）．

[5] 陈丽影．湘西教育发展的难点与对策［J］．求索，2005（2）．

[6] 王建宇．精准扶贫中部分贫困户等靠要问题研究［D］．长春：吉林大学，2019．

[7] 湖南省地方志编纂院，湖南省湘西土家族苗族自治州地方志编纂室．湘西土家族苗族自治州扶贫志［M］．北京：人民出版社，湖南人民出版社，2022．

[8] 中共湘西自治州委办公室．中共湘西自治州委湘西自治州人民政府关于打赢精准脱贫攻坚战的意见［Z］．2016－01－13．

[9] 中共湘西自治州委办公室．中共湘西自治州委湘西自治州人民政府关于坚决打好打赢精准脱贫攻坚冲刺战的实施意见［Z］．2018－03－18．

[10] 周峻．产业扶贫放飞脱贫梦想［J］．中国扶贫，2011（1）．

[11] 周峻．新时代农村贫困残疾人保障问题浅析［J］．湘西工作，2019（12）．

[12] 周峻．深度贫困县适时推进乡村振兴的思考：以湘西州凤凰县为例［J］．2020（5）．

[13] 梁裕，韦大宇．职业教育服务乡村产业振兴的内在逻辑、实践困境与实现路径［J］．教育与职业，2021（22）．

[14] 王柱国，尹向毅．乡村振兴人才培育的类型、定位与模式创新：基

于农村职业教育的视角［J］．中国职业技术教育，2021（6）．
［15］周峻．职业教育促进农村相对贫困群体就业创业路径探析：基于乡村振兴战略背景下对职业教育的SWOT分析［J］．新教育时代，2023（1）．
［16］周峻．心有扶贫千千结［N］．团结报，2011-12-31．
［17］赴凤凰县脱贫攻坚干部考察组．关于凤凰县农业产业发展的调研与思考［R］．2020．
［18］吴雄州，李洪雄，周峻．十八洞："不负人民"铸魂地［R］．2022．

# 后　　记

  2010年8月，我从北京林业大学博士毕业后很幸运地搭上了"湘西州公开选拔高学历人才计划"的首发车，先后在湘西州扶贫开发办、泸溪县、凤凰县、湘西民族职业技术学院工作过，工作内容都与扶贫工作息息相关，尤其是在凤凰县作为分管扶贫和农业农村工作的副县长，亲历了凤凰县精准扶贫的艰辛和精准脱贫的自豪，见证了湘西州精准扶贫的历程和成效。

  在习近平总书记系列扶贫理论的指导下，湘西州结合自身的区域特色和自然禀赋优势，因地制宜，探索出了本州精准扶贫的独特样板。湘西州的精准脱贫是一场没有硝烟的战争，一场战役接着一场战役地打，一个碉堡接着一个碉堡地攻克，在湘西州这片战场上，因扶贫牺牲了一批扶贫战士，涌现出一个又一个感人而励志的扶贫故事。"不能让一个贫困群众掉队"，因为扶贫，各级各部门、社会各界、东部西部、干部群众紧密相连，同气连枝，共奋斗同发力，形成你心中有我、我牵挂于你的扶贫大环境和大氛围。身在其中的我们，充分感受到了中华民族大家庭的互帮互助，充分感受到了社会主义制度的优越性。

  我作为一名扶贫战士，从踏入扶贫战场那一刻开始，心里一直牢记扶贫脱贫的光荣使命，肩上一直担负着一份沉甸甸的脱贫责任，时刻保持激情和干劲十足的状态。十多年的扶贫经历是我一生中最宝贵的经历和财富，它教会我什么是"小家"和"大家"、什么叫作责任和担当；它教会我办法总比困难多，只要有迎难而上的勇气和团结同志、拜群众为师的地气，就会拥有攻无不克、战无不胜的利器；它让我深刻感悟到，干部的最大快乐就是帮助贫困群众解决实际困难，指导和引导广大老百姓如何脱贫致富奔小康；它让我深刻反思自己的人生观和价值观，让我切实感悟到，人生最大的价值是你能为多少人谋多少福利，而不是你为自己谋了多少私利。多年来，我一直保持着边干边思、边思边写的习惯。我在从事扶贫工作的同时，经常到贫困偏远山村和贫困户家中调研，感性而又理性地思考湘西州的扶贫和脱贫问题。其间我撰写了一系列有关湘西州扶贫、脱贫的文章，其中许多文章在《中国扶贫》《扶贫开发》《湖南日报》等报纸杂志上发表。十年间，许多村寨我去过不止一次两次，同一个村寨、同一片土地因为精准脱贫战略的推进变化巨大，可谓"昔日荒芜满目有，今朝繁华处处寻"，用"天翻地覆""沧海桑田"来形容都不为过。我查阅了大量的文献资料，开展了一系列调查研究，把扶贫理论与扶贫实践相结合，梳理了湘西州近40年的扶贫史，把自己在扶贫实践工作中的所思、所想、所悟融入其间，并对一些地方的扶贫成效进行了比较研究，以期用理性的思维、实践的脚步、细腻的情感去诠释湘西州精准扶贫的背景和内涵；通过怀念和铭记精准扶贫那段难忘而又意义非凡的历史，表达自己的感恩和敬畏之心。由于个人的学识水平和眼界视角有限，书中不能完全展示湘西州扶贫的精髓，难免有挂一漏万之处，敬请读者见谅！

在扶贫道路探索和奋进中，我有幸得到了何录春、王志群、贺丽君、叶红专、廖良辉、向邦伟、何益群、宛庆丰、李全、颜长文、赵海峰、向恒林、毛家等领导的指导和帮助，受益匪浅；在本书整理和修改过程中，我也得到了柳思维、隆宝珍、钟生有、雷文煜、何雁群、唐松茂、滕久明、吴金刚、吴铭森、彭晓云、吴成杰、彭君、黄呈勇等老师及同志的大力支持和帮助，吸纳了他们提出的十分宝贵的意见；得到了湘西民族职业技术学院生态农业技术专业教师（教学）创新团队、湘西州民族职业技术学院职业教育服务乡村产业振兴人才需求研究团队的鼎力相助；中山大学出版社对本书出版给予了热忱相助，在此一并表示衷心的感谢！

周　峻

2024年11月20日晚